汽车先进技术译丛

车载 ad hoc 网络的安全性与隐私保护

[加]林晓东(Xiaodong Lin)　[新加坡]陆荣幸(Rongxing Lu)　著
电信科学技术研究院无线移动创新技术中心　组译
徐晖　周巍　译

机 械 工 业 出 版 社

在提供更多的连接已经成为车辆智能化重要标志的大趋势下，随着更多车辆接口的开放和更多接入方式的引入，车辆信息安全和隐私保护成为一个重要的问题。在这个大背景下，《车载 ad hoc 网络的安全性与隐私保护》一书对车辆自组织网络的安全和隐私保护提出了相应的解决方案。本书涵盖了安全技术、通信技术和车辆工程等学科的知识，专业程度较高，其出版对我国车联网的应用和发展具有积极的意义，可以为科研人员的研究提供参考。

译者的话

随着社会的发展和人们生活水平的提高，汽车已经变成了人们生活中的一部分，随之而来的交通安全问题也成为世界性的大问题。随着高速公路的发展和汽车性能的提高，汽车行驶速度也相应加快，加之汽车数量增加以及交通运输日益繁忙，汽车事故增多所引起的人员伤亡和财产损失，已成为一个不容忽视的社会问题，汽车的行车安全的重要性更加凸显。虽然汽车行业已经采用各种方法来保证驾驶人的安全，但是如何避免事故发生才是未来车辆安全的讨论重点。可以预见，车辆的主动安全性将成为未来汽车安全技术发展的重点和趋势。

随着通信技术的不断发展，在“互联网 +”的时代背景下，人们开始研究车联网技术在汽车主动安全性领域的应用，近年来已经成为国内外的研究热点，欧美等国家已经基于802.11a 协议开发出了专用短距通信（DSRC），即802.11p 协议，而我国企业主导的 LTE－V 标准也已经在3GPP 成功立项，2016 年9 月将推出 V2V 版本。

从目前车联网的发展趋势来看，提供更多的连接已经成为车辆智能化的一个重要标志。但随着更多车辆接口的开放和更多接入方式的引入，车辆信息安全和隐私保护又成为一个重要的问题。在这个大背景下，这本书对车辆自组织网络的安全和隐私保护提出了相应的解决方案，该书的出版对我国车联网的应用和发展具有积极的意义，可以为科研人员的研究提供参考。

本书由大唐无线移动创新中心车联网产品线的徐晖和周巍负责翻译，前言、1～5 章由徐晖负责翻译，6～9 章由周巍负责翻译。在翻译过程中得到了机械工业出版社的大力支持，在此表示衷心的感谢。作为一本学术专著，本书涵盖了安全技术、通信技术和车辆工程等学科的知识，专业程度较高，在翻译过程中，我们尽可能地保留原著的写作风格，但是由于自身的水平有限，在翻译中难免存在不足之处，希望能够得到读者的悉心指正。

译者

前　言

目前，道路安全受到了公众越来越多的关注，工业界和学术界在减轻交通事故影响方面已经做了很多工作。无线技术的发展给道路安全和交通管理带来了新的技术手段，多数车辆都配备了无线通信设备。该设备称为车载单元（OBU），可以和其他车辆、路侧设备（RSU）进行通信。

OBU 和 RSU 形成的自组织网络称为车辆 ad hoc 网络（VANET），通过车车通信实现的应用（如紧急制动警告）可以提高道路安全和效率，以及提高驾驶经验。新技术的采用带来了巨大的社会效益，同时也带来了巨大的挑战，其中最大的挑战是如何解决由新技术带来的安全和隐私问题。如果我们在广泛部署这种网络之前不考虑安全和隐私问题，那么 VANET 吸引人的特点将不可避免地承担更高的滥用风险。

VANET 作为移动自组织网络（MANET 网络）的一种特殊实现方式，具有许多独特的功能和应用。首先，节点（车辆和 RSU）之间的连接经常是短暂的和一次性的事件；在有限的时间内，两车之间在传输范围内或者经过几跳保持连接，这样导致的结果是车联网的网络拓扑结构是高度动态的。此外，VANET 是一个巨大的网络，可能包括数以百万计的节点（在道路上的车辆和 RSU），使得 VANET 在保证安全性和隐私方面面临巨大的挑战，特别是消息的真实性和完整性以及保护与用户相关的隐私信息，如驾驶人姓名、车牌号码、车型和行驶路线等信息。现有的通信安全和隐私保护的研究和解决方案没有考虑车联网相关的伸缩性和通信开销，因此不能有效地应用于 VANET。消息验证是确保信息可靠性的常用工具，但它在 VANET 中面临巨大挑战，当车辆收到大量的信息时，传统的认证机制可能产生车辆无法负担的计算开销，并且有可能给时间要求严格的应用（如事故预警）带来不可接受的延时。另一个挑战是通信的隐私保护，如不应该被未经授权的第三者获得车辆的身份、位置和移动轨迹等隐私信息。在本书中，匿名消息认证的概念是将信息的真实性和私密性进行了融合。

本书主要关注 VANET 中的消息认证和隐私问题，我们首先描述了 VANET 中安全和隐私问题，以及解决这些问题面临的挑战。

第 2 章描述了 VANET 中不同设备（OBU 和 RSU）之间通信的安全和隐私需求。本书确定了最合适的密码原语，并设计了安全和隐私保护协议。该协议融合了群签名和基于标识（ID）的签名来满足车载通信安全性和私密性的要求。

第 3 章进一步描述了 VANET 的隐私保护，即如何有效地应对日益严重的撤销列表而实现有条件的可追溯。在 OBU 和 RSU 之间采用基于 on – the – fly short – term 的匿名密钥生成技术，本书提出了一种有效的条件隐私保护协议，其特点是通过提供有条件的隐私保护，提高 OBU 存储最小化的匿名密钥和安全信息快速验证的工作效率。

第 4 章讨论了 VANET 中位置隐私的假名改变策略，即使一个 OBU 持有大量 VANET 假名，如果假名没有在合适的时间和合适的地点改变，则位置隐私仍然受到侵犯。为了使汽车实现高层次的位置隐私，本书提出了一个高效的在聚集点进行假名改变的策略。其中，聚集点是指许多车辆临时聚集的地方。

随后，本书采用协作的方法应对复杂的匿名消息验证挑战。在 VANET 中，匿名消息认证协作可以被定义为车辆和 RSU 一起工作以确保接收信息的完整性，以及验证消息确实是从合法用户发出。协作可采取多种形式，例如车辆和 RSU 或只在车辆之间采用协作的方式。根据组内车辆和 RSU 角色的不同，可以采取不同的协作方式，例如，VANET 中资源丰富的 RSU 通常被视为可信实体，因为这种 RSU 一般由政府或服务提供商部署，它们的位置是固定的。这种情况下 VANET 可以利用 RSU 的资源和固定位置的优势实现消息验证，通过允许资源丰富的和值得信赖的 RSU 在消息验证过程中作为主要的处理角色，RSU 可以协助车辆验证它们收到的信息。

对于 VANET 早期常见的只有车辆之间协作（由于缺少 RSU）的情况，车辆可以按照自己的计算能力验证一定比例的消息并报告检测到的任何无效的消息。当各单元一起工作时，不必要的消息认证和验证也可以被最小化。此外，可以根据车载网络中传送的消息内容决定是否进行协作，例如所有车辆通信网络应用中在特定的区域传播紧急消息是最重要的，向附近的车辆快速地传播紧急状态和本地警告消息可以防止发生二次事故，尤其是在能见度不好的条件下（例如大雾的情况）对车辆的安全驾驶很有帮助。在大多数情况下，VANET 以多跳传输的方式实现紧急消息的传播，特别是在安装较少 RSU 的郊区。在紧急情况下，同一地区的多个感测车辆可以检测到相同的公共事件，因此充分利用紧急事件交叉验证的特点可能成为提升 VANET 整体安全级别的方法。通过收集证人的反馈来交叉验证紧急事件的方法可以被定义为一种投票机制。该机制最初用于检测在没有任何集中安全授权的分布式自组织网络中行为不端的节点。这种协作往往适用于处理特殊类型的消息，如紧急消息，并且该机制可以移植到 VANET 中，以提高突发事件认证的整体安全性。

本书将 VANET 协作认证机制分为四类：RSU 辅助认证（第 5 章）、基于 TESLA 的认证（第 6 章）、分布式协作认证（第 7 章）和上下文感知协作认证（第 8 章）。对于每类机制，本书引入了相应的消息认证协议，同时还对这些协议的安全性、效率和效益进行了分析。理论分析和仿真结果表明，对车辆通信消息的安全认证来说，协作认证是一种很有前途的、有效的方式。

由于车辆的移动，车辆可以在路旁部署的 RSU 之间漫游。最后一章讨论了在 VANET 中实现无缝移动的挑战。通过考虑车载通信网络的一些固有特性如可预见的车辆移动，介绍了一种基于移动预测的无缝认证方案，实现快速认证，减少认证延迟时间。

本书主要介绍了我们对 VANET 中匿名消息验证的研究结果，并且提供了一个综合性研究及 VANET 中安全和隐私问题的解决方案。

我们要感谢很多人的帮助，他们有见地的意见和建议，帮助我们更好地提高研究工作水平。特别是，我们要感谢下述研究人员，他们与我们一起为本书所描述的这个令人兴奋的研究课题努力：Prof. Xue min（Sherman）Shen，Prof. Pin－Han Ho，Prof. Haojin Zhu，Dr. Chenxi Zhang，Xiaoting Sun，Dr. Xiaoyu Wang，Dr. Xiaohui Liang，Dr. Tom H. Luan，和 Dr. Xu Li。与他们之间的讨论和合作为这本书打下了基础。此外，还要感谢 IEEE 允许我们使用 IEEE－版权作品。

加拿大安大略理工大学 Xiaodong Lin

新加坡南洋理工大学 Rongxing Lu

目　录

缩 略 语

缩写	全　称	解　释
ABS	Antilock braking system	防抱死制动系统
AES	Advanced Encryption Standard	高级加密标准
AP	Access point; augmented packet	接入点；增强包
ASS	Anonymity set size	匿名集大小
ATM	Automated teller machine	自动取款机
BLS	Boneh – Lynn – Shacham	三个人的名字
CA	Certificate authority	证书授权
CRL	Certificate revocation list	证书撤销列表
CRS	Certificate revocation system	证书撤销系统
CRT	Certificate revocation tree	证书撤销树
CWBS	Collision warning with brake support	碰撞预警和制动支持
DoS	Denial of service	拒绝服务
DRP	Distributed Revocation Protocol	分布式撤销协议
DSA	Digital signature algorithm	数字签名算法
DSRC	Dedicated short – range communication	专用短程通信
EBL	Extended brake light	延长制动灯
ECC	Elliptic curve cryptography	椭圆曲线密码
ECDSA	Elliptic curve digital signature algorithm	椭圆曲线数字签名算法
ECIES	Elliptic curve integrated encryption scheme	椭圆曲线集成加密方案
EMS	Emergency medical services	紧急医疗服务
EMSS	Efficient multichained stream signature	有效多链流签名
ETC	Electronic toll collection	不停车电子收费
FCC	Federal Communications Commission	联邦通信委员会
GPRS	General packet radio service	通用分组无线服务
GPS	Global Positioning System	全球定位系统
HIPAA	Health Insurance Portability and Accountability Act (of 1996)	健康保险携带和责任法案
IBC	Identity – based cryptography	基于身份的密码

（续）

缩写	全　称	解　释
ITS	Intelligent transportation systems	智能交通系统
IVC	Intervehicle communication	车辆间通信
KPSD	Key – insulated pseudonym self – delegation	密钥隔离的假名自授权
LPR	License plate recognition	车牌识别
MAC	Message authentication code	消息认证码
MANET	Mobile ad hoc network	移动自组织网络
MM	Membership manager	成员管理者
MTO	Ministry of Transportation	交通部
OBU	Onboard unit	车载单元
OCSP	Online Certificate Status Protocol	在线证书状态协议
PCS	Pseudonyms changing at social spots	社交点假名修改
PD	Packet delay	包延迟
PKI	Public key infrastructure	公共密钥基础设施
PLR	Packet loss ratio	丢包率
QoP	Quality of privacy	隐私质量
RC2RL	Revocation using Compressed Certificate Revocation Lists	使用压缩证书撤销列表的撤销
RFID	Radiofrequency identification	无线射频识别
RL	Revocation list	撤销列表
RSU	Roadside unit	路侧单元
RTPD	Revocation of the Tamper – Proof Device	防干扰设备的撤销
RV C	Roadside – to – vehicle (or RSU – to – vehicle) communication	车路通信
SER	secure emergency report	安全紧急报告
SeVeCom	Secure vehicular communication	安全车辆通信
SUV	Sport utility vehicle	运动型多用途汽车
TA	Trusted authority	可信机构
TCP	Transmission Control Protocol	传输控制协议
TESLA	Timed efficient stream loss – tolerant authentication	定时高效流丢失容忍认证
TIGER	Topologically integrated geographic encoding and referencing	拓扑集成地理编码和引用

（续）

缩写	全　　称	解　　释
TLS	Transport layer security	传输层安全
TM	Tracing manager	跟踪管理者
TPD	Tamper – Proof Device	防干扰设备
TRC	Transportation regulation center	交通管理中心
TTL	Time to live	生存时间
USDOT	United States Department of Transportation	美国运输部
V2I	Vehicle – to – infrastructure	车辆到基础设施
V2V	Vehicle – to – vehicle	车到车
VANET	Vehicular ad hoc network	车辆自组织网络
VIN	Vehicle identification number	车辆识别号码
VLR	Verifier – local revocation	本地验证撤销
VSC	Vehicle safety communications	车辆安全通信
VSCC	Vehicle Safety Communications（VSC）Consortium	车辆安全通信联盟
VSS	V2X Security Subsystem	V2X 安全子系统
WAVE	Wireless access in vehicular environment	车辆环境中的无线接入

第1章 概　　述

1.1 背景

每年由于酒后驾驶、交通拥堵和危险驾驶造成的交通事故都会造成大量的人身伤亡和财产损失。2005年，美国发生了近642万起事故，其中290万人受伤，42636人死亡，造成了230多亿美元的经济损失。据统计，在美国每小时约有5人死于交通事故，即大概每12min造成1人死亡［1］。在这种情况下，如何提高驾驶的安全性已经引起了公众越来越多的关注，工业界和学术界一直致力于研究如何减轻交通事故及其伤害的影响，例如汽车制造商已经投入了很大的力量使汽车更安全，使用被动汽车安全系统，如安全带、安全气囊系统以及溃缩系统等减少撞击对驾驶人和乘客造成的伤害，同时也积极探索主动汽车安全系统进行预警来避免事故，如防抱死制动系统（ABS）、盲点安全性、侧倾稳定控制系统、主动转向系统、碰撞警告与制动支持（CWBS）、车道偏离警告系统和马自达的预防撞安全系统［2］。虽然上述安全技术已经有效地改善了行车安全，但是在过去的几十年中道路安全问题还是给人们带来了巨大的损失，因此探索新的技术来提高道路安全水平是很有必要的。

在过去的20年中，无线技术的不断发展已经对人们的生活方式产生了重大的影响，人们可以简单、灵活地接入互联网，享受不同类型的互联网应用。最近基于IEEE 802.11p标准和IEEE 1609标准的5.9GHz专用短程通信（DSRC）协议［3］，通过有效、可靠和安全的车－车通信（V2V）［也称为内部通信(IVC)］和车－路（V2I）通信［也被称为车辆的安全通信（VSC）］可以实现先进的车辆安全应用。美国运输部（USDOT）与七个汽车制造商（宝马、戴姆勒－克莱斯勒、福特、通用、日产、丰田和大众）合作，成立了车辆安全通信协会（VSCC），通过VSC项目评估通过外部车辆通信机制来启用或者增强车辆的安全应用［4］。例如：如果在交叉路口检测到了红灯违章，那么那些有可能违章的驾驶人将收到警告以避免无意的红灯违章，同时红灯预警信息使车辆在交叉路口发生碰撞的可能性降为最低。

1.2 专用短程通信（DSRC）和车辆自组织网络（VANET）

1.2.1 专用短程通信（DSRC）

专用短程通信（DSRC）协议是短程无线协议中的一种，该协议专门用于V2V 和 V2I 通信，以提高智能交通系统（ITS）的安全性和效率。原先 DSRC 建议在 915MHz 频段工作，1999 年，美国联邦通信委员会（FCC）在 5.9GHz 频段上为 DSRC 分配了 75MHz 频谱，在日本和欧洲 DSRC 使用 5.8GHz 频段。DSRC 无线技术是 IEEE 802.11a 技术的变种 [5]，可以在 1km 范围内提供高达 27Mbit/s 的高数据传输速率，同时保持在 DSRC 频谱上的低投入。目前工业界和学术界正在进行 DSRC 的标准化工作，IEEE P1609 工作组制定了 DSRC 的 PHY 和 MAC 层标准 IEEE 802.11P，以及 DSRC 的应用和管理服务标准，即车载环境中的无线接入（WAVE）。此外，VSC 采用 IEEE 1609 系列标准开发了很多 DSRC/WAVE 应用，根据其设计场景和能力被分为以下两类。

- 用于改进道路安全的车辆安全相关的应用：例如目前驾驶人只能看到他们前面车辆的制动灯，制动灯只能表明车辆是否正在制动，但不能表示减速的程度。当有紧急制动发生时，驾驶人可能只能看见前面的制动灯，而看不到其他车辆的制动灯，这种情况在能见度差（雾天）、车辆之间的间距很近或者车辆跟在更大型车辆 [如小型货车、货车和运动型多用途车（SUV）] 后面的情况下经常发生，由此很容易引发尾部碰撞的事故。为了应对这种情况，V2V 通信可以扩大制动灯信号的范围，并为驾驶人指示减速的程度 [或称为扩展制动灯（EBL）] [4]，通过 V2V 通信车辆的制动信息可以及时传播并提醒其他车辆注意。
- 用于交通管理和信息娱乐的车辆非安全相关的应用：在现代运输系统中，城市地区的交通灯在自动流量控制和管理上发挥了重要作用，提高了驾驶的安全性，同时也有利于交叉路口的平滑复用，因此交通灯控制器的智能化得到了越来越多的关注，收集交通相关的信息，在流量控制中可以起到重要作用。目前这项工作通过在街头路面的交通灯中安装感测装置 [例如电磁线（循环）] 来实现，但是在一个路口部署这样的传感器非常昂贵而且难以维护。另外随着时间的推移，这种传感器会变得不准确和经常发生故障。相反 V2I 通信可以用来有效地收集交通信息，通过 V2I 通信，一个 RSU 可以探测某个交叉路口所有方向的通信业务负荷，然后根据动态的业务负载智能地控制相应的交通灯。

1.2.2　车辆自组织网络（VANET）

为了提高驾驶体验并使驾驶更安全，汽车制造商和电信行业正在研究可以让车和车、车和位于道路的关键部位的路边基础设施（如交通灯、交叉路口、停止指示等）进行通信的技术。例如微软公司的 MSN TV 和 KVH Industries 公司推出了名为 TracNet 的车辆互联网接入系统，它可以使互联网服务延伸到车载电视屏幕上，同时它也是一个基于 IEEE 802.11 的 Wi－Fi 热点，乘客可以像在家或者办公室一样通过热点访问互联网。此外通过使用装备在车上的车载单元（OBU），车辆之间、车辆和路侧单元（RSU）可以进行通信。如图 1-1 所示，连接车辆和 RSU 的自组织网络称为车辆 ad hoc 网络（VANET），并且 RSU 可以经由高速网络进一步连接到骨干网。最近，除了可以提供驾驶人和乘客上网服务之外，已经有越来越多的旨在提高驾驶安全性和交通管理效率的 V2V 和 V2I 通信应用面世。据估计，在未来的几年车载通信将有数十亿美元的市场。

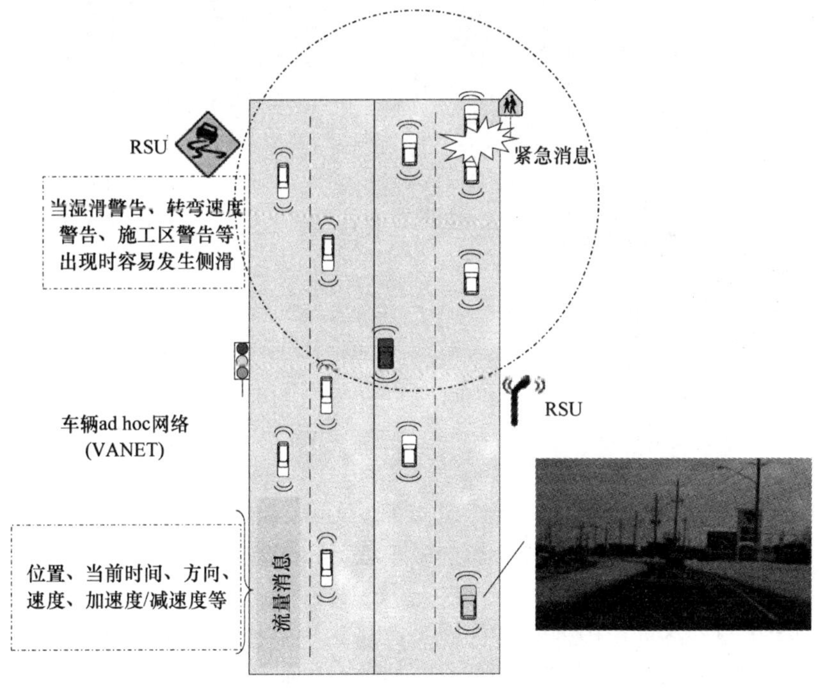

图 1-1　车辆 ad hoc 网络

在 VANET 中 RSU 可以帮助驾驶人找到如餐厅或加油站之类的设施，而且通过广播将交通相关的消息如“最大弯道转弯速度”通知驾驶人。例如：车辆可以通过 V2I 方式与交通灯进行通信，得到交通灯变成黄色或红色的时间信息，这可以作为一个给驾驶人的提前警告标志，对那些在冬季气候条件下或在一个陌生的地方开车的驾驶人很有帮助。尤其是当交通灯前面是一个大转弯时，这个预警可以阻止很多导致灾难的闯红灯行为。另一方面，通过 V2V 通信驾驶人可以更好地了解周围的驾驶环境，针对不正常的情况及早采取行动。OBU 周期地广播交通相关的消息，如位置、当前时间、方向、速度、制动状态、转向角信息、转向灯、加速度/减速度、交通状况和交通事件等。另外在紧急制动、堵车或其他事故的情况下，OBU 可以产生并发送紧急消息，如图 1-2 所示。当高速公路发生事故时导致车道被堵塞，会造成长时间的堵车，如果驾驶人能够提前知道这些信息，他们可以根据情况绕道或者变道，避免交通堵塞。

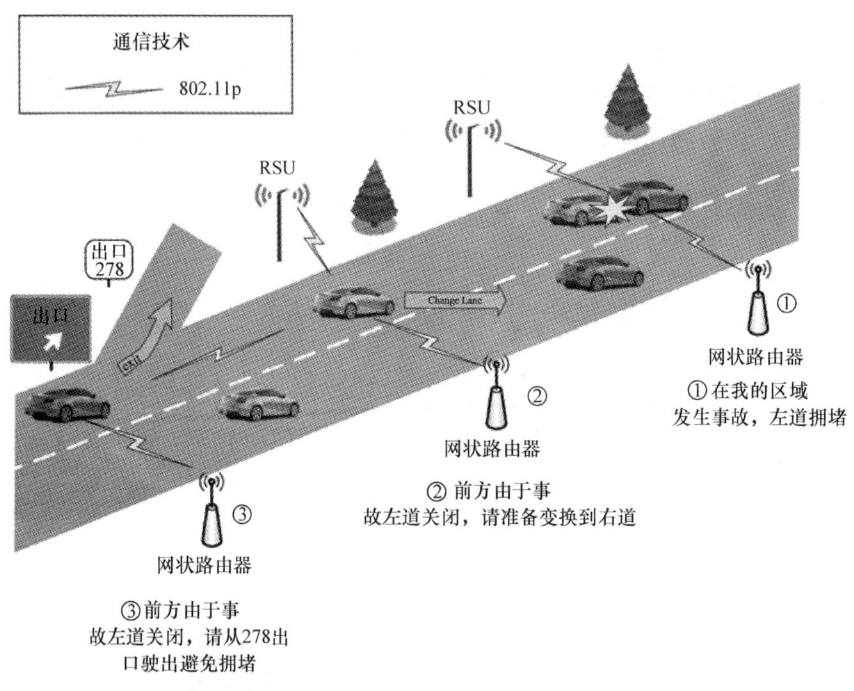

图 1-2　VANET 下道路紧急情况响应示例

VANET 可以发挥作用的另一种场景是校车跟踪，如图 1-3 所示。除了通信设备（或 OBU)，包括校车在内的汽车越来越多地装备了 GPS 设备。通过 V2V 和 V2I 通信或传统的蜂窝数据服务［如通用分组无线业务（GPRS)］，校车的位置不断地被发送到中央数据库，父母可以跟踪校车的状态和位置。这个服务尤其在冬季气候十分恶劣的地区特别有用，因为在这些地区冬天的校车总是不能准时出现。有了这个服务，家长可以检查校车的位置，让孩子在合适的时间出门坐车，而不用在寒冷的室外等车。此外，如果校车配有个人跟踪装置［如射频识别（RFID）阅读器]，父母就可以随时随地了解他们的孩子何时何地下车或者上车。当学生上车或下车时，可以扫描装有 RFID 芯片的专用卡，在中央数据库里更新他们的状态，家长可以访问数据库来查看孩子的行踪。

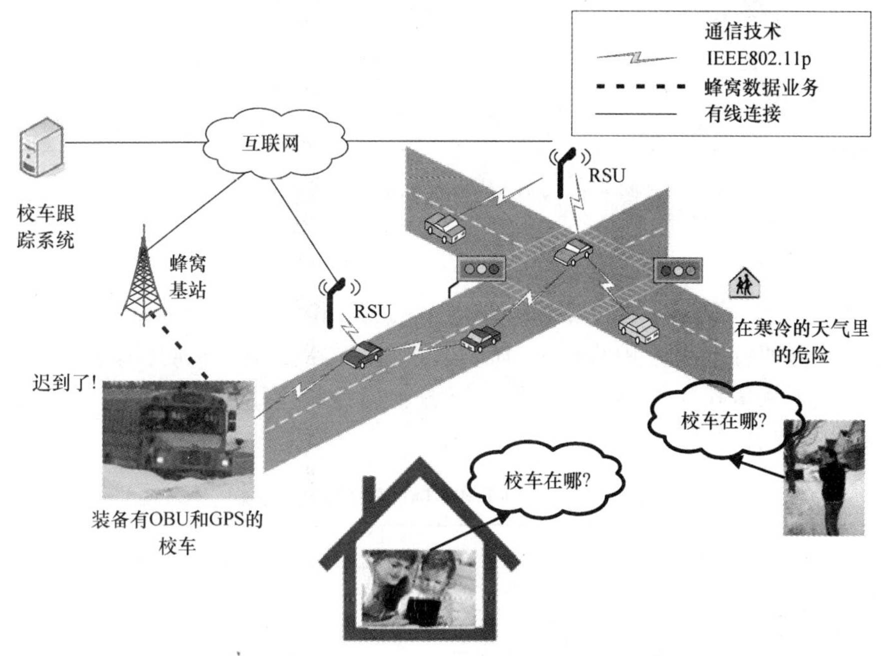

图 1-3 VANET 下的校车跟踪

通过启用 V2V 和 V2I 通信，VANET 开辟了新的途径，创造了更加便利和更加安全的生活方式。

1.2.3 VANET 的特点

VANET 是移动 ad hoc 网络（MANET）的特例，移动节点是装在车辆上的 OBU 通信设备，如图 1-4 所示。因此 VANET 有一些与 MANET 不同的独特的特点［6，7］。

- 快速的拓扑变化。由于车辆的高速移动，VANET 的拓扑通常遵循高速公路和街道的分布频繁的、快速的变化。
- 没有功率限制。车辆的电池可以自充电，因此在 VANET 中不必考虑 MANET手持设备的功率限制问题。
- 大规模。VANET 构成了世界最大的无线自组网，在现实中入网车辆数目是大约 10^7。
- 可变的网络密度。在一天中某区域的车辆数目是不停变动的，例如高峰

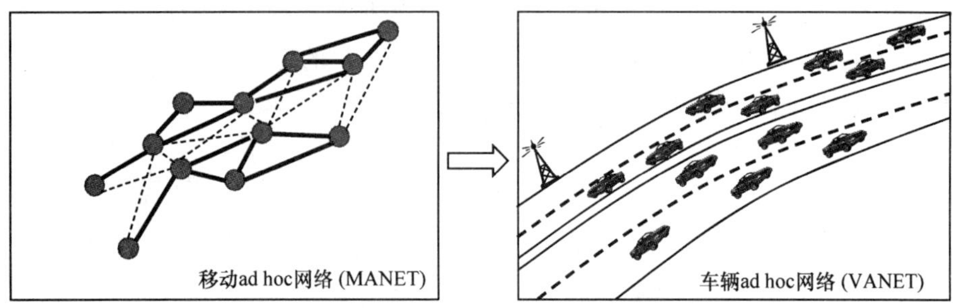

图 1-4　VANET 和 MANET 之间的关系

期间的道路比在一天中的其他时间都要忙。

- 高可预测的流动性。车辆在城市中的速度范围为 0～60km/h，在高速公路上平均时速可以达到 100km/h，所以道路几何拓扑影响车辆的移动性。

表 1-1 从拓扑、架构、连接性、资源、范围和应用方面总结了 VANET 和 MANET 的特点。

表 1-1　VANET 和 MANET 之间的比较

	VANET	MANET
拓扑	高速公路和城市道路	随机
架构	车车，车路	节点到节点
连接性	随机和断续	随机
资源	几乎不受限	硬件限制，电池的能量限制
范围	大	50～100 节点
应用	安全性、交通、支付（日常生活）	军事、救灾（特殊用途）

1.3　安全和隐私威胁

在 VANET 中可能存在以下的安全攻击：

- 虚假信息攻击。攻击者可以发送假消息以达到特定的目的，例如可以将虚假的临近紧急车辆警报给其他车辆以获得更好的交通条件。
- 未经授权抢占攻击。当紧急情况发生时，RSU 可以用来控制交通灯，因此与虚假信息攻击类似，攻击者可能通过 RSU 非法中断交通灯，以满足一些特定的目的［8］。
- 消息重放攻击。攻击者重放以前由合法来源发送的有效消息以扰乱交通。
- 消息修改攻击。消息在传输过程之中或之后被改变，攻击者可能希望改变已被发送并保存在其设备中的消息的源或内容中的位置和/或时间信息，从而可以从犯罪或交通事故事件中逃避责任。

- 假冒攻击。攻击者可以伪装成其他车辆，甚至是 RSU 愚弄别人。
- RSU 复制攻击。一个 RSU 可能会受到损害，使得攻击者可以通过 RSU 启动恶意攻击，如广播虚假交通信息。
- 拒绝服务（DoS）攻击。攻击者发送不相关的大量消息占用信道和消耗节点的计算资源，如射频干扰、干扰和二层报文泛洪［9］。

由于 VANET 是开放的共享介质，因此便于进行非法信息收集和处理。攻击者在一定区域截获足够的消息后，只需通过信息分析就可以跟踪车辆的物理位置和移动模式。因为上述敏感信息存在泄露风险，所以解决隐私信息的泄露问题成为 VANET 设计中的主要问题之一。

- 个人信息泄露。如果在 VANET 传输的信息没有被保护，那么攻击者可以通过嗅探网络很容易地收集信息，并发现一些用户相关的敏感信息，如驾驶人的姓名、地址和许可。个人信息的泄露可能导致身份盗用，这将扰乱受害人的个人生活。
- 位置隐私。攻击者在一定区域内截获足够的消息后，只需通过信息分析就可以跟踪车辆的物理位置和移动模式。

在无线通信网络中 DoS 攻击已经被广泛地研究［10－13］，因此本书将不涉及 DoS 攻击的安全和隐私问题。

1.4 安全和隐私保护需求

针对上述威胁，在 VANET 中使用的安全机制应满足下列安全要求：

- 认证性。认证是确定事物确实是声称的事物的能力。在 VANET 中消息认证是很重要的，因为它确保接收到的消息是由合法并授权的车辆发送的。
- 完整性。完整性是确保车辆之间交换的信息没有经过修改、增加或删除的能力。完整性保证车辆发出的所有消息不被改变。
- 不可否认性。不可否认性是防止授权的车辆否认自己发送消息或内容的能力。不可抵赖性是 VANET 的一个关键特性，因为它可以防止攻击者否认他/她发起了攻击。
- 访问控制。访问控制是必要的，以确保系统的可靠和安全操作。在 VANET中任何行为不端的实体不应接入网络，以保护网络中其他合法实体的安全性。此外行为不端的实体发出的任何行动应该予以撤销。
- 隐私。隐私保护是保护私人信息不被未授权实体获得的能力。在 VANET

中任何个人车辆的真实身份是不能被其他车辆和 RSU 获得的，而应是透明地传输到可信的机构（TA）。这个安全要求也被称为有条件的隐私保护。目前 IEEE 802.11p 标准［14］和 IEEE 1609.x 在 WAVE 标准［15］中被称为无线接入。因为作为一个整体，它们的目标是为了方便地在车载环境中提供无线接入。

1.5 挑战和展望

1.5.1 VANET 中有条件的隐私保护

隐私保护是 VANET 非常重要的需求。车辆的隐私敏感信息，如驾驶人的姓名和车牌、位置和行驶路线如果被泄露，就会使驾驶人的个人隐私受到损害。因此，安全消息的源隐私问题是 VANET 安全的一个关键问题。对于实际部署的 VANET 来说，源隐私保护的安全消息认证是至关重要的。VANET 网络的隐私保护应该是有条件的，对于接收者来说，发送者是匿名的，同时可以被权威机构［如证书颁发机构（CA）］跟踪。一旦发生有争议的安全消息，该 CA 可以追溯消息来源的身份。

有条件隐私保护在 VANET 中很重要，目前有很多人在研究这个问题。Raya［6］提出了基于匿名密钥对的安全协议，以下称为匿名凭据。在车辆中安装大量的短周期的匿名凭据，并随机选择其中一个证书为每个消息签名，从而满足车辆的匿名要求。此外还设计了一个唯一的电子标识，用于警察将车辆持有者和发起的消息进行关联。但是当 CA 想识别恶意消息的发送者时，该协议的效率很低，因为 CA 需要保留行政区域（可以是一个省或整个国家）内所有车辆的匿名凭据，一旦检测到恶意的消息，CA 需要在一个非常大的证书数据库中详细地查找与损害匿名凭据相关的标识，这会导致复杂的身份和信用管理。此外，由于受损的或过期的车辆已经被撤销，属于这些撤销车辆所有凭据需要释放到证书撤销列表（CRL）中，从而大大地增加了 CRL 的大小，使 CRL 的传播变得很难控制。

此外，对于有条件的隐私保护来说，另一个面临的挑战是认证和保密之间的平衡。为了确保一个节点不假冒另一个节点，必须验证所有传输的消息，这将导致可以从发送的消息中识别车辆——这是多数消费者都不喜欢的行为。因为汽车是高度个性化的设备，隐私是 VANET 中的一个主要问题，这必须在车辆及其驾驶人的问责和责任之间建立平衡。这需要设计一个认证系统，对普通节点来说信息是匿名的，但是对于汽车事故中与责任相关的情况，消息是可以被中心授权机构标识的。

1.5.2 VANET中有效撤销的认证

在许多情况下，如当证书中的私钥被标识为受到损害时，车辆或者RSU的证书需要被撤销。在传统的公共密钥基础设施（PKI）系统中，通常使用的证书撤销方法是通过CRL列表在整个网络上广播来实现的。该CRL是由可信管理机构（TA）颁布的含有撤销车辆的证书撤销列表。但是这种方法对于VANET来说是一个巨大的挑战，有以下几个原因：①RSU的分布是分散的，当车辆行驶在农村地区时，就可能由于RSU稀少而无法及时更新CRL；②由于VANET的规模较大，CRL的分发可能会有延迟，因此即使车辆被撤销了也可以进行恶意的行为。同样，出现因为系统中的故障而导致的车辆不良行为而被不公平加入到CRL的情况时，确保撤销的公平性也是VANET面临的一大挑战。因此证书撤销系统需要解决的问题是：

1）如何降低分发CRL的开销。

2）如果车辆分布在大范围区域，如何及时通知撤销事件。

3）如果RSU的存储能力很小而CRL非常大，如何解决存储问题。

4）如何加速警告信息在网络中的传播。

基于集中式架构的解决方案包括证书吊销系统（CRS）、证书撤销树（CRT）、在线证书状态协议（OCSP）［16］等。这些方案的共同特点是，集中的CA与OBU进行频繁的数据传输以获得及时的撤销信息，可以带来高可用性，但是也会引起显著的开销。因此对于具有高速移动性和大量网络实体的VANET网络来说，集中的CRL架构不是一个好的解决方案。

Raya等人［6］提出了在VANET中应用的三个证书吊销协议：使用压缩证书吊销列表的撤销（RC2RL）、防篡改设备的撤销（RTPD）和分布式撤销协议（DRP）。压缩技术可以减少CRL分发的开销，RTPD移除与CRL中对应车辆的撤销证书，而不是通过引入作为车辆的密钥和证书管理工具的防篡改装置来检查的证书的状态，在持有吊销证书的机动车拥有者被告知撤销的情况下防篡改设备会自动删除这些吊销证书。与RC2RL和RTPD不同，分布式证书撤销机制在DRP中实施以确定证书的状态。在DRP中，每辆车都配备有攻击检测系统，能使车辆确定任何损害对等体，当检测到并定位了恶意车辆后，它的邻居可以一起临时撤销损害的证书。

1.6 标准化和相关的活动

在VANET中，V2V和V2I的安全通信要求是必需的，而且已经引起了工业界和学术界的关注，在过去的几年里已经开展了很多相关的研究。美国运输部在

2002 年启动了汽车安全通信（VSC）项目［4］，目的是评估通过电信技术（如 DSRC 标准）实现车辆安全/非安全应用的可行性［3］。VSC 项目调查了 VSC 相关的安全问题，并确定了 VSC 系统四个主要安全目标：消息完整性/源认证、正确性、保密性和抗攻击性，并且讨论了实现上述安全目标的可能解决方案。VSC 项目提出了双重认证架构，使用短生命周期的匿名证书列表来保证 OBU 的隐私，实现安全性。该短生命周期的证书一旦使用，就会被丢弃。在该架构中采取了在匿名证书里使用假名代替车辆真实标识的方法来保护车辆的隐私。另外，使用传统的分级 PKI 来确保 RSU 和公共安全 OBU 的安全。因为 RSU 和公共安全 OBU 不具有任何隐私问题。该方案可以提供更高水平的隐私保护和安全，因为证书是由证书颁发机构（CA）盲签的，这样可以应付各种可能的内部攻击。内部攻击可以通过滥用职权的 CA 错误操作驾驶人信息而简单地启动。为了实现可跟踪性，授权机构需要将盲签的匿名证书和车辆进行关联。所有被感染的和过期的车辆通过将属于这些车辆的匿名证书存储在 CRL 中的方法进行撤销。这个方案的缺点是 CRL 列表可能会很快变得很长，需要很长的时间来检查完整的 CRL 列表，以查看给定的证书是否有效。另一个缺点是为实现可追溯，需要为每辆车分配唯一的电子身份，使警察和其他部门在有争端的时候来检查车辆持有者的身份。虽然这个方案能够有效满足匿名要求的条件，但是效率较低，很难成为一个可扩展和可靠的方法，因为身份管理机关需要保留在行政区域内所有车辆的匿名证书，一旦确认了恶意消息，该机构必须在一个非常大的数据库进行搜索以找到受损的匿名证书的真实身份。

在欧洲也有很多类似的项目正在进行。由通用汽车、奥迪、宝马、菲亚特、本田、雷诺等支持的欧洲车载通信联盟［17］正在研究如何使用 V2V 技术来提高驾驶安全性和体验感。成功部署车辆通信的前提条件是保证车辆通信是安全的，并且驾驶人的隐私是受到保护的。欧洲已经资助了安全车辆通信（SeVeCom）项目［18］，该项目是 eSafety 计划［19］、信息社会和媒体倡议［20］以及欧盟第六个框架计划［21］的内容，主要分析面向车辆通信安全和隐私的威胁、定义车辆通信的安全要求，并研究适合于 VC 环境的密码原语。2011 年，欧盟委员会第七框架计划［22］资助了 Preparing Secure Vehicle - to - X Communication Systems（PRESERVE）项目，它的目标是针对 V2X 通信（V2V 和 V2I）设计并开发一套安全和可扩展的安全系统，可应用于现实的部署情况。该项目所开发的 V2X 安全子系统（VSS）在项目网站上是公开的。

与此同时，国际标准化组织已经开始制定 V2V 通信的标准，IEEE 1609（WAVE）通信标准即专用短程通信（DSRC）的协议，最近扩展了 802. 11 标准，使路边基础设施支持车辆之间的无线通信［5］。IEEE 1609. 2 标准解决了 WAVE 消息的安全传输问题，以对抗窃听、欺骗和其他攻击。IEEE1609. 2 安全基础设施的架构如图1-5所示。该架构是基于PKI行业标准，包括支持椭圆曲线加密（ECC）[23]、WAVE证书格式和混合加密方式，为WAVE通信提供安全服务。安全基础设施还负责支持核心安全功能的管理功能，如证书吊销等。需要注意的是，对于一些原因不明的原因，例如如果证书中指定的公共密钥相对应的私有密钥被确定受到损害，那么任何基于PKI的安全系统都需要撤销证书，但是在当前的IEEE1609.2标准中并没有解决这个问题。同样IEEE1609.2也没有定义驾驶人身份和隐私保护，留下了很多有待解决的问题。

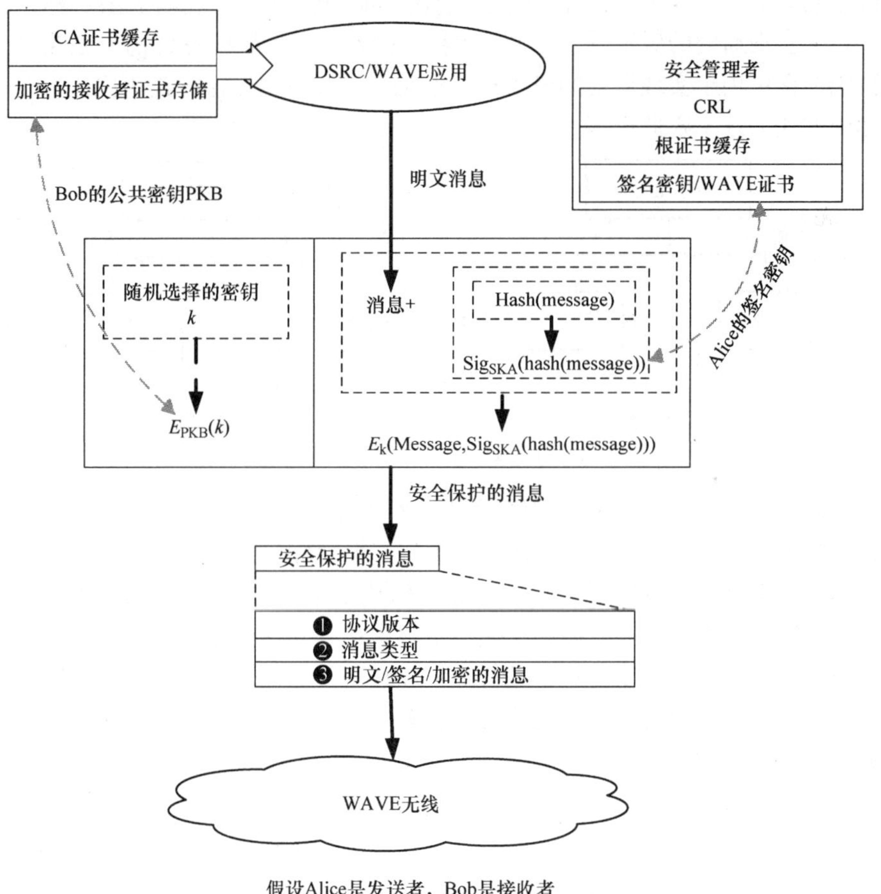

图1-5　IEEE 1069.2提供的在WAVE设备间传输消息的安全服务

1.7　安全原语

为了保证VANET的安全，需要考虑下面的安全原语并在VANET中使用。

1）机密性原语。为了对抗攻击，VANET 可以使用加密技术实现机密性。加密是一种重要的密码技术，它可以将明文数据变为密文数据传输以抵制窃听攻击。根据在加密中使用不同的密钥介质，加密技术可被分为对称密钥加密和非对称密钥加密，如图 1-6 所示。对称密钥加密方式在加密，解密时采用相同的密钥，如 AES 和数据加密标准（DES）［24］。非对称密钥加密方式采用不同的密钥用于加密和解密，公共密钥用于加密，私钥被用于解密，如 Rivest - Shamir - Adleman（RSA）［25］和 El Gamal［26］的算法。因此在 VANET 中如果两台车辆或车辆和 RSU 之间已经存在共享的密钥，那么就可以有效地采用对称密钥加密方式来实现通信的保密性。如果每辆车（或 RSU）都具有公钥—私钥对，那么公钥加密可用于实现通信的机密性。但是与对称密钥加密方式相比，非对称密钥加密方式的效率要低得多。

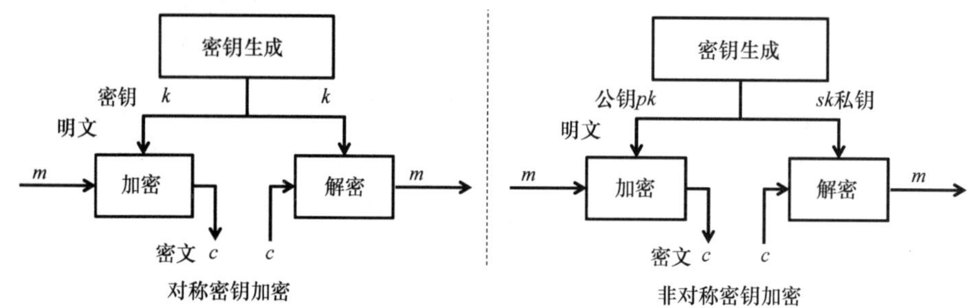

图 1-6　对称密钥加密和非对称密钥加密

因此有必要结合对称和非对称密钥加密的方法引入混合加密概念，即混合加密，如图 1-7 所示。混合加密方法将数据的安全传输分为两个阶段，首先使用非对称密钥加密方式传输共享密钥，即发送方用公钥对随机选择的共享密钥进行加密并传输给接收方，接收方使用私钥进行解密得到共享密钥；然后发送方和接收方使用该共享密钥对传输的数据进行加密和解密，保证数据传输的安全性。这种方式结合了两种不同的加密系统的特点，解决了密钥管理的问题，并获得了较高的加密与解密速度。

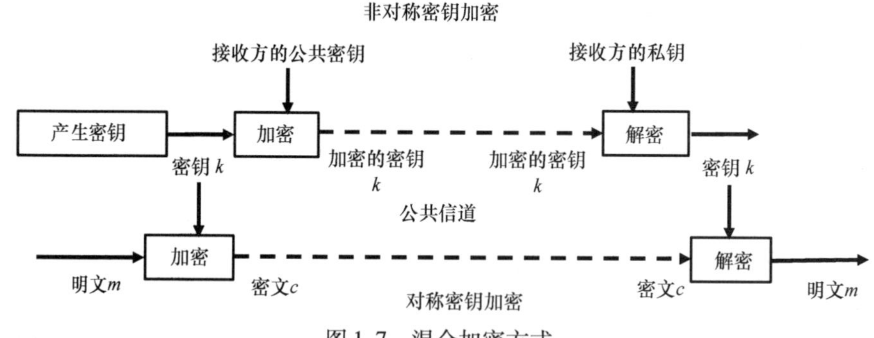

图 1-7　混合加密方式

2）数据完整性和认证原语。建议在 VANET 中采用消息认证码（MAC）和数字签名的方法实现数据完整性和源认证，如图 1-8 所示。如果两辆车共用一个密钥，则两车可以使用 MAC 来实现数据完整性和源认证。但是如果一组车辆共享相同的密钥，则只能确保数据完整性而不能认证源，因为持有密钥的车辆可以产生相同的 MAC 值。如果每辆车都具有公钥—私钥对，那么数字签名就可以实现数据完整性和源认证，其中私有密钥被用于签名生成，公钥被用于签名验证。另外，为了解决公共密钥密码系统的效率低下问题，特别是处理较大的消息时，原始消息的哈希值是在发送者签名前计算的。需要注意的是，为了抵抗 VANET 的重放攻击，需要将时间戳嵌入传输的消息中。

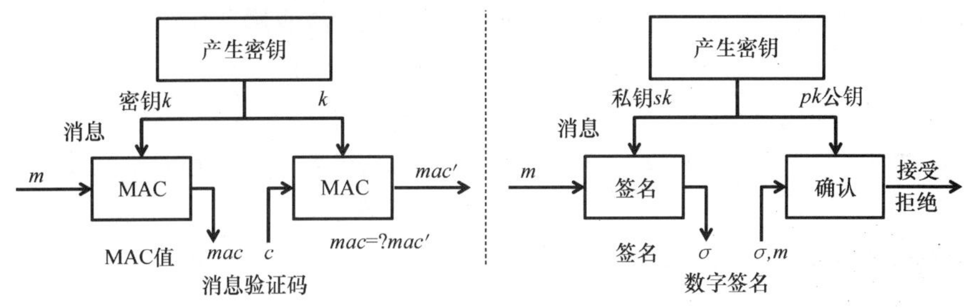

图 1-8　消息验证码和数字签名

3）不可抵赖原语。不可抵赖性是指消息的发送者不能事后否认曾发送消息，消息的接收者不能否认收到该消息。在 VANET 中可以通过数字签名的方法实现不可抵赖性。

4）隐私原语。在 VANET 中，隐私挑战包括面向内容的隐私和上下文的隐私。面向内容的隐私也称为机密性，可以通过上面介绍的加密技术来实现。上下文隐私意味着攻击者有能力将消息的源和消息的目的联系起来［27］或者有能力暴露车辆的真实身份。为了在 VANET 中实现上下文隐私包含，可以采用一些匿名的技术，如混合网络［28］、聚合加密［29］或群签名［30］。

最近通过的 IEEE 1609.2—2013 标准中，建议在 VANET 中采用 Advanced Encryption Stau－lord（AES）和椭圆曲线集成加密方案（ECIES）实现对称密钥加密和非对称密钥加密。

此外，还建议在 VANET 中采用椭圆曲线数字签名算法（ECDSA）作为数字签名算法。然而由于 VANET 独特的特点和特殊挑战，标准中推荐的算法不能完全解决所有的安全和隐私问题。因此在下面的章节中，本书将介绍多种安全机制来解决 VANET 面临的安全和隐私的挑战。本书中的大部分安全机制是建立在双线性对基础上的，因此，下面先简要介绍一下双线性映射。

（1）素数阶双线性群

双线性映射是一个重要的密码原语，已被广泛应用于密码学的许多应用[31]。假设$\mathbb{G}$是一个循环加法群，$\mathbb{G}_T$是相同的素数阶 q 的循环乘法群。假设$\mathbb{G}$和$\mathbb{G}_T$的离散对数问题是困难的。双线性映射是 e：$\mathbb{G} \times \mathbb{G} \to \mathbb{G}_T$的映射，满足以下特性：

1）双线性：对于任意的 $P,Q \in \mathbb{G}$ 和 $a,b \in \mathbb{Z}_q^*$，$e(aP,bQ) = e(P,Q)^{ab}$。

2）非退化性：存在 $P \in \mathbb{G}$ 和 $Q \in \mathbb{G}$，那么 $e(P,Q) \neq 1_{\mathbb{G}_T}$。

3）可计算性：存在有效的算法，对于所有的 $P,Q \in \mathbb{G}$ 都可以计算 $e(P, Q)$。

从参考文献［31］中可以看出，可以使用修改后的具有超奇异椭圆曲线相关的 Weil 对实现这样的双线性配对。请注意本书经常使用$\mathbb{G}$作为乘法群，即对于任何的 g，$h \in \mathbb{G}$ 和 a，$b \in \mathbb{Z}_q^*$，都可以得到 $e(g^a,h^b) = e(g,h)^{ab}$。

（2）定义 1（双线性发生器）

双线性参数发生器$\mathcal{G}en$是一个概率算法，安全参数 κ 作为输入，输出五元组$(q, P, \mathbb{G}, \mathbb{G}_T, e)$，其中 q 是一个的 κ 比特的素数，$(\mathbb{G}, +)$ 和 $(\mathbb{G}_T, \times)$ 是具有相同阶数 q 的两个组，$P \in \mathbb{G}$ 是发生器，e：$\mathbb{G} \times \mathbb{G} \to \mathbb{G}_T$是可接受的双线性映射。

（3）素数阶的非对称双线性组

假设$\mathbb{G}$、$\mathbb{G}'$和$\mathbb{G}_T$是三个具有相同素数阶 q 的循环乘法群，即$|\mathbb{G}| = |\mathbb{G}'| = |\mathbb{G}_T| = q$。令 P 为$\mathbb{G}$的发生器，P'是$\mathbb{G}'$的发生器，并且 ψ 是从$\mathbb{G}'$到$\mathbb{G}$的同构，$\psi(P') = P$。一个高效的可接受的双线性映射 e：$\mathbb{G} \times \mathbb{G}' \to \mathbb{G}_T$具有以下特性：

1）双线性：对于所有的 $P_1 \in \mathbb{G}$，$P_2 \in \mathbb{G}'$ 和 a，$b \in \mathbb{Z}_q^*$，$e(aP_1, bP_2) = e(P_1,P_2)^{ab}$。

2）非退化性：存在 $P_1 \in \mathbb{G}$ 和 $P_2 \in \mathbb{G}'$，则 $e(P_1,P_2) \neq 1_{\mathbb{G}_T}$。

3）可计算性：对任何的 $P_1 \in \mathbb{G}$，$P_2 \in \mathbb{G}'$，存在有效的算法计算 $e(P_1,P_2) \in \mathbb{G}_T$。

这样一个可接受的不对称双线性映射 e 可以在椭圆曲线通过修改的 Weil 或 Tate 对构成。Boneh 等［32］提出的 MNT 曲线上的 Tate 对是一种有效的实现方法。其中，$\mathbb{G} \neq \mathbb{G}'$，同构单向 ψ 可以由跟踪映射来实现，并且当阶数 q 是一个 170bit 的素数时，$\mathbb{G}$ 的表述可以表示为 171bit。通过这样的结构，$\mathbb{G}$ 的离散对数问题可达到和 p 为 1020bit 的$\mathbb{Z}_p^*$的离散对数一样难度。需要注意的是，我们有时也将$\mathbb{G}$，$\mathbb{G}'$作为这本书的乘法群，即对所有的 $g_1 \in \mathbb{G}$，$g_2 \in \mathbb{G}'$和 a，$b \in \mathbb{Z}_q^*$，$e(g_1^a,g_2^b) = e(g_1,g_2)^{ab}$。

（4）定义 2（非对称双线性发生器）

非对称双线性参数发生器 $\mathcal{AG}en$ 是一个概率算法，它将安全参数 k 作为输入，输出一个 7 元组$(q, \mathbb{G}, \mathbb{G}', \mathbb{G}_T, e, g, g')$作为双线性参数，包括一个

$|q|=k$ 的素数 q，3 个具有相同阶数 q 的循环群 $\mathbb{G}$、$\mathbb{G}'$、$\mathbb{G}_T$，可接受的双线性映射 e：$\mathbb{G}\times\mathbb{G}'\rightarrow\mathbb{G}_T$ 和 $\mathbb{G}$，$\mathbb{G}'$ 的发生器 g、g'。

1.8 本书概要

本书第 2 章介绍一种 VANET 的安全和隐私保护协议 GSIS。该协议是以群签名和标识（ID）为基础的签名技术的组合。第 3 章主要描述了 VANET 中高效的有条件隐私保护协议 ECPP，第 4 章主要描述了在 VANET 中使用 PCS 策略中有效的化名变化来实现车辆高层位置隐私保护，第 5 章主要描述 VANET 中 RSU 辅助消息认证方案，第 6 章主要描述基于 TESLA 的广播认证，第 7 章和第 8 章主要描述 VANET 中的分布式协作消息认证和情景感知的协作式认证。第 9 章主要描述基于移动预测和单向哈希链组合的无缝认证方案。

参考文献

1. "State traffic safety information for year 2006, National Highway Traffic Safety Administration," http://www-nrd.nhtsa.dot.gov/Pubs/810791.pdf.
2. "Increased driving safety through auto accident avoidance technologies, Ford Motor Company," http://www.ford.com/innovation/car-safety/helping-avoid-accidents/accident-avoidance-technologies/avoid-accidents-349p.
3. "Dedicated Short-Range Communications (DSRC) Protocol," http://grouper.ieee.org/groups/scc32/dsrc/index.html.
4. "Vehicle safety communications (VSC) project," http://www-nrd.nhtsa.dot.gov/pdf/nrd-12/060419-0843/PDFTOC.htm.
5. Intelligent Transportation Systems Committee, IEEE Vehicular Technology Society, "Ieee trial-use standard for wireless access in vehicular environments—security services for applications and management messages," *IEEE Std. 1609.2*, 2006.
6. M. Raya and J.-P. Hubaux, "Securing vehicular ad hoc networks," *Journal of Computer Security*, vol. 15, no. 1, pp. 39–68, 2007.
7. X. Lin, X. Sun, P.-H. Ho, and X. Shen, "GSIS: A secure and privacy-preserving protocol for vehicular communications," *IEEE Transactions on Vehicular Technology*, vol. 56, no. 6, pp. 3442–3456, 2007.
8. "Traffic light," http://en.wikipedia.org/wiki/Traffic_light.
9. C. Liu and J. T. Yu, "An analysis of DoS attacks on wireless LAN," *Proc.* (in *Proceedings of the 6th International Association of Science and Technology Development (IASTED) International Multi-Conference on Wireless and Optical Communications: Conference on Communication Systems and Applications, Conference on Optical Communication Systems and Networks, Conference on Wireless Networks and Emerging Technologies, Conference on Wireless SENSOR Networks*, Banff, Alberta: IASTED, July 3–5, 2006.
10. I. Aad, J. Hubaux, and E. W. Knightly, "Denial of service resilience in ad hoc networks," *Proc. 10th Annual International Conference on Mobile Computing and Networking (MOBICOM'04), Philadelphia*, ACM, Sept. 26–Oct. 1, 2004, pp. 202–215. (Available online at http://doi.acm.org/10.1145/1023720.1023741

11. S. Ranjan, R. Swaminathan, M. Uysal, and E. W. Knightly, "DoS-resilient scheduling to counter application layer attacks under imperfect detection," *Proc. INFOCOM 2006, 25th IEEE International Conference on Computer Communications, Joint Conference of the IEEE Computer and Communications Societies*, Barcelona, Catalunya: IEEE, April 23–29 2006. (Available online at http://dx.doi.org/10.1109/INFOCOM.2006.127.)

12. J. Mölsä, "Increasing the DoS attack resiliency in military ad hoc networks," *Proc. Military Communications Conference, 2005 (MILCOM'05). IEEE*, Oct. 2005, vol. 4, pp. 2282–2288.

13. J. V. E. Mölsä, "Cross-layer designs for mitigating range attacks in ad hoc networks," *Proc. 24th IASTED International Conference on Parallel and Distributed Computing and Networks*, ser. PDCN'06. Anaheim, CA: ACTA Press, 2006, pp. 64–69. (Available online at http://dl.acm.org/citation.cfm?id=1168920.1168931.)

14. "Draft amendment to standard for information technology-telecommunications and information exchange between systems-local and metropolitan area networks-specific requirements 1 part 11: Wireless LAN medium access control (MAC) and physical layer (phy) specifications-amendment 7: Wireless access in vehicular environment," IEEE P802.11p/D3.0, Technical Report, 2007.

15. "IEEE 1609—family of standards for wireless access in vehicular environments (wave)," http://www.standards.its.dot.gov/fact_sheet.asp?f=80.

16. P. Wohlmacher, "Digital certificates: A survey of revocation methods," *Proc. 2000 Association for Computing Machinery (ACM) Workshops on Multimedia*. ACM, 2000, pp. 111–114.

17. "Car 2 car communication consortium," http://www.car-to-car.org/index.php?id=130.

18. "Secure vehicular communication (sevecom) project," http://www.sevecom.org/.

19. "esafety," http://ec.europa.eu/information_society/activities/esafety/index_en.htm.

20. "Information society and media directorate-general," http://ec.europa.eu/dgs/information_society/index_en.htm.

21. "Sixth framework programme of the European Commission," http://cordis.europa.eu/fp6/dc/index.cfm?fuseaction=UserSite.FP6HomePage.

22. "Preparing Secure Vehicle-to-X communication Systems (PRESERVE) project," http://www.preserve-project.eu/.

23. N. Koblitz, "Elliptic curve cryptosystems," *Mathematics of Computation*, vol. 48, no. 177, pp. 203–209, 1987.

24. W. Mao, *Modern Cryptography: Theory and Practice*, Prentice-Hall Professional Technical Reference, 2003.

25. R. L. Rivest, A. Shamir, and L. Adleman, "A method for obtaining digital signatures and public-key cryptosystems," *Communications of the ACM*, vol. 21, no. 2, pp. 120–126, Feb. 1978. (Available online at http://doi.acm.org/10.1145/359340.359342.)

26. T. El Gamal, "A public key cryptosystem and a signature scheme based on discrete logarithms," *Proc. CRYPTO 84 on Advances in Cryptology*. New York: Springer-Verlag, 1985, pp. 10–18. (Available online at http://dl.acm.org/citation.cfm?id=19478.19480.)

27. X. Lin, R. Lu, X. Shen, Y. Nemoto, and N. Kato, "SAGE: A strong privacy-preserving scheme against global eavesdropping for ehealth systems," *IEEE Journal on Selected Areas in Communications*, vol. 27, no. 4, pp. 365–378, 2009.

28. J. Freudiger, M. Raya, M. Félegyházi, P. Papadimitratos, et al., "Mix-zones for location privacy in vehicular networks," *Proceed. 1st International Workshop on Wireless Networking for Intelligent Transportation Systems (Win-ITS)*, ICST, 2007.

29. R. Lu, X. Liang, X. Li, X. Lin, and X. Shen, "EPPA: An efficient and privacy-preserving aggregation scheme for secure smart grid communications," *IEEE Transactions on Parallel Distribution Systems*, vol. 23, no. 9, pp. 1621–1631, 2012.

30. J. Camenisch and M. Stadler, "Efficient group signature schemes for large groups," *Proc. 17th Annual International Cryptology Conference on Advances in Cryptology*, ser. CRYPTO '97. London: Springer-Verlag, 1997, pp. 410–424. (Available online at http://dl.acm.org/citation.cfm?id=646762.706305.)

31. D. Boneh and M. K. Franklin, "Identity-based encryption from the weil pairing," *Proc. Advances in Cryptology—CRYPTO 2001, 21st Annual International Cryptology Conference*, Santa Barbara, CA, Aug. 19–23, 2001, ser. Lecture Notes in Computer Science, vol. 2139. Springer, 2001, pp. 213–229.

32. D. Boneh, X. Boyen, and H. Shacham, "Short group signatures," *Proc. Advances in Cryptology—CRYPTO 2004, 24th Annual International Cryptology Conference*, Santa Barbara, CA: Springer, Aug. 15–19, 2004, pp. 41–55. (Available online at http://dx.doi.org/10.1007/978-3-540-28628-8_3.)

第2章　GSIS：基于群签名和基于ID签名的安全和隐私保护协议

2.1　概述

随着无线通信技术的发展和广泛部署，人们可以以方便和灵活的方式获得个人通信服务和互联网服务，彻底改变了人类的生活方式。最近汽车制造商和电信行业已经做好准备，为汽车装备一种新的技术，允许车辆之间相互通信以提高驾驶体验，例如KVH［1］和微软的MSN TV［2］引入了一种TracNet汽车互联网接入系统，它可以将互联网服务引入到车载电视屏幕上，使车辆变成了基于IEEE 802.1协议的Wi-Fi热点，乘客可以使用他们的无线终端访问互联网。此外通过使用配备在车辆上的通信设备［如车载单元（OBU）］，车辆之间以及车辆与道路的路边设施（路侧单元）（RSU）（如交叉路口的交通灯等）可以进行通信。通过OBU和RSU形成的自组织网络，称为车辆ad hoc网络（VANET）。由于无线接入点的成本低而且易于部署，因此可以在路边密集地部署像交通灯、交通标和无线路由器这样的RSU，为车辆提供到道路的无线接入。另外，RSU可以连接到互联网骨干网以支持多样化的服务，如TCP和实时多媒体流应用。因此工业界和学术界已经越来越多地关注路边对车辆通信（RVC）和车辆间通信（IVC），在提高行车安全和交通管理效率的同时为驾驶人和乘客提供互联网接入服务。

VANET的产生对交通管理和道路安全是非常重要的，但是VANET也面临着很多的挑战，特别是安全和隐私问题。作为移动自组织网络（MANET）的一种特殊实现，VANET可能会受到很多的安全威胁，导致越来越多的恶意攻击和服务滥用。很明显，任何用户的恶意行为如修改或者重放传播的消息可能会对其他用户造成致命的影响，而且条件隐私保护必须保护用户相关的私人信息，如驾驶人的名字、车牌、速度、位置、制造商、型号、车辆识别代号（VIN）、行进的路线以及这些信息之间的关系。授权机构应该能够追溯消息发送者的身份，当发生交通相关的纠纷案件（如犯罪或者事故现场勘查）时可以用来寻找证人。因此在VANET实际部署之前设计一套安全机制，实现安全保证和有条件的隐私保护是十分重要的，但是之前只有极少数的人研究了 VANET 的安全和隐私问题。

本章主要描述了如何在车载通信应用中解决安全保证和条件隐私保护的问题，在 VANET 中引入了一种新颖的安全和隐私保护协议 GSIS［3］，该协议集成了群签名［4］和基于身份的签名技术［5］。根据不同的需求，安全问题可以分为以下两个方面：①多个 OBU 之间的安全和隐私保护问题；②OBU 与 RSU 之间的安全与隐私保护问题。在第一个场景中群签名用于实现 OBU 之间的保密通信，消息可以由发送者安全和匿名地签署，而发送者的身份信息可以由授权机构（或在群签名方案中的组管理员）确定。在第二场景中，RSU 使用基于身份的加密（IBC）签名方案签发 RSU 发出的消息以确保消息的真实性，可以大大降低签名的开销。安装在紧急救援车辆上的 OBU 可以看成是 RSU，因为在应急车辆上安装的 OBU 和 RSU 之间的通信不需要进行隐私保护。在 IBC 方案中任意字符串都可以作为 RSU 或应急车辆的有效公钥，如 RSU 的位置、唯一数值、RSU 的代码或紧急车辆的车牌号［6］。通过这种方式为 RSU 或应急车辆分配的公钥，与传统的公钥基础设施（PKI）相比，可以大大简化 VANET 中的证书管理。

在本章中，2.2 节介绍了 GSIS 协议的背景情况和一些预备的知识，2.3 节详细描述了协议的信令流程，2.4 节通过仿真评估了该协议的性能，2.5 节对本章进行了总结。

2.2　预备知识和背景介绍

2.2.1　群签名

群签名的概念最早是在 1991 年推出的［4］，作为标准的数字签名的变体，它允许组的成员代表组对消息进行签名，而不需要确定签名者的身份。接收到组签名后任何人都可以检查其有效性，但是接收者并不知道是哪个成员签署的消息。此外关于群签名方案，很重要的一点是要有管理员负责管理组成员，当有争议事件发生时可以确定消息签名者的真实身份。

群签名的机制可以满足 VANET 的安全和隐私保护需求，特别是车车通信中的有条件隐私问题。

2.2.2　双线性对和基于身份的加密

本书在 1.7 节已经讨论了双线性对，双线性对可以解决一些以前无法解决的问题，如基于身份的加密（IBC）［6］。IBC 是一种公钥密码体制，可以使用任何字符串作为有效的公共密钥，如用户名、电子邮件地址、IP 地址和主机或节点的名称。

与传统的公钥密码体制相比，IBC 可以使用任何公共标识作为用户的公钥来简化证书管理，而且在设计签名方案和安全协议时使用了双线性对。使基于配对方案的签名开销较小，因此与传统的 RSA [7] 和 El Gamal [8] 相比，它可以节约通信带宽。IBC 的这些特性使它成为保护 RSU 通信的一个很好的候选方法。

2.2.3 威胁模型

本节总结了 VANET 可能面临的攻击，如下所示。

- 虚假信息攻击：攻击者为了特定的目的发送虚假信息，例如将假的交通阻塞消息发送给其他人以获取更好的交通条件。
- 经授权的抢占攻击：在许多地方可以控制 RSU 尤其是红绿灯，为紧急车辆如救护车、警车和消防车辆提供特殊交通优先。在一些虚假信息攻击中，攻击者为了得到更好的交通条件，通过操纵红绿灯优先权系统，非法中断交通信号灯 [9]。
- 消息重放攻击：攻击者回放之前发送的有效消息，扰乱交通秩序。
- 信息修改攻击：传送的消息在传输期间或之后被改变。为了逃避与交通相关的纠纷，攻击者可能希望更改发送过的和保存在设备上的消息的来源或与位置或时间相关的内容。
- 模拟攻击：攻击者可能会假装另一辆车甚至 RSU 来愚弄别人。
- RSU 复制攻击：由于 RSU 数量很多，使 RSU 完全免受恶意攻击的成本太高，因此 RSU 的保护常常不完备。攻击者可以将捕获的 RSU 迁至其他地方发起恶意攻击，如发送虚假的交通信息广播。
- 拒绝服务（DoS）攻击：攻击者发送大量的无关消息占据了信道，并消耗其他节点的计算资源。这样的攻击包括射频干扰或堵塞（jamming）或层 2 包泛洪 [10]。
- 运动跟踪：由于无线通信是基于开放共享媒介的，因此攻击者可以容易地窃听传输的信息。在某些地区攻击者拦截大量的信息后，简单地通过信息分析可能会跟踪车辆的物理位置和移动模式。

针对无线通信网络中的 DoS 攻击已经有了很多研究 [10-14]，因此本书将主要关注安全和隐私问题。

2.2.4 安全需求

为了应对和缓解上节描述的安全威胁，一个成熟的安全协议应满足以下要求。

1）数据来源的验证和完整性：不管消息是由 RSU 发出还是由 OBU 发出的，

在传输过程中都应该是不变的，而且可以由接收者进行验证。

2）匿名用户身份验证：匿名用户身份验证过程可以验证用户是真实、合法的但并不显示用户的真实身份。

3）车辆匿名：当发送方提供位置信息时应支持发送方匿名，即车辆的身份对消息接收者应该是匿名的。

4）RSU ID 暴露：RSU 或其他路边基础设施没有隐私问题，相反应该很明显地表示它们的身份，包括物理位置和它可以提供的服务。

5）预防 RSU 复制：RSU 可能会被损害和/或部署到其他地方，攻击者可以通过损害或者迁移 RSU 来发动各种攻击，导致整个 VANET 的中断。因此必须提供有效的方法拒绝 RSU 被复制，来保持 VANET 的安全。

6）车辆标识可追溯性：当有争议出现时，授权机构应该能够确定消息发送者的真实身份。

7）效率：针对每辆车的每个数据包的通信开销和处理延迟应该尽可能小。

2.3　安全和保护隐私协议

2.3.1　面临的问题

目前每辆车都配备了可靠的定位装置［如全球定位系统（GPS）］，可以得到精确的时间信息。为了了解最高安全级别，本节假设了一个非常重要的场景，即对手在 VANET 上可以拦截任何他们想知道的消息。此外，因为在 IVC 应用中每个消息并不需要保持机密性（因为每个人都有权利知道消息的内容），本节选择使用数字签名技术签署 OBU 和 RSU 发出的每一条消息。因此每个接收者可以验证接收到的消息，确保消息的完整性、真实性和不可否认性。安全设计分为以下两类：①两个 OBU 之间的安全机制；②RSU 和 OBU 之间安全机制。由于不同的设计需求，下面讨论的安全解决方案可以分属上面的两种情况。

2.3.1.1　OBU 之间的通信

对于普通用户来说，他们希望车辆是匿名的，而授权机构却希望车辆是可追溯的，这种不同的需求成为 OBU 之间通信面临的主要挑战。传统的公钥加密方案由于公钥证书中包括身份信息，因此不适合安全消息签名。一个解决方案是使用一个匿名消息身份验证证书列表，对应这些匿名证书的真实拥有者身份保存在交通管理中心（TRC）中，用来跟踪消息发送者的真实身份。该方法可以实现有条件的隐私保护，但是授权机构需要付出巨大的努力来维护和管理完整的证书列表。当有纠纷出现时，跟踪寻找车辆的真实身份也将是一个耗时的任务。因此本章提出了一个利用群签名方案［4］签署车辆发送消息的安全协议。群签名方案的主要特征是提供了签署者的匿名性，验证者可以判断签名者属于某个组，但是不知道谁是签名者，但是在特殊的情况下，证书颁发机构作为组的管理者，可以确定签名发起者的身份。因此，群签名技术可以满足匿名性和可跟踪性需求，而不用将所有的证书存储在终端设备。群签名技术还减少了公钥验证和证书路径验证操作的工作量，并且可以满足其他基本安全需求，如消息完整性和数据源认证。

一个安全的群签名必须是正确的、匿名的、不可链接的、在某些情况下是可跟踪的。关于这些属性的详细内容可以参考文献［15，16］。除了上面提到的属性外，在 IVC 应用程序中还需要如下功能。

- 角色分离：在现实世界中，组管理者的角色可以分为会员管理者（MM）和跟踪管理者（TM）。TRC 可以作为 MM 为车辆分配私钥和组公钥，如果需要的话授权机构可以作为 TM 显示消息发送者真正的 ID。
- 组成员撤销：IVC 系统应该支持通过更新密钥或释放撤销列表（RL）选择性地撤销受损车辆的组成员。
- 高效率：为了满足 IVC 系统严格的通信需求，计算成本和签名的长度应该尽量小。

自 1991 年以来，已经有数十种群签名方案出现，但是一些群签名方案在安全性和匿名性保证上还有问题，例如许多基于身份的群签名方案［15，17－19］不能满足不可链接性的要求。此外，还有一些方案［15，20］证明是可伪造的和可追踪的，另外大部分的群签名方案涉及很长和不可撤销的签名，并且组管理者的角色可能是不可分割的。因此它们无法满足车联网的应用场景。经过全面评估后，本书选择了 Boneh et al［21］的短群签名方案，该方案是安全的，而且被认为是最适合 IVC 应用程序的。

2.3.1.2 RSU 和 OBU 之间的通信

在 RSU 和 OBU 之间的安全需求中，对 RSU 来说，其主要特性是没有隐私要求，因此每个 RSU 的标识信息可以作为公共密钥签署 RSU 发出的消息。对于安装在紧急车辆上的 OBU，它的车牌号码可以作为公共密钥。基于身份的签名方案可以显著减少证书管理的工作量，并且可以在很大程度上简化公共密钥的更新和撤销操作。在所有已知的基于身份的签名方案中，本书在研究中采用了参考文献［22］提出的基于身份的可证明安全的签名方案，使用双线性配对作为签名可以显著降低长度。该方案只需要一个配对计算，对验证操作的复杂性而言也是最有效的。

为了便于阅读，本章使用的安全协议符号和描述在表 2-1 中列出。

表 2-1　安全协议符号和描述

符　　号	描　　述
TRC	交通管理中心
MM	会员管理者
TM	跟踪管理者
$gpk=(g_1, g_2, g, w)$	组公钥
$gmsk_t=(\xi_1, \xi_2)$	TM 的私钥
$gmsk_m=\gamma$	MM 的私钥
$gsk[i]$	车辆 i 的私钥
$\gamma \xleftarrow{R} \mathbb{Z}$	从集合$\mathbb{Z}$中随机选择的数字 γ
RL	撤销列表
$1_{\mathbb{G}}$，$1_{\mathbb{G}'}$和$1_{\mathbb{G}_T}$	$\mathbb{G}$，$\mathbb{G}'$和$\mathbb{G}_T$的标识单元

2.3.2　系统设置

本书提到的系统有三种类型的网络实体：TM、MM 和行驶车辆中安装的移动 OBU，三者之间的关系如图 2-1 所示。在车辆加入 VANET 之前需要在 MM 进行注册，并且预加载公共系统参数和车辆自己的私钥。当车辆在路上时它们会经常广播交通相关信息，如位置、当前时间、方向、速度、制动状态、转向角、加速度/减速度、交通状况和交通事件，以帮助驾驶人得到一个更完善的驾驶环境的信息，并且可以针对异常情况及早采取行动［23］。当需要得到车辆真实身份时，例如警察需要寻找能够提供事故有价值的信息的证人或者某些证据（如签过名的交通信息）时，MM 可以向 TM 提交公开车辆真实身份的授权申请，然后 TM 从会员数据库中寻找车辆真实的身份，并将恢复的线索和证据转交给 MM。

首先，作为 TM 的权威机构生成系统所需的双线性组，并将其作为系统参数［6］，具体如下所述。

$\mathbb{G}$和$\mathbb{G}'$表示具有相同素数阶 p 的发生器 g_1 和 g_2 的两个乘法循环组。$\boldsymbol{\psi}$ 是一个从$\mathbb{G}'$到$\mathbb{G}$的可计算的同构，其中 $\boldsymbol{\psi}(g_2)=g_1$，并且$\hat{e}$是一个可计算的映射：$\hat{e}$：$\mathbb{G}\times\mathbb{G}'\rightarrow\mathbb{G}_T$，其具有以下属性：

- 双线性：对于所有的 $u\in\mathbb{G}$，$v\in\mathbb{G}'$和$a,b\in\mathbb{Z}_p^*$，$\hat{e}(u^a,v^b)=\hat{e}(u,v)^{ab}$。
- 非退化：$\hat{e}(g_1,g_2)=g\neq 1_{\mathbb{G}_T}$。

进一步假设（$\mathbb{G}$，$\mathbb{G}'$）有 SDH 属性，$\mathbb{G}$有线性 Diffie－Hellman 属性［24］。

那么 TM 随机选择两个元素 $h\xleftarrow{R}\mathbb{G}\setminus\{1_{\mathbb{G}}\}$，$h_0\xleftarrow{R}\mathbb{G}'\setminus\{1_{\mathbb{G}'}\}$ 和两个随机数 ξ_1，$\xi_1\xleftarrow{R}\mathbb{Z}_p^*$，并且设置 u，$v\in\mathbb{G}$，使 $u^{\xi_1}=v^{\xi_2}=h$，并且 h_1，$h_2\in\mathbb{G}'$，由此

$h_1=h_0^{\xi_1}$，$h_2=h_0^{\xi_2}$。最后，TM 安全地保存好私钥 $gmsk_t=(\xi_1, \xi_2)$，并且将系统参数（$\mathbb{G}$，$\mathbb{G}'$，$\mathbb{G}_T$，g_1，g_2，g，p，ψ，$\hat{e}$，u，v，h，h_0，h_1，h_2）发送到作为 MM 的 TRC 上。

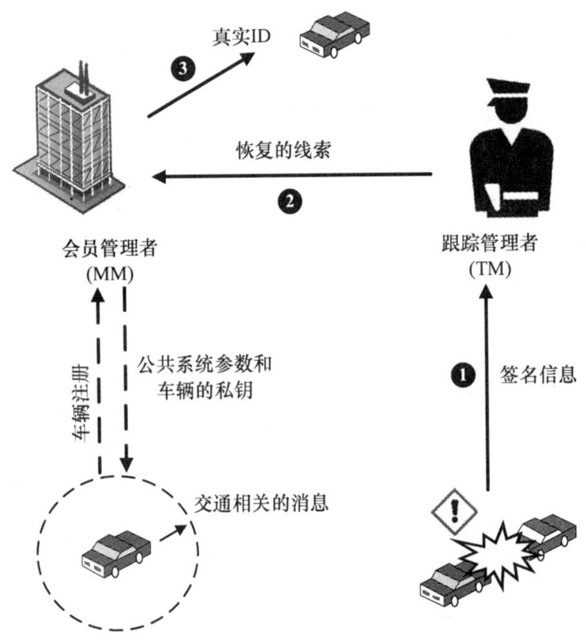

图 2-1　OBU 之间的安全通信系统

最后，TRC 随机地选择 $\gamma \xleftarrow{R} \mathbb{Z}_p^*$ 作为 MM 的私钥 $gmsk_m$，设置 $w=P_{pub}=g_2^{\gamma}$ 作为系统参数，并且选择两个安全的加密哈希功能 $H: \{0, 1\}^* \rightarrow \mathbb{Z}_p^*$，$H_1: \{0, 1\}^* \times \mathbb{G}_T \rightarrow \mathbb{Z}_p^*$。最后，TRC 按照下列方式发布系统参数 $param$ 和组公钥 gpk：

$$\begin{cases} param=\begin{pmatrix} \mathbb{G},\mathbb{G}',\mathbb{G}_T,g_1,g_2,g,p,\psi,\hat{e} \\ H,H_1,P_{pub},u,v,h,h_0,h_1,h_2 \end{pmatrix} \\ gpk=(g_1,g_2,g,w) \end{cases}$$

这样就完成了安全系统的初始化。

2.3.3　OBU 之间的安全协议

2.3.3.1　消息格式

表 2-2 定义了 OBU 发送的安全信息格式，其中组 ID 用来标识车辆属于哪一组。消息的有效负载可以包括车辆的位置信息、消息发送时间、方向、速度、加减速度和交通事件，其长度是 100Byte [23]。时间戳用来防止消息重放攻击。倒数第二个字段是针对消息前四个部分的 OBU 的签名。最后一个字段是生存时间

（TTL），即消息被允许留在 VANET 中的时间，可以防止 VANET 不被消息淹没。

表 2-2 OBU 发送的安全信息格式

组 ID	消息 ID	负载	时间戳	签名	TTL
2Byte	2Byte	100Byte	4Byte	192Byte	1Byte

2.3.3.2 OBU 通信的安全协议

为了支持混合的成员撤销方案，本小节针对短群签名方案［21］进行了细化，如下所述。具体地说，该安全协议包含五个阶段。

1）会员注册。在车辆注册登记过程中，MM 针对每个车辆 i（其身份为 ID_i）生成一个二元组（A_i, x_i），车辆的私钥 $gsk[i]$ 如下所示：

使用 γ，MM 首先计算

$$x_i \leftarrow H(\gamma, ID_i) \in \mathbb{Z}_p^*$$

然后设置 $A_i \leftarrow g_1^{1/(\gamma+x_i)} \in \mathbb{G}$。完成会员注册后，MM 在它的记录中存储（$A_i, ID_i$）对。

注意，因为 x_i 可以由 γ 和 ID_i 计算而来，因此为了节省存储空间，MM 不需要存储 x_i。

2）签名。给定消息 M，车辆 i 在发送消息之前应该对 M 进行签名。使用组公钥 gpk 和私钥对（A_i，x_i），签名过程由以下计算组成：

选择指数 $\alpha, \beta \overset{R}{\leftarrow} \mathbb{Z}_p^*$。

计算 A_i 和（T_1，T_2，T_3）的加密，其中

$$T_1 \leftarrow u^{\alpha},\ T_2 \leftarrow v^{\beta}, T_3 \leftarrow A_i h^{\alpha+\beta}。 \tag{2.1}$$

计算 $\delta_1 \leftarrow x_i\alpha$ 和 $\delta_2 \leftarrow x_i\beta$。

从$\mathbb{Z}_p^*$中随机选择盲选值 r_α，r_β，r_{x_i}，r_{δ_1}，r_{δ_2}，按照下式计算 R_1，R_2，R_3，R_4，R_5。

$$\begin{cases} R_1 \leftarrow u^{r_\alpha} \\ R_2 \leftarrow v^{r_\beta} \\ R_3 \leftarrow \hat{e}(T_3, g_2)^{r_{x_i}} \cdot \hat{e}(h, w)^{-r_\alpha - r_\beta} \cdot \hat{e}(h, g_2)^{-r_{\delta_1} - r_{\delta_2}} \\ R_4 \leftarrow T_1^{r_{x_i}} \cdot u^{-r_{\delta_1}} \\ R_5 \leftarrow T_2^{r_{x_i}} \cdot v^{-r_{\delta_2}} \end{cases}$$

使用上面的值和 M 得到挑战者 c。

$$c \leftarrow H(M, T_1, T_2, T_3, R_1, R_2, R_3, R_4, R_5) \in \mathbb{Z}_p^*$$

计算 s_α，s_β，s_{x_i}，s_{δ_1}，s_{δ_2}，其中

$$\begin{cases} s_\alpha = r_\alpha + c\alpha \\ s_\beta = r_\beta + c\beta \\ s_{x_i} = r_{x_i} + cx_i \\ s_{\delta_1} = r_{\delta_1} + c\delta_1 \\ s_{\delta_2} = r_{\delta_2} + c\delta_2 \end{cases} \tag{2.2}$$

最后，将式（2.1）和式（2.2）的结果进行组合，生成消息签名 σ。

$$\sigma \leftarrow (T_1, T_2, T_3, c, s_\alpha, s_\beta, s_{x_i}, s_{\delta_1}, s_{\delta_2})$$

按照表 2-2 的格式组成消息并发出。

3）确认。当接收者收到消息后，首先检查消息负载中的时间信息是否在允许的时间窗内。如果是，接收车辆将执行签名确认操作，首先按照下面的公式重新构造（$\tilde{R}_1, \tilde{R}_2, \tilde{R}_3, \tilde{R}_4, \tilde{R}_5$），并重新计算挑战者 $\tilde{C}$：

$$\begin{cases} \tilde{R}_1 \leftarrow u^{s_\alpha}/T_1^C \\ \tilde{R}_2 \leftarrow v^{s_\beta}/T_2^C \\ \tilde{R}_3 \leftarrow \hat{e}(T_3, g_2)^{s_{x_i}} \cdot \hat{e}(h, w)^{-s_\alpha - s_\beta} \cdot \hat{e}(h, g_2)^{-s_{\delta_1} - s_{\delta_2}} \cdot (\hat{e}(T_3, w)/\hat{e}(g_1, g_2))^C \\ \tilde{R}_4 \leftarrow T_1^{s_{x_i}} \cdot u^{-s_{\delta_1}} \\ \tilde{R}_5 \leftarrow T_2^{s_{x_i}} \cdot v^{-s_{\delta_2}} \end{cases}$$

然后，从 $\tilde{c} = H(M, T_1, T_2, T_3, \tilde{R}_1, \tilde{R}_2, \tilde{R}_3, \tilde{R}_4, \tilde{R}_5)$ 中重新计算出 $\tilde{c}$。

接收者最后检查 $\tilde{c}$ 是否和签名中的 c 相同。如果相同，则接收者认为消息是从可信的组成员发出的有效的、没有修改的消息；如果不一样，接收者将忽略该消息。

4）成员的可追溯性。当需要解决争端时，系统执行成员追溯操作，得到生成签名成员的真实身份。TM 首先检查签名的有效性，然后通过以下公式计算 A_i：

$$A_i \leftarrow T_3/(T_1^{\xi_1} \cdot T_2^{\xi_2})$$

一旦 MM 从 TM 得到元素 A_i，就可以通过查找记录（A_i，ID_i）来发现相关的身份标识 ID_i。

5）成员撤销。一旦发现车辆受损，就需要将其排除在系统之外。目前有两种方案可实现受损车辆的撤销。一种是通过更新所有不被撤销的车辆的群公钥和私钥实现。如果在撤销列表（RL）中发布撤销车辆的私钥对，那么不被撤销的车辆可以在本地更新它们的私钥对 *gsk*［*i*］和组公钥 *gpk*，而撤销车辆则无法更新它们的密钥介质［21］。该方案需要改变每辆车的群公钥和私钥，因此会明显地引入大量的开销。其他撤销机制类似于传统的基于 CRL 的撤销方案，称为本地验证撤销（VLR）［25－27］，该方案中只有审核员参与撤销的检查操作。由

于 VLR 方案的签名验证时间是随着撤销车辆数量的增长而线性增长的，因此当撤销车辆数量少时该方案是很有效的。但是当 RL 中有大量的撤销车辆时，车辆撤销验证过程非常耗时，导致效率低下。因此，本书在权衡之下提出了混合成员撤销机制，其基本思想是当撤销车辆的数量在撤销列表中（用 $|RL|$ 表示）小于预定义的阈值 T_τ 时使用 VLR 机制，否则使用第一种方案即通过更新相应的公钥和私钥对来实现撤销。具体的机制如下所示。

```
算法1：撤销确认算法
数据：输入 (param, RL, σ)
结果：输出 有效或者无效
for i ← 1 to |RL| do
  | 从 RL 中取得一个 A_i
  | 如果 ê(T_3/A_i, h_0) = ê(T_1, h_1) ê(T_2, h_2) 那么
  |   | 返回  无效
  | 结束
结束
返回  有效
```

```
Algorithm 1: Revocation Verification Algorithm
Data: Input (param, RL, σ)
Result: Output valid or invalid
for i ← 1 to |RL| do
  | get one A_i from RL
  | if ê(T_3/A_i, h_0) = ê(T_1, h_1)ê(T_2, h_2) then
  |   | return invalid
  | end
end
return valid
```

情况 1：当 $|RL|<T_\tau$ 时，MM 发布撤销列表 $RL=\{A_1,\cdots,A_b\}$，其中 $b<T_\tau$。

对于给定的群签名 σ，确认者首先执行签名确认操作，然后按照算法 1 执行撤销检查，其中 $param$ 是（$\mathbb{G}$，$\mathbb{G}'$，$\mathbb{G}_T$，g_1，g_2，g，p，ψ，$\hat{e}$，H，H_1，P_{pub}，u，v，h，h_0，h_1，h_2）。如果返回的值是 Valid，RL 中没有元素在 σ 的（T_1，T_2，T_3）中存在，群签名 σ 的签名者没有被撤销。如果返回的值是 invaild，那么已有的 A_i 被编码进（T_1，T_2，T_3），通过 $\hat{e}(T_3/A_i, h_0)=\hat{e}(T_1, h_1)\hat{e}(T_2, h_2)$ 检查，因为

$$
\begin{aligned}
&\hat{e}(T_3/A_i, h_0)\\
=&\ \hat{e}(A_i h^{\alpha+\beta}/A_i, h_0)\\
=&\ \hat{e}(h^{\alpha+\beta}, h_0)\ =\hat{e}(h^{\alpha}, h_0)\,\hat{e}(h^{\beta}, h_0)\\
=&\ \hat{e}(u^{\alpha\xi_1}, h_0)\,\hat{e}(v^{\beta\xi_2}, h_0)\\
=&\ \hat{e}(u^{\alpha}, h_0^{\xi_1})\,\hat{e}(v^{\beta}, h_0^{\xi_2})
\end{aligned}
$$

$$= \hat{e}(T_1,h_1)\,\hat{e}(T_2,h_2)$$

情况 2：当 $|RL| \geqslant T_\tau$ 时，MM 将所有的签名者和确认者发送到系统撤销列表 $RL = \{(A_1^*, x_1), \cdots, (A_b^*, x_b)\}$，其中 $b \geqslant T_\tau$。对于每个私钥，(A_i^*, x_i)，$x_i \leftarrow H(\gamma, ID_i) \in \mathbb{Z}_p^*$ 和 $A_i^* \leftarrow g_2^{1/(\gamma+x_i)} \in \mathbb{G}'$。其中需要注意 $A_i = \psi(A_i^*)$。

在收到撤销列表 RL，组公钥 gpk 可以容易地进行更新。下面的辅助定理证明了如何使用给定的组公钥和所有的撤销私钥来构建新的组公钥。

辅助定理 1：给定组密钥 $gpk = (g_1, g_2, g, w)$ 和所有的撤销私钥 $\{(A_1^*, x_1), \cdots, (A_b^*, x_b)\} \in RL$，新的组公钥可以按照下面的方式构建。

$$gpk_{new} = (\hat{g}_1, \hat{g}_2, \hat{g}, \hat{w})$$

其中 $\hat{g}_1 = g_1^{1/y}$，$\hat{g}_2 = g_2^{1/y}$，$\hat{g} = e(\hat{g}_1, \hat{g}_2)$，$\hat{w} = \hat{g}_2^{\gamma}$，$y = \prod_{i=1}^{b}(\gamma + x_i) \in \mathbb{Z}_p^*$

证明：

* 因为 $\hat{g}_2 = g_2^{1/y}$ 可以从 $(A_1^*, x_1), \cdots, (A_b^*, x_b)$ 得到，首先构建下列方程：

$$\begin{aligned} g_2^{1/y} &= \prod_{i=1}^{b} (A_i^*)^{y_i} \\ &= (A_1^*)^{y_1} \cdot (A_2^*)^{y_2} \cdots (A_b^*)^{y_b} \\ &= g_2^{y_1(\gamma+x_1)} \cdot g_2^{y_2/(\gamma+x_2)} \cdots g_2^{y_b/(\gamma+x_b)} \\ &= g_2^{\sum_{i=1}^{b} y_i/(\gamma+x_i)} \end{aligned} \tag{2.3}$$

其中 b 为未知值 y_1，y_2，…，y_b。

提高式（2.3）到指数方程如下：

$$\begin{aligned} \frac{1}{y} &= \sum_{i=1}^{b} \frac{y_i}{\gamma + x_i} \\ &= \frac{y_1}{\gamma + x_1} + \cdots + \frac{y_b}{\gamma + x_b} \end{aligned}$$

然后，可以得到下式：

$$\begin{aligned} 1 &= y\left(\frac{y_1}{\gamma + x_1} + \cdots + \frac{y_b}{\gamma + x_b}\right) \\ &= \prod_{i=1}^{b}(\gamma + x_i) \cdot \left(\frac{y_1}{\gamma + x_1} + \cdots + \frac{y_b}{\gamma + x_b}\right) \\ &= \prod_{i=2}^{b}(\gamma + x_i) \cdot y_1 + \prod_{i=1, i\neq 2}^{b}(\gamma + x_i) \cdot y_2 \\ &\quad + \cdots + \prod_{i=1, i\neq b}^{b}(\gamma + x_i) \cdot y_b \end{aligned} \tag{2.4}$$

不失一般性地，假设 $b = 2$，可以得出：

$$\begin{aligned} 1 &= y_1(\gamma + x_2) + y_2(\gamma + x_1) \\ &= (y_1 + y_2)\gamma + y_1 x_2 + y_2 x_1 \end{aligned} \tag{2.5}$$

然后，可以得出下面两个方程：

$$\begin{cases} y_1 + y_2 = 0 \\ y_1 x_2 + y_2 x_1 = 1 \end{cases} \tag{2.6}$$

解方程（2.6），可以得到：

$$\begin{cases} y_1 = \dfrac{1}{x_2 - x_1} \\ y_2 = \dfrac{1}{x_1 - x_2} \end{cases} \tag{2.7}$$

将式（2.7）代入式（2.3），得出：

$$\begin{aligned} \hat{g}_2 &= (A_1^*)^{y_1} \cdot (A_2^*)^{y_2} \\ &= g_2^{1/[(\gamma+x_1)(x_2-x_1)]} \cdot g_2^{1/[(\gamma+x_2)(x_1-x_2)]} \\ &= g_2^{1/[(\gamma+x_1)(\gamma+x_2)]} \end{aligned}$$

$$\hat{g}_1 = \psi(g_2) = g_1^{1/[(\gamma+x_1)(\gamma+x_2)]}$$

和

$$\hat{g} = e(\hat{g}_1, \hat{g}_2)$$

* 为了计算 $\hat{w} = \hat{g}_2^{\gamma} = g_2^{\gamma/y}$，构建了下面的方程：

$$\begin{aligned} g_2^{\gamma/y} &= g_2^{y_0} \cdot \prod_{i=1}^{b} (A_i^*)^{y_i} \\ &= g_2^{y_0} \cdot (A_1^*)^{y_1} \cdots (A_b^*)^{y_b} \\ &= g_2^{y_0} \cdot g_2^{y_1/(\gamma+x_1)} \cdots g_2^{y_b/(\gamma+x_b)} \\ &= g_2^{y_0 + \sum_{i=1}^{b} y_i/(\gamma+x_i)} \end{aligned} \tag{2.8}$$

其中，$b+1$ 未知值为 y_0，y_1，y_2，…，y_b。

提高式（2.8）到指数方程：

$$\begin{aligned} \frac{\gamma}{y} &= y_0 + \sum_{i=1}^{b} \frac{y_i}{\gamma + x_i} \\ &= y_0 + \frac{y_1}{\gamma + x_1} + \cdots + \frac{y_b}{\gamma + x_b} \end{aligned}$$

那么可以得到：

$$\begin{aligned} \gamma &= y\left(y_0 + \frac{y_1}{\gamma + x_1} + \cdots + \frac{y_b}{\gamma + x_b}\right) \\ &= \prod_{i=1}^{b} (\gamma + x_i) \cdot \left(y_0 + \frac{y_1}{\gamma + x_1} + \cdots + \frac{y_b}{\gamma + x_b}\right) \\ &= \prod_{i=1}^{b} (\gamma + x_i) \cdot y_0 + \prod_{i=2}^{b} (\gamma + x_i) \cdot y_1 \end{aligned}$$

$$+\cdots+\prod_{i=1,i\neq b}^{b}(\gamma+x_i)\cdot y_b$$

同样的，假设 $b=2$，那么可以得到：

$$\begin{aligned}\gamma &= y_0(\gamma+x_1)(\gamma+x_2)\\ &\quad + y_1(\gamma+x_2)+y_2(\gamma+x_1)\\ &= y_0\gamma^2+(y_0(x_1+x_2)+y_1+y_2)\gamma\\ &\quad + y_0x_1x_2+y_1x_2+y_2x_1\end{aligned}$$

可以得到下面三个方程：

$$\begin{cases} y_0=0\\ y_0(x_1+x_2)+y_1+y_2=1\\ y_0x_1x_2+y_1x_2+y_2x_1=0\end{cases} \tag{2.9}$$

解方程（2.9），得到：

$$\begin{cases} y_0=0\\ y_1=\dfrac{x_1}{x_1-x_2}\\ y_2=\dfrac{x_2}{x_2-x_1}\end{cases} \tag{2.10}$$

将式（2.10）代入 $\hat{w}=g_2^{\gamma/y}$，得到：

$$\begin{aligned}\hat{w} &= \hat{g}_2^{\gamma} = g_2^{\gamma/y}\\ &= g_2^{y_0}\cdot(A_1^*)^{y_1}\cdot(A_2^*)^{y_2}\\ &= (A_1^*)^{x_1/(x_1-x_2)}\cdot(A_2^*)^{x_2/(x_2-x_1)}\\ &= g_2^{x_1/[(\gamma+x_1)(x_1-x_2)]}g_2^{x_2/[(\gamma+x_2)(x_2-x_1)]}\\ &= g_2^{\gamma/[(\gamma+x_1)(\gamma+x_2)]}\end{aligned}$$

作为结果，组公钥可以按照 $gpk_{new}=(\hat{g}_1,\ \hat{g}_2,\ \hat{g},\ \hat{w})$ 构建。

下面将描述没有被撤销的车辆如何更新它的私钥$[A=g_1^{1/(\gamma+x_0)},\ x_0]$，新的私钥用（$\hat{A}$，$x_0$）表示，其中 $\hat{A}=A^{1/y}\in\mathbb{G}_1$。

辅助定理 2：给定的所有撤销私钥$\{(A_1^*,\ x_1),\ \cdots,\ (A_b^*,\ x_b)\}\in RL$，没有被撤销的车辆 $i=0$ 的新私钥可以构建为（$\hat{A}$，x_0），其中 $x_0=H(\gamma,\ ID_0)\in\mathbb{Z}_p^*$，$\hat{A}=A^{1/y}\in\mathbb{G}$，$y=\prod_{i=1}^{b}(\gamma+x_i)\in\mathbb{Z}_p^*$。

证明：

* 因为 $\hat{A}=A^{1/y}$可以从（A，x_0）和（A_1^*，x_1），…，（A_b^*，x_b）得到，首先构建方程：

$$A^{1/y}=A^{y_0}\cdot\prod_{i=1}^{b}(\psi(A_i^*))^{y_i}$$

$$= A^{y_0} \cdot (\psi(A_1^*))^{y_1} \cdots (\psi(A_b^*))^{y_b}$$
$$= g_1^{y_0/(\gamma+x_0)} \cdot g_1^{y_1/(\gamma+x_1)} \cdots g_b^{y_b/(\gamma+x_b)}$$
$$= g_1^{\sum_{i=0}^{b} y_i/(\gamma+x_i)} \tag{2.11}$$

其中，$b+1$ 未知值为 y_0，y_1，y_2，⋯，y_b。将式（2.11）提高到指数方程：

$$\frac{1}{y(\gamma + x_0)} = \sum_{i=0}^{b} \frac{y_i}{\gamma + x_i} = \frac{y_0}{\gamma + x_0} + \frac{y_1}{\gamma + x_1} + \cdots + \frac{y_b}{\gamma + x_b}$$

那么可以得到：

$$\begin{aligned} 1 &= y(\gamma + x_0)\left(\frac{y_0}{\gamma + x_0} + \cdots + \frac{y_b}{\gamma + x_b}\right) \\ &= \prod_{i=0}^{b}(\gamma + x_i) \cdot \left(\frac{y_0}{\gamma + x_0} + \cdots + \frac{y_b}{\gamma + x_b}\right) \\ &= \prod_{i=1}^{b}(\gamma + x_i) \cdot y_0 + \prod_{i=0,i\neq 1}^{b}(\gamma + x_i) \cdot y_1 \\ &\quad + \cdots + \prod_{i=0,i\neq b}^{b}(\gamma + x_i) \cdot y_b \end{aligned}$$

不失一般性，假设 $b=2$，因此可以得到：

$$\begin{aligned} 1 &= y_0(\gamma + x_1)(\gamma + x_2) + y_1(\gamma + x_0)(\gamma + x_2) \\ &\quad + y_2(\gamma + x_0)(\gamma + x_1) \\ &= (y_0 + y_1 + y_2)\gamma^2 + [y_0(x_1 + x_2) \\ &\quad + y_1(x_0 + x_2) + y_2(x_0 + x_1)]\gamma \\ &\quad + y_0x_1x_2 + y_1x_0x_2 + y_2x_0x_1 \end{aligned}$$

通过上面的方程可以得出下列三个方程：

$$\begin{cases} y_0 + y_1 + y_2 = 0 \\ y_0(x_1 + x_2) + y_1(x_0 + x_2) + y_2(x_0 + x_1) = 0 \\ y_0x_1x_2 + y_1x_0x_2 + y_2x_0x_1 = 1 \end{cases} \tag{2.12}$$

解方程（2.12）可以得到：

$$\begin{cases} y_0 = \dfrac{1}{(x_1 - x_0)(x_2 - x_0)} \\ y_1 = \dfrac{1}{(x_0 - x_1)(x_2 - x_1)} \\ y_2 = \dfrac{1}{(x_0 - x_2)(x_1 - x_2)} \end{cases} \tag{2.13}$$

将式（2.13）代入式（2.11），得到：

$$\hat{A} = A^{1/\gamma}$$

$$
\begin{aligned}
&= A^{\gamma_0} \cdot (\psi(A_1^*))^{\gamma_1} \cdot (\psi(A_2^*))^{\gamma_2} \\
&= g_1^{1/[(\gamma+x_0)(x_1-x_0)(x_2-x_0)]} \\
&\quad \cdot g_1^{1/[(\gamma+x_1)(x_0-x_1)(x_2-x_1)]} \\
&\quad \cdot g_1^{1/[(\gamma+x_2)(x_0-x_2)(x_1-x_2)]} \\
&= g_1^{1/[(\gamma+x_0)(\gamma+x_1)(\gamma+x_2)]}
\end{aligned}
$$

于是，$(\hat{A},\ x)$ 是对应于组公钥 $gpk_{new} = (\hat{g}_1,\ \hat{g}_2,\ \hat{g},\ \hat{w})$ 的有效的私钥。

2.3.3.3 消息长度

OBU 消息的长度为

$$
\begin{aligned}
L_{\text{msg\_OBU}} &= L_{\text{groupID}} + L_{\text{msgID}} + L_{\text{payload}} \\
&\quad + L_{\text{timestamp}} + L_{\text{sig}} + L_{\text{TTL}}
\end{aligned}
$$

p 是 170bit 的素数［6］。$\mathbb{G}$ 的每个元素是 171bit 长，L_{sig}是 192Byte 长，因此 $L_{\text{msg_OBU}} = 2 + 2 + 100 + 4 + 192 + 1 = 301$Byte。

2.3.3.4 安全分析

使用群签名允许组成员代表组匿名地签署任意数量的消息。组签名方案的安全需求包括正确性、不可伪造性、匿名性、不可链接性、可追溯性和撤销［16］，具体讨论如下。

- 正确性：根据安全协议由有效的组成员生成的组签名 σ 可以通过上面的验证过程来标识。
- 不可伪造性：只有有效的组成员可以代表组签署消息，有效的组签名不能被伪造，否则强烈 Diffie - Hellman（SDH）假设将不一致。
- 匿名性：消息的有效的组签名 σ，除了组管理者，很难通过计算识别真正的签名者。根据线性 Diffie - Hellman 假设，组签名方案为基础的交互协议是零知识的，σ 没有显示任何信息。
- 不可链接性：根据确认程序，很难判断出两个不同的有效组签名是相同的组成员计算的。
- 可追溯性：组管理者可以通过成员恢复过程来创建一个有效的签名和识别真正的签名者。假设群签名 $\sigma = (T_1,\ T_2,\ T_3,\ c,\ s_\alpha,\ s_\beta,\ s_{x_i},\ s_{\delta_1},\ s_{\delta_2})$ 是有效的。组管理者可以首先推导 $A_i \leftarrow T_3/(T_1^{\xi_1} \cdot T_2^{\xi_2})$，可以追溯签名者的标识。
- 可撤销性：可以通过上述两个撤销方案实现成员撤销。

在［21］中，Boheh 等更详细地描述了安全分析。

2.3.4 RSU 和 OBU 之间的安全协议

2.3.4.1 消息格式

表 2-3 定义了 RSU 和 OBU 之间的消息格式。

表 2-3　RBU 消息格式

类型 ID	消息 ID	负载	时间戳	签名	ID	TTL
2Byte	2Byte	100Byte	4Byte	43Byte	40Byte	1Byte

前四个字段由 RSU 签署，可以派生出“签名”字段。“ID”40Byte 长，可以作为发送方的公钥。注意 ID 可能还包括 RSU 的名称、授权经营的地理区域和授权的消息类型。如前所述，安装在紧急车辆上的 OBU 和 RSU 相同处理，因此 ID 也可以是紧急车辆车牌号码、紧急车辆的类型［例如警车、消防车或紧急医疗服务（EMS）］和提供紧急服务的辖区名称。最后一个字段是 TTL，可以控制消息允许留在 VANET 中的时间，可以避免 VANET 被消息淹没。不失一般性，本章使用 RSU 作为例子来说明安全协议。签名的长度将在稍后讨论。

2.3.4.2　RSU – OBU 通信的安全协议

RSU 和 OBU 之间的安全协议包含以下三个阶段。

1）生成私钥。按照 RSU 的属性，每个 RSU 均有一个唯一的标识符字符串作为其 ID，格式如表 2-4 所示，第一个字段记录了唯一的序列号，第二个字段记录了其物理位置信息，第三个字段表示消息的属性，例如交通信号相关的消息和警告消息。TRC 为每个 RSU 计算私钥

$$S_{ID_i} \leftarrow g_1^{1/(\gamma + H(ID_i))}$$

并通过安全通道发给每个 RSU。

表 2-4　RSU 标识的格式

序列号	物理位置信息	类型 ID

2）签名。在发送每个安全消息 M 之前，RSU 对消息 M 进行签名，首先获得随机数 $x \xleftarrow{R} \mathbb{Z}_p^*$ 并且计算 $r \leftarrow g^x \in \mathbb{G}_T$。

通过 r，可以设置

$$h_\sigma \leftarrow H_1(M,\ r) \in \mathbb{Z}_p^*$$

并计算

$$S_\sigma \leftarrow S_{ID_i}^{x + h_\sigma} \in \mathbb{G}_1。$$

签名 σ 是简单的$(h_\sigma,\ S_\sigma) \in \mathbb{Z}_p^* \times \mathbb{G}$ 对。最后按照表 2-3 的格式构造消息并由 RSU 发出。

3）验证。任何车辆从 RSU 接收消息后首先保证发送方在授权域工作。车辆将消息发送者的物理位置与 RSU 标识符字符串中的位置信息进行比较，防止攻击者将 RSU 中设备取出并放在别处。然后，接收方将收到的消息的类型 ID 与标识符字符串中的属性声明进行比较，如果类型 ID 不匹配，则该消息将被忽略。例如带有曲线速度警告属性的消息在消息内容是“在建道路”的情况下是不会

被接受的，接收方还应检查载荷的时间信息，确保信息是在允许的时间窗口发出的。最后，接收方通过下面的计算检查签名信息的有效性。

$$\tilde{h}_\sigma \leftarrow H_1(M, e(S_\sigma, g_2^{H(ID_i)} \cdot P_{pub}) g^{-h_\sigma})$$

这个检查是看是否 $\tilde{h}_\sigma = h_\sigma$，其中是 h_σ 从 σ 得来的。如果方程成立，车辆接收消息，否则该消息被丢掉。

2.3.4.3 消息长度

RSU 的消息长度为

$$L_{\text{msg\_RSU}} = L_{\text{typeID}} + L_{\text{msgID}} + L_{\text{payload}} + L_{\text{timestamp}} + L_{\text{sig}} + L_{\text{ID}} + L_{\text{TTL}}$$

类似的，因为 p 是 170bit 长的素数，并且在 $\mathbb{G}_1$ 的每个元素是 171bit，因此签名 σ 的大小是 43Byte。所以，$L_{\text{msg_RSU}} = 2 + 2 + 100 + 4 + 43 + 40 + 1 = 192$Byte。

2.3.4.4 安全分析

本方案使用基于身份的可证明安全的签名［22］，通过保证不可伪造性、认证、数据完整性和不可否认性来允许 RSU 签署任意数量的消息。Barreto［22］给出了更全面的安全分析。本节分析了本书提出的协议，特别是针对 RSU 复制攻击预防和重放攻击预防的方向，具体见下。

- RSU 复制攻击的预防：从 RSU 发出的消息中的“ID”字段是 RSU 最初的物理位置信息，类型字段指示 RSU 提供的交通管理的类型。当 OBU 接到消息，将 OBU 的物理位置与 RSU ID 字符串中的位置信息进行比较，如果距离超出了 RSU 的传播范围，那么 OBU 将忽略该消息，因此可以防御 RSU 复制攻击。此外，OBU 将收到的消息类型 ID 和 RSU 类型 ID 字符串的内容进行比较，如果类型 ID 不匹配，该消息将被忽略，例如消息中的曲线速度警告属性在“在建道路”的情况下是不会接受的。
- 重放攻击的防止：重放攻击是指攻击者为了伪装成合法的 RSU 回放从 RSU 截获的消息，由于协议在检查确认过程中要检查时间间隔，因此不会出现这种攻击。OBU 收到消息后检查时间戳的时间信息，以确保消息在允许的时间窗口内。如果包含在消息时间戳中的时间信息不合理的，则 OBU 将丢弃该消息。

2.4 性能评估

本节使用 ns－2 网络仿真工具［28］构建的仿真系统对 IVC 应用进行仿真评估，以验证安全协议的效率。为了正确地评估实际道路环境和车辆流量，考虑了两个不同的道路系统。2004 年，ns－2 引入了第一个由移动模型生成工具生成的现实世界的环境［29］，该环境是专门为车辆生成的实际的城市交通场景。这个工具使用公开可用的来自美国人口普查局的 TIGER（拓扑集成地理编码和引用）数据库，该数据库详细地记录了美国每个城市/城镇的街道地图。本章采用的地图是一个真实的德克萨斯州休斯敦的 Afton 橡树区的城市交通环境，如图 2-2所示。每辆车首先随机分散在道路的十字路口，并且不断沿着地图上的路径向另一个随机选择的十字路口移动。每辆车在不同的街道上以从 35 ~ 75mile/h（1mile/h = 1. 6km/h）的限速范围内以 ± 5mile/h 的随机速度移动。本节考虑的第二种道路系统类型是高速公路上双向六车道的直道的流量场景，其车辆的速度是在（100 ± 10）mile/h 范围内。在这两种情况下，在每个道路上每隔 500m 部署一个 RSU，每隔 300ms 发送消息。其他仿真参数在表 2-5 中体现。

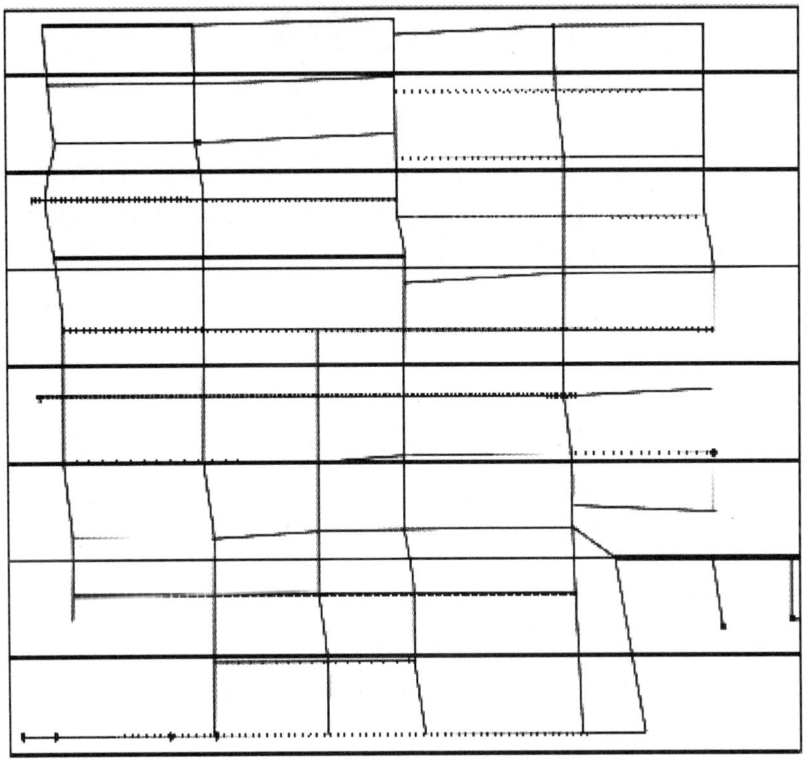

图 2-2　1000m × 1000m 范围内城市街道场景

表 2-5　仿真配置

仿真场景	城市环境
城市仿真区域	1000m × 1000m
通信范围	300m
仿真时间	100s
信道带宽	6Mbit/s

（续）

仿真场景	城市环境
暂停时间	0s
OBU 消息包大小	301Byte
RSU 消息包大小	200Byte
公路仿真区域	2500m × 30m

考虑的性能指标是平均消息延迟和平均消息丢失率，指示为 $avgD_{Msg}$ 和 $avgLR$，分别表示如下：

$$avgD_{Msg} = \frac{1}{N_D \cdot M_{sent\_n} \cdot K_n} \sum_{n \in D} \sum_{m=1}^{M_{sent\_n}} \sum_{k=1}^{K_n} \left(T_{sign}^{n\_m} + T_{transmission}^{n\_m\_k} + T_{verify}^{n\_m\_k} \cdot (L_{n\_m\_k} + 1) \right)$$

式中，D 是模拟的样本地区；N_D 是在 D 地区内的汽车数量；M_{sent_n}是由车辆 n 发送的消息数量；K_n 是在车辆 n 的一跳通信范围内的车辆数量；$T_{sign}^{n_m}$是由车辆 n 签署消息 m 的时间；n_m_k 代表车辆 n 发送的并且由车辆 k 收到的消息 m；$L_{n_m_k}$是当收到车辆 n 发送的消息 m 时车辆 k 的队列长度 n。因此，

$$avgLR = \frac{1}{N_D} \sum_{n=1}^{N_D} \frac{M_{consumed}^{n}}{\sum_{k=1}^{K_n} M_{arrived}^{n}}$$

式中，$M_{consumed}^{n}$表示在应用层由车辆 n 处理的消息数量；$M_{arrived}^{n}$表示在 MAC 层车辆 n收到的消息数量。在这里只考虑由安全协议引起的消息丢失，不考虑无线传输信道导致的丢包。注意，当消息到达速率大于消息确认速率时导致队列满了时会导致消息丢失。在下面两组实验旨在分析不同的流量负荷和加密算法处理速度的影响。

2.4.1 流量负荷的影响

道路上的车辆密度与每辆车接收到的消息总数相关，因此车辆密度是影响系统性能的主要因素。先前的研究考虑了道路上的实际车辆密度如车辆/km 或者车辆/km^2 带来的影响，但是没有考虑通信范围和实际车辆密度之间的关系。Raya 和 Hubaux［23］发现，为了达到满意的丢包率，应采用更密集的流量和更短的通信范围（或更小的辐射功率）。因此特定车辆在传播周期内接收到的消息数量应该是评估系统性能的一个因素，而不是只考虑实际交通密度。因此本研究将每辆车在通信范围内邻近车辆的平均数量作为交通负荷，这是传播周期内一辆车可以接收到的数据包数量的上限。此外，在 ns－2 仿真中使用的任何密码操作引起的延迟可以从密码库 MIRACL［30］中得到。在这项研究中群签名签署延迟和验证延迟分别是 3.6ms 和 7.2ms，基于身份的签名验证的延迟是 3.6ms。

图 2-3 和图 2-4 为仿真结果，从结果上可以看出，随着流量负载（即在通信

范围内汽车的数量）的增加，消息的端到端延迟变化不大（约 22ms），该值小于 Ref. 23 定义的最大允许的消息端到端传输延迟 100ms。但是当交通负载增加时信息损失比率增加，值得注意的是当交通负载到 150 时，损失比率高达 68%，然而这样的交通负荷根据通信范围和车辆间的关系距离［23］表示路上正经历着严重的交通拥堵，在这种情况下如果大量的消息丢失是因为每辆车重复发送大多数的消息，那么它是可以接受的。正常的交通负荷发生在交通负荷低于 50 时损失比率达到 20%。

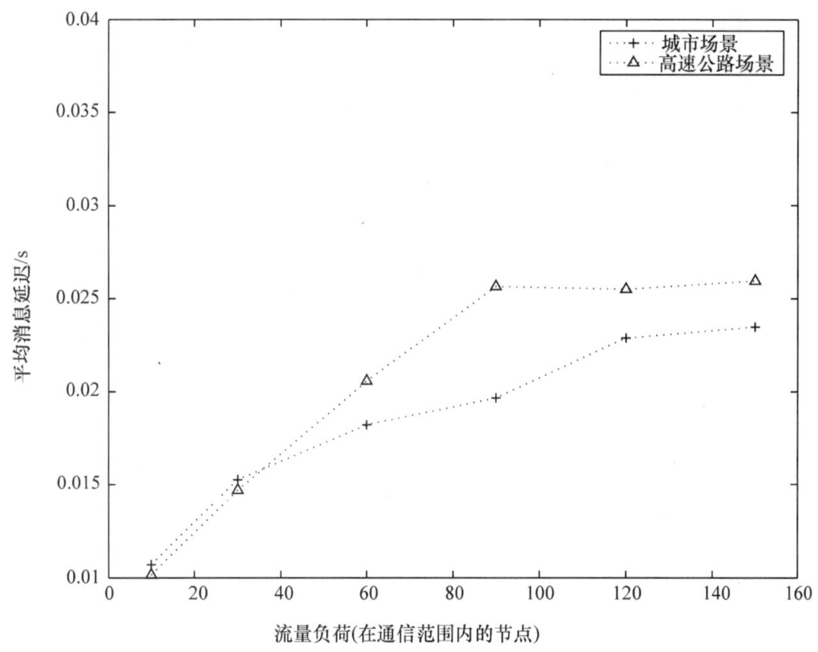

图 2-3　流量负荷对消息端到端延迟的影响

2.4.2　加密签名验证延迟的影响

决定安全协议的性能的另一个重要因素是协议中使用密码操作带来的延迟。然而实现密码算法的速度很大程度上取决于所采用的硬件设施。本研究假设在每辆车安装一个强大的处理器，可以达到一个很高的处理速度。通过引用 Ref. 22 给定的参数，一个配对操作需要 3. 6ms，在 MIRACL 库中需要 8. 5ms，这是一个合理的假设，签名验证延迟范围为 1 ~ 8. 5ms，在仿真中假设城市中的正常的交通负载在车辆的通信范围内有平均 60 辆车，仿真结果如图 2-5 和图 2-6 所示。

可以看出，随着密码操作花费时间的增加，消息端到端延迟和损失比率会增加。当签名验证延迟达到一定值时消息的损失比率明显增加。此外，在各种道路情况下系统性能非常接近，这表示本研究提出的安全协议在不同的道路系统和交

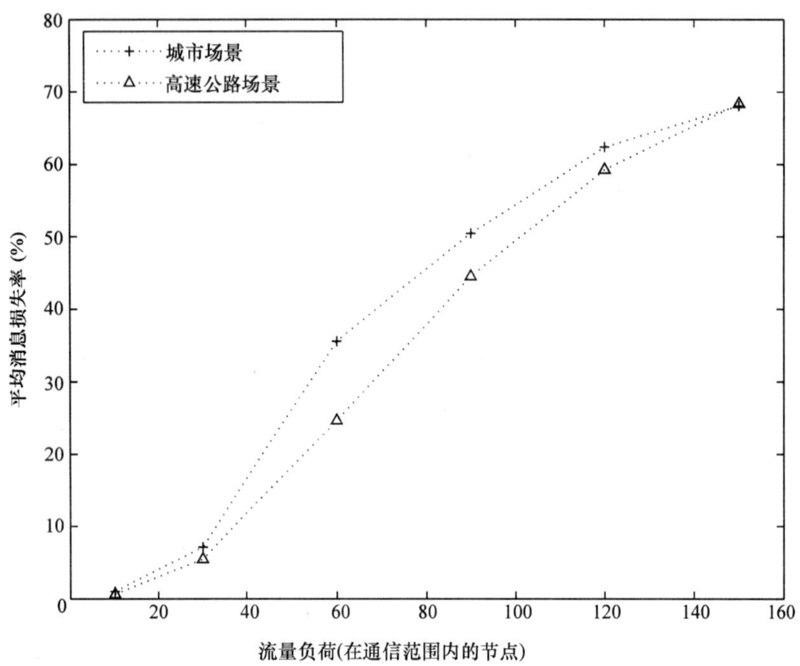

图 2-4　流量负荷对消息损失率的影响

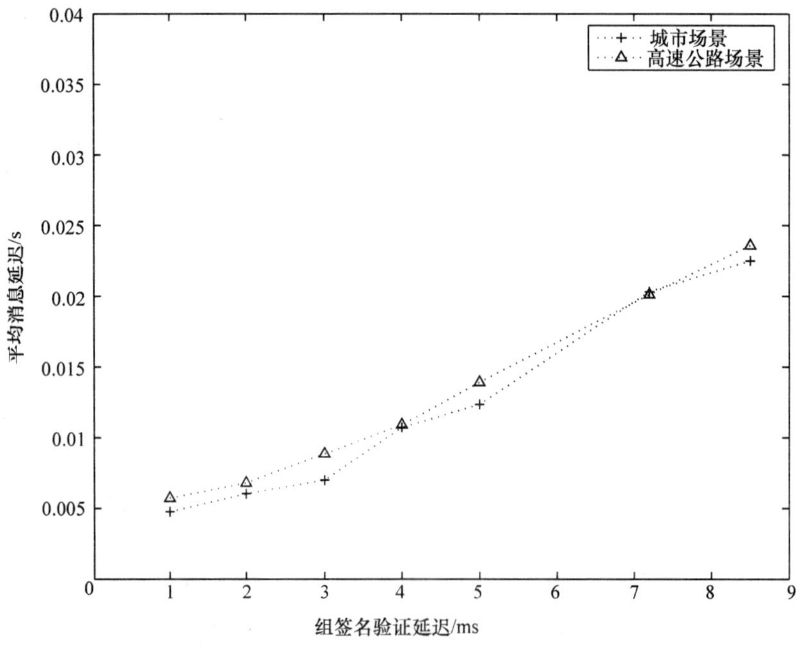

图 2-5　签名验证延迟对消息端到端延迟的影响

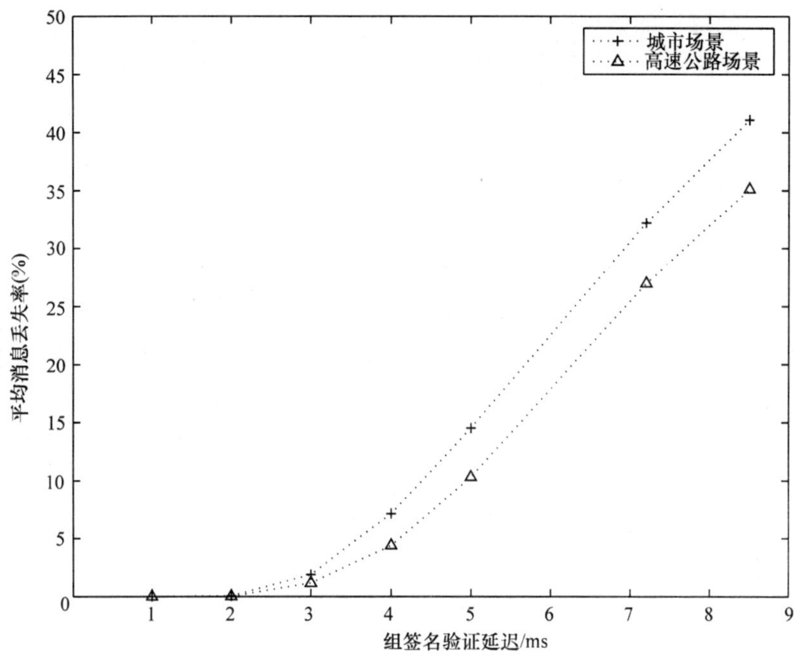

图 2-6　签名验证延迟对消息丢失率的影响

通负荷下具有稳定性和不敏感性。

2.4.3　成员撤销和跟踪效率

下面将评估本章提出的协议中成员撤销和跟踪方案的效率，并与 Ref. 31 中的方案进行效率比较。会员撤销和跟踪方案的效率是任何车辆应用程序中一个关键的需求，因为如果像在日常生活中人们经常遇到的恶意用户进行任何危险活动或者一个攻击者冒充盗用合法的小组成员，那么用户将面临一个严重的风险。因此，VANET 需要尽可能地提高成员撤销和跟踪方案的性能。

当一辆汽车被破坏时其证书需要撤销以消除潜在的安全隐患。在 Raya – Hubaux 的研究［31］中 43800 匿名证书必须放在 CRL 中，其 CRL 的存储是 43800kB。本书提出的会员撤销方案只有 A_i 需要放在 CRL 中，其中 i 代表车辆 i。CRL 的存储只需要 171bit，大大地减少了 CRL 的大小，CRL 中撤销的车辆越多，本书提出的会员撤销方案越可以节省更多的存储，这是非常重要的，当执行成员撤销验证时为了避免联系中心的 CRL，CRL 可以分发给 OBU 和 RSU。

此外在争议的情况下如犯罪或事故现场调查需要寻找目击者时，执法者应该能够跟踪消息发送方得到消息发送者的身份。在 Raya – Hubaux 研究［31］中，管理者保存了管辖地区内每个车辆的所有匿名证书，其结果是需要存储达到

43800kB · n 的巨大的数据库，其中 n 是车辆总数（可能是数以百万计的汽车），而本书提出的成员跟踪方案需要为每辆车维护一个包含 A_i 及其相应的车辆真实身份的表格，如果车辆的标识是 136bit（车辆的 VIN 是 17 个字符的号码包含字母和数字字符），那么该表格只需要 307bit。因此该方案的存储需要 307bits · n，可以显著地节约存储。

2.5 结论

本章提出了一种新的用于车辆间通信（IVC）应用的基于群签名和基于身份的签名方案的安全协议。对成员管理者（MM）和追溯管理者（TM）则不需要引入管理大量的存储证书的开销实现组签名、安全、隐私和有效可追溯性。基于身份的签名可以进一步降低公共密钥和证书管理的复杂性。我们搭建了城市道路和高速公路系统的仿真系统证明了即使由于密码操作导致大量计算延迟时消息延迟和损失比率还可以保持很低。

参考文献

1. "KVH industries," http://www.kvh.com/.
2. "MSN TV," http://www.msntv.com/.
3. X. Lin, X. Sun, P.-H. Ho, and X. Shen, "GSIS: A secure and privacy-preserving protocol for vehicular communications," *IEEE Transactions on Vehicular Technology*, vol. 56, no. 6, pp. 3442–3456, 2007.
4. D. Chaum and E. Van Heyst, "Group signatures," in *Proc. 10th Annual International Conference on Theory and Application of Cryptographic Techniques*, ser. EUROCRYPT'91. Berlin, Heidelberg: Springer-Verlag, 1991, pp. 257–265. (Available online at http://dl.acm.org/citation.cfm?id=1754868.1754897.)
5. A. Shamir, "Identity-based cryptosystems and signature schemes," *Proc. Advances in Cryptology, (CRYPTO'84)*, Santa Barbara, CA, USA, Aug. 19–22, 1984, ser. Lecture Notes in Computer Science, vol. 196. Springer, 1984, pp. 47–53.
6. D. Boneh and M. K. Franklin, "Identity-based encryption from the weil pairing," in *Advances in Cryptology—CRYPTO 2001, 21st Annual International Cryptology Conference*, Santa Barbara, CA, Aug. 19–23, 2001, ser. Lecture Notes in Computer Science, vol. 2139. Springer, 2001, pp. 213–229.
7. R. L. Rivest, A. Shamir, and L. Adleman, "A method for obtaining digital signatures and public-key cryptosystems," *Communications of the ACM*, vol. 21, no. 2, pp. 120–126, Feb. 1978. (Available online at http://doi.acm.org/10.1145/359340.359342.)
8. T. El Gamal, "A public key cryptosystem and a signature scheme based on discrete logarithms," *Proc. of CRYPTO 84 on Advances in Cryptology*. New York: Springer-Verlag, 1985, pp. 10–18. (Available online at http://dl.acm.org/citation.cfm?id=19478.19480.)
9. "Traffic light," http://en.wikipedia.org/wiki/Traffic_light.
10. C. Liu and J. T. Yu, "An analysis of dos attacks on wireless LAN," *Proc. 6th IASTED International Multi-Conference on Wireless and Optical Communications: Conference on Communication Systems and Applications, Conference on Optical Communication Systems*

and Networks, Conference on Wireless Networks and Emerging Technologies, Conference on Wireless SENSOR Networks, Banff, Alberta: IASTED, July 3–5, 2006, 2006.

11. I. Aad, J. Hubaux, and E. W. Knightly, "Denial of service resilience in ad hoc networks," *Proc. 10th Annual International Conference on Mobile Computing and Networking, MOBICOM 2004*, Philadelphia: ACM, Sept. 26–Oct. 1, 2004, pp. 202–215. (Available online at http://doi.acm.org/10.1145/1023720.1023741.)
12. S. Ranjan, R. Swaminathan, M. Uysal, and E. W. Knightly, "DoS-resilient scheduling to counter application layer attacks under imperfect detection," *Proc. INFOCOM 2006. 25th IEEE International Conference on Computer Communications, Joint Conference of the IEEE Computer and Communications Societies*, Barcelona, Catalunya: IEEE, April 23–29, 2006. (Available online at http://dx.doi.org/10.1109/INFOCOM.2006.127.)
13. J. Mölsä, "Increasing the DoS attack resiliency in military ad hoc networks," *Proc. Military Communications Conference, 2005. MILCOM 2005. IEEE*, Oct. 2005, vol. 4, pp. 2282–2288.
14. J. V. E. Mölsä, "Cross-layer designs for mitigating range attacks in ad hoc networks," *Proc. 24th IASTED International Conference on Parallel and Distributed Computing and Networks*, ser. PDCN'06. Anaheim, CA: ACTA Press, 2006, pp. 64–69. (Available online at http://dl.acm.org/citation.cfm?id=1168920.1168931.)
15. G. Wang, "Security analysis of several group signature schemes," *Proc. Progress in Cryptology—INDOCRYPT 2003, 4th International Conference on Cryptology in India*, New Delhi: Springer, Dec. 8–10, 2003, pp. 252–265. (Available online at http://dx.doi.org/10.1007/978-3-540-24582-7_19.)
16. G. Ateniese, J. Camenisch, M. Joye, and G. Tsudik, "A practical and provably secure coalition-resistant group signature scheme," *Proc. Advances in Cryptology—CRYPTO 2000, 20th Annual International Cryptology Conference*, Santa Barbara, CA: Springer, Aug. 20–24, 2000. pp. 255–270. (Available online at http://dx.doi.org/10.1007/3-540-44598-6_16.)
17. S. Han, J. Wang, and W. Liu, "An efficient identity-based group signature scheme over elliptic curves," *Proc. European Conference on Universal Multiservice Networks (ECUMN'04)*, IEEE, 2004, pp. 417–429.
18. C. Popescu, "An efficient id-based group signature scheme," *Studia Univ. Babes-Bolyai, Informatica*, vol. 47, no. 2, pp. 29–38, 2002.
19. A. Miyaji and K. Umeda, "A fully-functional group signature scheme over only known-order group," *Proc. 2nd International Conference on Applied Cryptography and Network Security, 2004 (ACNS'04), Yellow Mountain, China, June 8–11, 2004*, Springer, pp. 164–179. (Available online at http://dx.doi.org/10.1007/978-3-540-24852-1_12.)
20. J. Zhang, Q. Wu, and Y. Wang, "A novel efficient group signature scheme with forward security," *Proc. Information and Communications Security, 5th International Conference, ICICS 2003*, Huhehaote, China: Springer, Oct. 10–13, 2003, pp. 292–300. (Available online at http://dx.doi.org/10.1007/978-3-540-39927-8_27.)
21. D. Boneh, X. Boyen, and H. Shacham, "Short group signatures," *Proc. Advances in Cryptology—CRYPTO 2004, 24th Annual International Cryptology Conference*, Santa Barbara, CA: Springer, Aug. 15–19, 2004, pp. 41–55. (Available online at http://dx.doi.org/10.1007/978-3-540-28628-8_3.)
22. P. S. L. M. Barreto, B. Libert, N. McCullagh, and J.-J. Quisquater, "Efficient and provably-secure identity-based signatures and signcryption from bilinear maps," *Proc. 11th International Conference on Theory and Application of Cryptology and Information Security*, ser. ASIACRYPT'05. Berlin, Heidelberg: Springer-Verlag, 2005, pp. 515–532. (Available online at http://dx.doi.org/10.1007/11593447_28.)

23. "Vehicle Safety Communications (VSC) project," http://www-nrd.nhtsa.dot.gov/pdf/nrd-12/060419-0843/PDFTOC.htm.

24. D. Boneh and X. Boyen, "Short signatures without random oracles," *Proc. Advances in Cryptology—EUROCRYPT 2004, International Conference on the Theory and Applications of Cryptographic Techniques*, Interlaken, Switzerland: Springer, May 2–6, 2004, pp. 56–73. (Available online at http://dx.doi.org/10.1007/978-3-540-24676-3_4.)

25. G. Ateniese, D. X. Song, and G. Tsudik, "Quasi-efficient revocation in group signatures," *Proc. Financial Cryptography, 6th International Conference, FC 2002*, Southampton, Bermuda: Springer, March 11–14, 2002, revised papers, pp. 183–197. (Available online at http://dx.doi.org/10.1007/3-540-36504-4_1.)

26. D. Boneh and H. Shacham, "Group signatures with verifier-local revocation," *Proc. 11th ACM Conference on Computer and Communications Security, CCS 2004*, Washington, DC: Springer, Oct. 25–29, 2004, pp. 168–177. (Available online at http://doi.acm.org/10.1145/1030083.1030106.)

27. A. Kiayias, Y. Tsiounis, and M. Yung, "Traceable signatures," *Proc. Advances in Cryptology—EUROCRYPT 2004, International Conference on the Theory and Applications of Cryptographic Techniques*, Interlaken, Switzerland, Springer, May 2–6, 2004, pp. 571–589. (Available online at http://dx.doi.org/10.1007/978-3-540-24676-3_34.)

28. "The network simulator," http://nsnam.isi.edu/nsnam/index.php/User_Information.

29. A. K. Saha and D. B. Johnson, "Modeling mobility for vehicular ad-hoc networks," *Proc. 1st ACM International Workshop on Vehicular Ad Hoc Networks*, ser. VANET '04. New York: ACM, 2004, pp. 91–92. (Available online at http://doi.acm.org/10.1145/1023875.1023892.)

30. "Multiprecision integer and rational arithmetic C/C++ library," http://indigo.ie/ mscott/.

31. M. Raya and J.-P. Hubaux, "The security of vehicular ad hoc networks," *Proc. 3rd ACM Workshop on Security of Ad Hoc and Sensor Networks*, ser. SASN '05. New York: ACM, 2005, pp. 11–21. Available online at http://doi.acm.org/10.1145/1102219.1102223.)

32. "X.509," http://en.wikipedia.org/wiki/ X.509.

第3章　ECPP：高效、有条件的隐私保护协议

3.1　概述

不断增长的道路安全改善和交通优化的需求刺激了车辆 ad hoc 网络（VANET）[1] 的研究，作为移动 ad hoc 网络（MANET）的一种特殊实例，VANET 已经定位为未来为以车辆为中心的应用提供通用平台，应用通过该平台在本地进行数据收集和生成，并通过点对点或者点对多点进行信息分发。VANET 包括车载单元（OBU）和路边单元（RSU）[2]，其中 OBU 安装在车辆上提供无线通信功能，RSU 在无线覆盖范围内为车辆提供无线接口。

目前工业界和学术界已经针对车载网络中的关键问题 [3－7] 开展了广泛的研究，其中安全保证和隐私保护是其中的两个主要问题 [8－11]。没有安全和隐私保护，攻击者可以跟踪感兴趣的 OBU 位置并获得他们的移动模式，严重的攻击可能会抵消改善行车安全带来的好处，因此，在安全的车载网络中提供匿名消息身份验证安全已成为一个基本的设计要求，然而在车载网络中匿名消息身份验证是一把双刃剑，一个合法的 OBU 根据隐私保护机制愿意为周围的 OBU 和 RSU 提供尽可能多的本地信息来创建一个更安全、更高效的驾驶环境，但是恶意的 OBU 可能会滥用隐私保护机制破坏正常的驾驶环境，当处于争端中的驾驶人试图逃避调查和责任时常常会出现这种情况。因此在车载网络中匿名消息身份验证应该是有条件的，即使 OBU 不是公众可追踪的，也应保证授权机构可以找到一种跟踪目标 OBU 的方法并收集传播的安全信息。

针对安全的车载网络，大部分现有安全方案 [12，13] 只是简单地进行了身份验证和隐私保护，但是缺少一个有效和高效的条件跟踪机制。目前针对有条件隐私保护的设计方案有两种：基于大量的匿名密钥方案（HAB）[1] 和纯粹的群签名技术方案（GSB）[14]，尽管 HAB 和 GSB 都可以提供一个有效的跟踪机制，但是他们需要一个巨大的存储空间存储匿名密钥，并且需要安全信息匿名身份验证，当维护所有被撤销的匿名密钥的撤销列表庞大而笨拙时，会导致很严重的问题。而且当验证签名时也应该验证公钥的有效期，这个任务在车载网络中

实现起来很困难。

本章针对车辆安全通信提出了使用新颖高效的条件隐私保护（ECPP）协议[15]。ECPP 协议能有效地处理不断增长的撤销列表，实现权威机构有条件的追溯，而不需要像其他方案那样在每个 OBU 中保持一个巨大的存储空间，该协议能在不损失安全级别的情况下保持最小的匿名密钥存储。同时该协议还可以对安全消息进行快速验证，并提供高效的条件隐私跟踪机制，可以作为未来 VANET 的备选方案。

本章中，3.2 节描述了安全模型和安全问题；3.3 节详细描述了 ECPP 协议；3.4 节和 3.5 节描述了条件隐私保护分析和性能分析；最后；在 3.6 节给出了结论。

3.2 系统模型和面临的问题

3.2.1 系统模型

3.2.1.1 系统角色

图 3-1 显示了网络体系结构，它由三个网络实体构成，包括值得信赖的机构（TA）、路侧的固定 RSU 和安装在运行车辆上的移动 OBU。

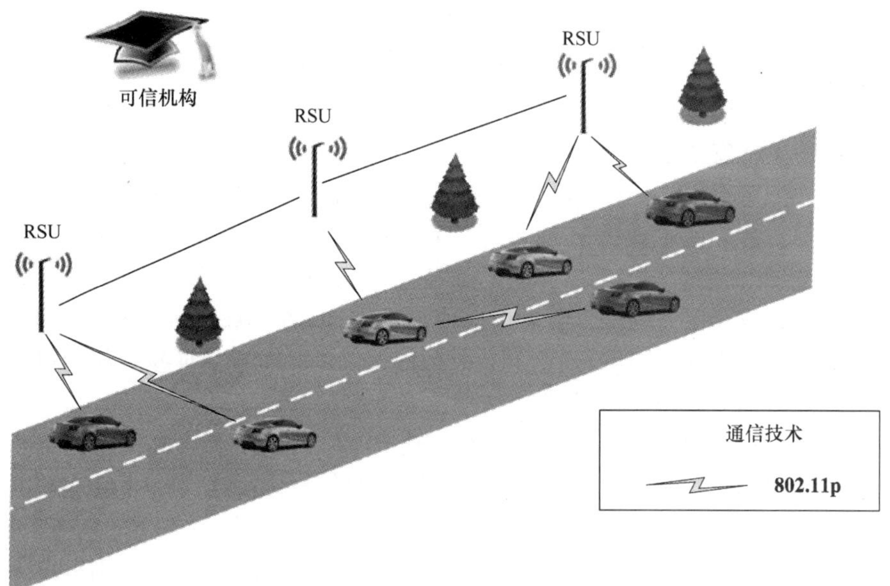

图 3-1 系统模型

- TA：负责路侧固定 RSU 和安装在车辆上的移动 OBU 的注册，并能显示与 RSU 交互安全消息的 OBU 的真实身份。TA 假定可以为授权提供足够的计算和存储能力。

- RSU：从属于 TA，RSU 的存储单元用于存储来自 TA 和 OBU 的信息。RSU 的主要任务是当 OBU 请求时发出一个短时匿名公钥证书给 OBU，并协助 TA 有效地追踪任何发出安全消息的 OBU 的真实身份信息。
- OBU：安装在运行车辆上，OBU 之间的通信主要是分享当地的交通信息以改善整个安全驾驶条件，并与 RSU 交互请求短期匿名公钥证书。

3.2.1.2 信道

目前，安全车辆通信服务主要用于民用车辆，在大多数高速公路场景中，RSU 与 TA 之间的通信主要通过有线连接或其他高带宽、低延迟和较低的误码率［2］的链路连接。RSU 之间可以通过 TA 或者是通过安全可靠的端到端通信。OBU 之间和 OBU 与 RSU 之间的通信使用 IEEE 802.11 p ［16］的 5.9GHz 专用短程通信（DSRC）。

3.2.1.3 假设

TA 是系统中各方完全信任的实体，不能对任何攻击者妥协。

RSU 在大多数场景中是固定的，并从属于 TA。未经 TA 的授权，大多数 RSU 不会透露任何内部信息，但是也不能排除在路边的一小部分 RSU 可能被攻击者控制并相互勾结，在民用场景中 TA 有很高的权限，可以检查所有的 RSU，一旦 TA 检测到 RSU 在某个时间段被控制，TA 可以采取行动在下一个时间段恢复它。

OBU 在大多数时候是移动的，很容易被恶意攻击者捕获。和 RSU 相比，系统中的 OBU 的数量可能达百万级，而 RSU 的数量根据国家基础设施建设情况不超过几万。

3.2.2 设计目标

本节主要研究有条件的隐私保护，下面两个安全问题需要考虑。

3.2.2.1 高效的安全消息匿名认证

为了抵制虚假消息欺骗攻击，本章提出的协议在安全车辆通信中使用了高效的安全消息匿名认证机制。虚假消息欺骗是 VANET 中一个基本的攻击，攻击者在网络上扩散虚假信息，通过恶意影响他人的行为来达到特定的目的，例如为了获得最好的交通条件，攻击者可能给其他车辆发送假的交通阻塞消息。同时从 OBU 的角度看，在安全消息进行身份验证过程中泄漏个人隐私包括身份和位置是不可接受的。

因此在安全车辆通信中使用安全的匿名安全消息身份验证对于 VANET 来说是至关重要的。此外该协议应该是高效的，保证在 OBU 中最小的匿名密钥存储和快速验证安全信息。这两个要求对更新撤销列表任务的可伸缩性是很重要的。

3.2.2.2 高效的有争议安全消息的溯源

安全消息匿名验证的一个重要和富有挑战性的问题是在匿名身份验证中保持对所有安全信息的可追溯性。没有追溯机制，消息匿名身份验证只能防止外部攻击而不能处理内部攻击。

如果权威机构没有提供可追溯性，一个内部攻击者可以进行一个虚假消息欺骗攻击、拒绝服务（DoS）攻击或者一个模拟攻击。在 DoS 攻击中，攻击者发送大量的无关信息干扰信道或消耗其他 OBU 的计算资源；而在一个模拟攻击中，攻击者伪造另一个 OBU 发送错误消息。由于攻击危及整个车载通信系统，因此必须提供安全消息的可追溯性以防止内部攻击。

为了准确地实现有条件隐私保护的安全消息身份验证，为了实现身份验证、匿名性和不可链接性，本书定义了用户隐私的三个级别，见表 3-1。

表 3-1 有条件隐私级别定义

	认证	匿名	不可链接性
隐私级别 1	√	×	×
隐私级别 2	√	√	×
隐私级别 3	√	√	√

1 级：TA 预期的隐私水平，TA 需要从验证的安全消息中跟踪真正的 OBU 的身份。从用户的角度来看，该级别没有隐私。

2 级：尽管每个安全消息是匿名身份验证的，攻击者可以通过收集 OBU 发出的大量安全消息跟踪 OBU。这种级别的隐私是不足以抵抗运动跟踪攻击的。

3 级：对于 OBU 来说该隐私级别是最理想的，因为安全消息是匿名验证的，即使攻击者从一个 OBU 收集了一些安全消息，也不能跟踪到该 OBU。

3.3 ECPP 协议

本书提出的 ECPP 协议包括四个方面的内容：系统初始化、OBU 短时匿名密钥产生、OBU 安全消息生成和发送以及 OBU 快速跟踪算法。

3.3.1 系统初始化

给定安全参数 k，TA 首先通过运行 $\mathcal{G}en(k)$ 生成双线性参数（q，$\mathbb{G}$，$\mathbb{G}'$，$\mathbb{G}_T$，e，P，P'），然后 TA 选择两个随机数 u，$v\in\mathbb{Z}_q^*$ 作为主密钥，并且计算 $U'=uP'\in\mathbb{G}'$ 和 $U=uP$，$V=vP\in\mathbb{G}$。TA 同样选择两个密码哈希函数：f 和 g，其中 f，$g:\{0,1\}^*\to\mathbb{Z}_q^*$，和带有安全密钥 k [17] 的安全对称加密算法 $Enc_k()$。至此，包括（q，$\mathbb{G}$，$\mathbb{G}'$，$\mathbb{G}_T$，e，P，P'，U，V，U'，f，g，$Enc_k()$）的系统参数

已经发布。

算法 1：［A1］初始注册

数据：根据系统参数和主密钥（u，v），TA 输入标识 ID_i 提取私钥。

结果：生成对应 ID_i 有效的私钥 Sk_i，或者如果是 $\perp$，什么也不做。

开始：

　检查标识 ID_i 的有效性

　如果 ID_i 是无效的，那么

　　返回 $\perp$。

　结束

　如果 ID_i 是 RSU，那么

　　选择一个随机数 $x_i \in \mathbb{Z}_q^*$ 和位置信息 L_i，其中 $x_i + u \neq 0$ 模 q。

　　设置 $A_i = \frac{1}{x_i + u}P$，$B_i = \frac{1}{h(L_i) + u}P \in \mathbb{G}$

　　存储（ID_i，uA_i）对到跟踪列表

　　返回 sk_i =（x_i，A_i，B_i）

　否则如果 ID_i 是 OBU，那么

　　计算伪 id $RID_i = Enc_v(ID_i)$

　　设置 $S_i = \frac{1}{h(RID_i) + u}P \in \mathbb{G}$

　　返回 sk_i =（RID_i，S_i）

　结束

结束

Algorithm 1: [A1] InitialRegister

Data: With system parameters and *master-key* (u, v), the TA inputs an identity ID_i for private key extraction.

Result: Generate a valid private key sk_i corresponding to ID_i, or do nothing if $\perp$.

begin

　Check the validity of the identity ID_i

　if ID_i *is invalid* **then**

　　return $\perp$

　end

　if ID_i *is an RSU* **then**

　　Choose a random number $x_i \in \mathbb{Z}_q^*$ such that $x_i + u \neq 0 \bmod q$, and a location information L_i

　　Set $A_i = \frac{1}{x_i+u}P, B_i = \frac{1}{h(L_i)+u}P \in \mathbb{G}$

　　Store the duplet (ID_i, uA_i) into the trace list

　　return $sk_i = (x_i, A_i, B_i)$

　else if ID_i *is an OBU* **then**

　　Compute the pseudo-id $RID_i = Enc_v(ID_i)$

　　Set $S_i = \frac{1}{h(RID_i)+u}P \in \mathbb{G}$

　　return $sk_i = (RID_i, S_i)$

　end

end

当 RSU 或 OBU 提交其身份 ID_i 到系统注册时，TA 调用算法 A1 获得私钥 sk_i = InitialRegister（ID_i），然后返回系统参数和私钥 sk_i 给请求者。如果请求者是一个 RSU，带有私钥 $sk_i = (x_i, A_i, B_i)$ 的 RSU 可以在位置 L_i 正常工作，其中（x_i，A_i）是匿名签名密钥，而 B_i 是位置敏感的密钥。另一方面，如果请求者是一个 OBU，当请求短时匿名公钥证书时，OBU 可以使用私钥 sk_i =（RID_i，S_i）来对自己进行匿名身份验证，其中 RID_i 是从真实身份 ID_i 计算的伪 id，S_i 是与 RID_i 对应的基于身份的私钥。注意，即使一些 OBU 和 RSU 被破坏，由于 q - SDH 硬度的假设，从泄露的私钥中推出其他 OBU 和 RSU 的私钥计算上仍然是不可行的。

3.3.2 OBU 短时匿名密钥生成

一般情况下，每个 OBU 需要准备大量的存储资源来保存巨大的撤销列表，本书提出的协议避免了这个缺点，当 OBU 是通过 RSU 传递时，每个 OBU 向 RSU 请求一个短时匿名密钥证书，此外针对撤销问题，当 OBU 请求短时匿名密钥证书时，RSU 将检查 OBU 是否在新的更新撤销列表中（从 TA 检索），如果在列表中，RSU 不会采取任何行动更新证书撤销列表。本节主要描述 OBU 短时匿名密钥证书的生成，图 3-2 显示了 OBU 短时匿名密钥生成，详细的协议步骤描述如下。

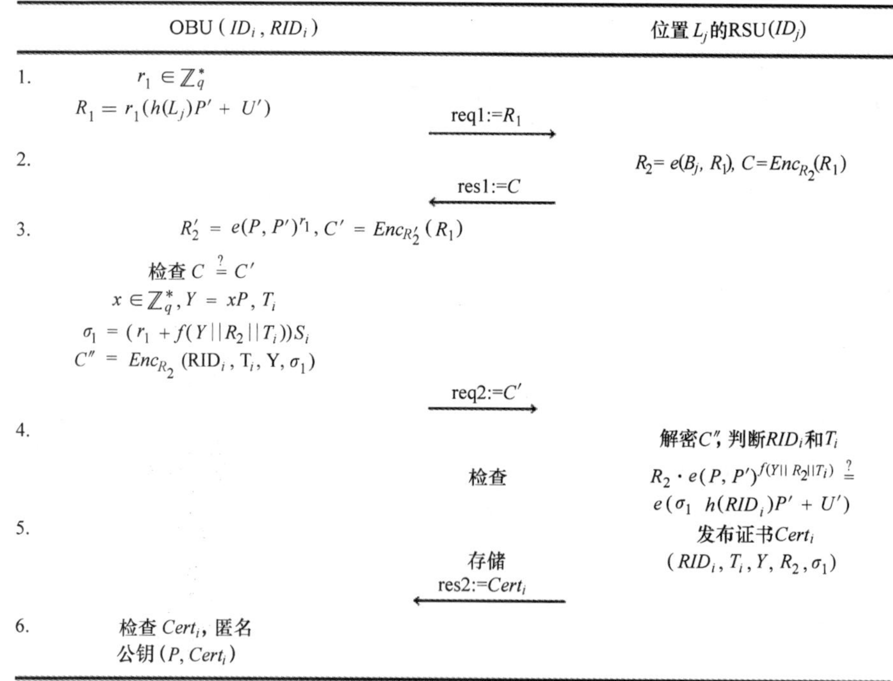

图 3-2　OBU 短时匿名密钥生成

带有身份 ID_i 和伪 id RID_i 的 OBU 使用下列的请求响应协议从位置 L_j 的 RSU 请求短时匿名密钥对。

步骤 1：当 OBU 移动到位置 L_j，首先应该验证 RSU 以确定是否 OBU 应该将它的伪 id RID_i 发送给 RSU 用来请求短时匿名密钥。如果 RSU 没有通过认证，那么 OBU 就会有将它的伪 id 暴露给攻击者的风险，所以 OBU 选择随机数 $r_1 \in \mathbb{Z}_q^*$ 使用位置信息 L_j 计算 $R_1 = r_1(h(L_j)P' + U') \in \mathbb{G}'$，并且发送 req1：$= R_1$ 给位置 L_j 的 RSU。

步骤 2：收到 req1：$= R_1$ 后，RSU 使用位置敏感的私钥 $B_j = \frac{1}{h(L_j)+u}P$ 计算 $R_2 = e(B_j, R_1)$，用安全密钥 R_2 加密 R_1 为 $C = Enc_{R_2}(R_1)$ 并发送 res1：$= C$ 给 OBU。

步骤 3：OBU 计算 $R_2' = e(P, P')^{r_1}$，$C' = Enc_{R_2'}(R_1)$ 并且检查 $C \stackrel{?}{=} C'$ 关系，如果是正确的，那么 RSU 通过认证，OBU 可以发送伪 id RID_i 用来申请短时匿名密钥；否则 RSU 不能通过认证，因为 $R_2 = e(B_j, R_1) = e(\frac{1}{h(L_j)+u}P, r_1(h(L_j)P' + U')) = e(\frac{1}{h(L_j)+u}P, r_1(h(L_j)+u)P') = e(P, P')^{r_1} = R_2'$。

然后 OBU 选择短时有效周期 T_i，和随机数 $x \in \mathbb{Z}_q^*$ 一起作为它的短时匿名私钥，并计算周期 T_i 内的相关公钥 $Y = xP \in \mathbb{G}$。同样 OBU 使用它的私钥 $S_i = \frac{1}{h(RID_i)+u}P \in \mathbb{G}$ 计算 $\sigma_1 = (r_1 + f(Y \| R_2 \| T_i))S_i$，计算 $C'' = Enc_{R_2'}(RID_i, T_i, Y, \sigma_1)$，然后发送请求 req2：$= C''$到 RSU。

步骤 4：当收到 req2：$= C''$后，RSU 首先从 C''和 R_2 中解密（RID_i，T_i，Y，σ_1），然后从 TA 得到的最新的更新撤销列表中检查伪 id RID_i 的有效性，如果 RID_i 在撤销列表中，RSU 拒绝发布短时匿名公钥 Y 证书并且终止协议，否则 RSU 检查有效周期 T_i，因为长的有效周期 T_i 可能会导致无效证书的继续有效和被攻击者跟踪的风险，所以 T_i 不是有效的，那么 RSU 同样拒绝发布证书，否则 OBU 检查 $R_2 \cdot e(P, P')^{f(Y \| R_2 \| T_i)} = e(\sigma_1, h(RID_i)P' + U')$，如果满足，OBU 认证通过，否则 OBU 不能通过认证，因为

$$
\begin{aligned}
& e(\sigma_1, h(RID_i)P' + U') \\
&= e((r_1 + f(Y \| R_2 \| T_i))S_i, h(RID_i)P' + uP') \\
&= e((r_1 + f(Y \| R_2 \| T_i))\frac{1}{h(RID_i)+u}P, (h(RID_i)+u)P') \\
&= e((r_1 + f(Y \| R_2 \| T_i))P, P') \\
&= e(P, P')^{r_1 + f(Y \| R_2 \| T_i)} = R_2 \cdot e(P, P')^{f(Y \| R_2 \| T_i)}
\end{aligned}
$$

步骤5：一旦 OBU 认证通过，RSU 根据短时匿名公钥 Y 发布证书 $Cert_i$ 给 OBU。首先 RSU 选择四个随机数 α，r_α，r_x，$r_\delta \in \mathbb{Z}_q^*$ 并且计算 T_U，T_V，δ，δ_1，δ_2，δ_3，其中

$$\begin{cases} T_U = \alpha U, T_V = A_j + \alpha V, \delta = \alpha \cdot x_j \bmod q \\ \delta_1 = r_\alpha U, \delta_2 = r_x T_U - r_\delta U \\ \delta_3 = e(T_V, r_x P') / e(V, r_\alpha U' + r_\delta P') \end{cases}$$

然后 RSU 计算 c，s_α，s_x，$s_\delta \in \mathbb{Z}_q^*$，其中

$$\begin{cases} c = f(U \parallel V \parallel Y \parallel T_i \parallel T_U \parallel T_V \parallel \delta_1 \parallel \delta_2 \parallel \delta_3) \\ s_\alpha = r_\alpha + c \cdot \alpha \bmod q, s_x = r_x + c \cdot x_j \bmod q \\ s_\delta = r_\delta + c \cdot \delta \bmod q \end{cases}$$

最后，RSU 设置证书 $Cert_i =$（T_U，T_V，c，s_α，s_x，s_δ）并且发送 res2：$= Cert_i$ 给 OBU。另外为了维护可追溯性，RSU 同样存储（RID_i，T_i，Y，R_2，σ_1）在本地证书列表中。

步骤6：为了检查证书 $Cert_i$ 的有效性，OBU 计算 δ_1'，δ_2'，δ_3'，其中

$$\begin{cases} \delta_1' = s_\alpha U - c T_U, \delta_2' = s_x T_U - s_\delta U \\ \delta_3' = \dfrac{e(T_V, s_x P' + cU')}{e(V, s_\alpha U' + s_\delta P') e(P, cP')} \end{cases}$$

检查 $c = f$（$U \parallel V \parallel Y \parallel T_i \parallel T_U \parallel T_V \parallel \delta_1' \parallel \delta_2' \parallel \delta_3'$），如果满足，$Cert_i$ 有效，否则是无效的。最后 OBU 在有效的周期 T_i 内保存短时私钥 x 和相关的匿名公钥（Y，$Cert_i$）。

3.3.2.1 校正

根据双线性对的特点，应该根据下面的三个关系对其进行校正。

$$\delta_1' = s_\alpha U - c T_U = (r_\alpha + c \cdot \alpha) U - c \cdot \alpha U = r_\alpha U = \delta_1$$

$$\delta_2' = s_x T_U - s_\delta U = (r_x + c x_j) T_U - (r_\delta + c\delta) U = \delta_2$$

$$\begin{aligned} \delta_3' &= \frac{e(T_V, s_x P' + cU')}{e(V, s_\alpha U' + s_\delta P') e(P, cP')} \\ &= \frac{e(T_V, (r_x + c \cdot x_j) P' + cU')}{e(V, (r_\alpha + c \cdot \alpha) U' + (r_\delta + c \cdot \delta) P') e(P, cP')} \\ &= \frac{e(T_V, r_x P') e(T_V, c \cdot x_j P' + cU')}{e(V, r_\alpha U' + r_\delta P') e(V, c \cdot \alpha U' + c \cdot \delta P') e(P, cP')} \\ &= \frac{e(T_V, r_x P') e(V, c \cdot \delta P' + \alpha c U')}{e(V, r_\alpha U' + r_\delta P') e(V, \alpha c U' + c \cdot \delta P')} \\ &= \frac{e(T_V, r_x P')}{e(V, r_\alpha U' + r_\delta P')} = \delta_3 \end{aligned}$$

3.3.2.2　安全

OBU 短时匿名密钥生成是由 OBU 和 RSU 之间的请求－响应协议完成的。下面本章将对双向认证和短时证书的匿名性进行安全性检测。

- OBU 可以快速地认证位置 L_j 上的 RSU，在步骤 2，如果 RSU 返回 $C=Enc_{R_2}(R_1)$，其中，$R_2=e(P, P')^{r_1}$，那么 OBU 可以认证 RSU，因为没有相应的位置敏感密钥 $B_j=\frac{1}{h(L_j)+u}P$，攻击者是不能从 $R_1=r_1(h(L_j)+u)P'$计算出正确的 $R_2=e(P, P')^{r_1}$。
- RSU 同样也可以有效地认证带有伪 id RID_i 的 OBU。在步骤 4，如果公式成立，那么 RSU 可以认证 OBU，因为是关于 RID_i 的基于身份的签名，经过证明对相应的选择消息和 ID 攻击是安全的，所以没有对手可以启动模仿 RSU 攻击。
- 短期证书 $Cert_i$ 是匿名的。因为群签名技术可以实现匿名认证，因此步骤 6 中采用群签名构建的短期证书 $Cert_i$ 可以被视为 Boneh et al. VLR 群签名［18］的一种变体，它不仅继承了原始版本匿名身份验证的属性，还提供权威机构跟踪功能作为短群签名［19］。因此短期证书 $Cert_i$ 可以实现匿名的属性，确保 OBU 位置隐私的保护，因为没有人可以通过 $Cert_i$ 判断 OBU 的位置。

3.3.2.3　讨论

上节描述的步骤 1～步骤 5 必须在 RSU 的有效覆盖内执行，因此短时匿名密钥生成必须有严格的时间限制，可能会对车辆速度和路上的车辆密度有限制。为了检查性能，本书首先计算这些步骤的时间开销（T_k）。$\mathbb{G}$ 中的点乘法和配对计算是主要的计算开销，因此只针对这些操作进行计算。

表 3-2 给出了当嵌入度 $k=6$ 和 160bit 的 q 的 MNT 曲线［20］的测量处理时间（以 ms 为单位）。该计算是在英特尔奔腾 IV 3.0－GHz［21］机器上执行的。从执行时间的结果可以看出：

$$\begin{aligned}T_k &= 13T_{pmul}+6T_{pair}\\ &= 13\times0.6+6\times4.5=34.8\text{ms}\end{aligned}$$

下面的假设同样模拟了真实的场景：

- 车辆的平均速度（用 v 表示）是 10～40m/s（或者 36～144km/h）。RSU 的有效覆盖范围（用 R_{range}表示）是 300m。
- 车辆密度（用 d 表示）考虑四车道双向高速公路场景下覆盖范围是100～400。

表 3-2　密码操作执行时间

描述	执行时间/ms
T_{pmul}：在$\mathbb{G}$ 中一次点乘法的时间	0.6
T_{pair}：一次配对操作的时间	4.5

• 在 RSU 有效的覆盖范围内，每个 OBU 单独地从 RSU 请求一个短时匿名公钥证书。p 是每个 OBU 发出请求的概率，X 是一个随机变量，表示在全部 d 个 OBU 中请求的 OBU 数量。X 是二项式分布 $\mathfrak{B}(d, \rho)$，因此

$$P\{X=x\} = \binom{d}{x}\rho^{x}(1-\rho)^{d-x}, x=0,1,2,\cdots,d$$

和数学期望值

$$\mathrm{E}(X) = \sum_{x=0}^{a}\binom{d}{x}\rho^{x}(1-\rho)^{d-x} = d\cdot\rho$$

这里期望值 E(X)表示短时匿名公钥证书的平均请求数量，可以表示为

$$\mathrm{S}_{\mathrm{req}} = \mathrm{E}(X) = d\cdot\rho$$

为了测量 RSU 有效服务能力，本书首先估算最大的 RSU 可以处理的匿名密钥数量（用 $\mathrm{S}_{\max}$表示）。在车辆的平均速度 v 下，对有效的 RSU 覆盖范围 R_{range} 和时间开销 T_{k}，有

$$\mathrm{S}_{\max} = \frac{R_{\mathrm{range}}}{v\cdot T_{\mathrm{k}}}$$

然后计算真正处理的匿名密钥的数量（用 $\mathrm{S}_{\mathrm{proc}}$表示）为

$$\mathrm{S}_{\mathrm{proc}} = \begin{cases}\mathrm{S}_{\mathrm{req}}, & \text{如果 } \mathrm{S}_{\mathrm{req}} \leqslant \mathrm{S}_{\max} \\ \mathrm{S}_{\max}, & \text{其他情况}\end{cases}$$

定义 RSU 有效服务比率（用 $\mathrm{S}_{\mathrm{ratio}}$表示）为

$$\mathrm{S}_{\mathrm{ratio}} = \frac{\mathrm{S}_{\mathrm{proc}}}{\mathrm{S}_{\mathrm{req}}}$$

那么 $\mathrm{S}_{\mathrm{ratio}}$可以用下面的公式估计

$$\mathrm{S}_{\mathrm{ratio}} = \begin{cases}1, & \text{如果} \dfrac{R_{\mathrm{range}}}{T_{\mathrm{k}}\rho}\cdot\dfrac{1}{vd} \geqslant 1 \\ \dfrac{R_{\mathrm{range}}}{T_{\mathrm{k}}\rho}\cdot\dfrac{1}{vd}, & \text{其他情况}\end{cases}$$

当 $R_{\mathrm{range}} = 300\mathrm{m}$，$T_{\mathrm{k}} = 34.8\mathrm{ms}$，$p = 0.8$ 时，RSU 有效服务比率随着密度 d 和速度 v 变化，如图 3-3 所示，其中 $100 \leqslant d \leqslant 400$ 和 $10 \leqslant v \leqslant 40$。同样，可以看出 RSU 在大多数情况下可以高效地处理 OBU 的短时匿名公钥证书，并且与平均车辆速度 v 和车辆密度 d 成反比，可以看出本书提出的 OBU 短时匿名密钥生成协议是可行的。

3.3.3 OBU 安全消息发送

OBU 在请求证书 $Cert_i$ 的一个短时匿名密钥对（x，Y）之后，可以在短时有效期 T_{k} 内发送安全信息。在 ECPP 协议中的安全消息的格式定义见表 3-3，组

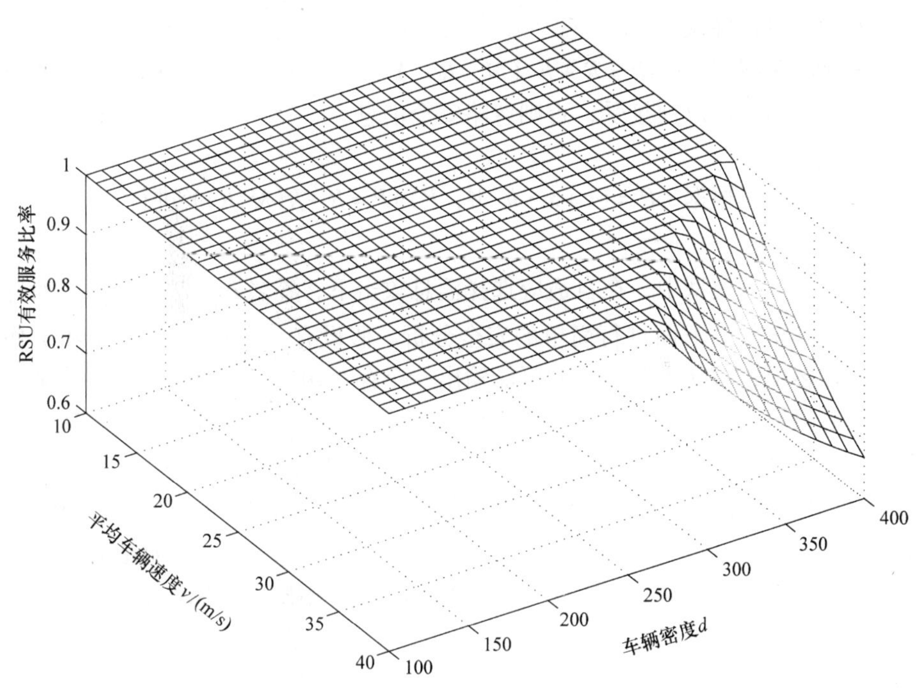

图 3-3 当 $R_{\text{range}}=300\text{m}$，$T_{\text{k}}=34.8\text{ms}$，$p=0.8$ 时不同车辆密度 d 和不同平均速度 v 的 RSU 有效服务比率

ID 用于识别车辆所在的组，也是 TA 的标识。消息的有效负载可能包括位置、当前时间、方向、速度、加速度/减速度和当前 OBU 的交通事件。安全消息的有效负载 M [22] 是 100Byte。第三部分是对消息有效负载的 OBU 签名 σ_M，共 40Byte。第四部分是 OBU 短时匿名密钥（Y，T_i），最后一部分是短时匿名密钥的证书 $Cert_i$。

表 3-3 安全消息格式

组 ID	载荷	签名	匿名密钥	短时证书
2Byte	100Byte	40Byte	26Byte	121Byte

在 ECPP 协议中进行隐私保护的发送安全消息 M 的 OBU 可以运行以下步骤。

步骤 1：选择随机数 $r\in\mathbb{Z}_q^*$，计算 $R=rP\in\mathbb{G}$ 和 $s_r=r+x\cdot h(M, R)\bmod q$。设置 $\sigma_M=(R, s_r)$。

步骤 2：按照表 3-3 描述的格式，组成消息 $Msg[\text{ID}_{\text{TA}}\,\|\,M\,\|\,\sigma_M\,\|\,(Y, T_i)\,\|\,Cert_i]$ 并且发送。当接到安全消息后，接收者执行下列步骤验证有效性。

- 检查有效的周期 T_i。如果过期，停止确认过程。
- 使用 3.3.1 小节步骤 6 的操作检查匿名密钥（Y，T_i）和证书 $Cert_i$。如果是无效的，终止确认。

- 通过检查方程 $s_r P = R + h(M, R)Y$ 确认签名 $\sigma_M = (R, s_r)$。如果成立，则安全消息可以被接受，否则忽略安全消息。

3.3.3.1 修正

协议的校正根据 $s_r P = (r + x \cdot h(M, R))P = R + h(M,R)Y$ 进行。

3.3.3.2 安全

在随机预言模型中，在自适应选择消息攻击下，签名 $\sigma_M = (R, s_r)$ 对存在的伪造是安全的。下面进行简单的安全分析。假设有一个对手 A 以 M 和 Y 作为输入，在多项式时间内有很大的可能输出一个存在伪造。假设 h 作为一个随机预言，然后根据分叉定理［23］，A 可获得针对同一消息 M 的两个伪造。M 的两个签名伪造分别是 $\sigma_M = (R, s_r')$ 和 $\sigma_M' = (R, s_r')$，其中 $R = rP$，$s_r = r + x \cdot h(M, R) \bmod q$ 和 $s_r' = r + x \cdot h'(M, R) \bmod q$。然后，$s_r - s_r' = x(h(M, R) - h'(M, R)) \bmod q$。因此，$x = (s_r - s_r')(h(M, R) - h'(M, R))^{-1} \bmod q$。然而结果与离散对数假设相反，因此签名 σ_M 是不可伪造的，这意味着 ECPP 协议可以抵制伪造消息欺骗攻击和模拟攻击。

3.3.4 OBU 快速跟踪算法

一旦发生针对安全消息 $Msg = [ID_{TA} \| M \| \sigma_M \| (Y, T_i) \| Cert_i]$ 的争议，ECPP 协议使用快速算法跟踪相应的发出争议安全信息的 OBU。TA 首先使用主密钥快速定位在有争议的安全消息 Msg 中发布证书 $Cert_i$ 的 RSU。根据 TA 的要求，RSU 通过搜索当地的安全证书列表检索有争议的安全消息的源的伪 id 并将伪 id 返回给 TA，然后 TA 根据返回的伪 id 得到其真实身份。详细步骤如下。

步骤 1：TA 首先从证书中得到 (T_U, T_V)，然后使用主密钥 (u, v) 得到 uA_j

$$\begin{aligned} uT_V - vT_U &= uA_j + u\alpha V - v\alpha U \\ &= uA_j + \alpha uvP - \alpha uvP = uA_j \end{aligned}$$

通过在跟踪列表中寻找条件为 uA_j 的条目 (ID_j, uA_j)，TA 可以快速发现发布证书 $Cert_i$ 的 RSU 的标识 ID_j。然后 TA 发送要求到特定的 RSU。

步骤 2：RSU 首先从安全消息 Msg 中得到匿名公钥 (Y, T_i)，然后根据条件 (Y, T_i) 搜索本地证书列表得到条目 $(RID_i, T_i, Y, R_2, \sigma_1)$，并将 OBU 伪 id RID_i 和对 (Y, T_i) 的签名 (R_2, σ_1) 发送回 TA。

步骤 3：TA 使用主密钥 v 解密 $RID_i = Enc_v(ID_i)$ 来恢复真实身份标识 ID_i，并验证 (Y, T_i) 的签名 (R_2, σ_1)，通过验证签名可以对 OBU 匿名密钥请求提供不可抵赖证明 OBU。然后 TA 向所有 RSU 广播伪 id RID_i，每个 RSU 在本地撤销列表中添加相应的伪 id RID_i。由于 RID_i 在撤销列表中，OBU 不能再从 RSU 申请短时匿名密钥，解决了安全车辆通信中证书撤销问题。

3.4　有条件隐私保护分析

本节主要分析 ECPP 协议的有条件隐私保护。首先因为没有 OBU 可以得到真实身份或通过安全消息启动移动跟踪攻击，因此 ECPP 对 OBU 来说是三级隐私安全。第二，根据 3.3.4 小节描述的 OBU 跟踪算法，TA 可以得到安全消息的 OBU 真正身份。因此 ECPP 中的安全消息对 TA 来说是 1 级隐私安全。

因为 RSU 为 OBU 发布短期证书，那么 RSU 的隐私级别也是一个问题。当 OBU 请求短期匿名密钥时只将伪 id 发送给 RSU，该 id 是匿名实现的。因此本章主要关注其不可链接性，即针对 OBU 位置的移动跟踪问题。基于下列假设本章提出了描述 RSU 被盗用的风险的概率模型，该模型可以用来跟踪被操控的 OBU。

由于 RSU 是相对健壮的，本节假设最多 0.2% 的 RSU 在一段时间内可以被攻击者盗用并且这些 RSU 可以在下一个周期被很快解救。当 RSU 的数量 N_{rsu} 假设是 10^4，那么损坏的 RSU 数量 N_{c} 是 $N_{\mathrm{rsu}} \times 0.2\% = 10^4 \times 0.2\% = 20$。

在一个周期中 OBU 请求的匿名密钥的数量是 N_{k}，那么 N_{k} 个匿名密钥中至少有两个是从不同的被盗用的 RSU 请求的。那么被控制的 OBU 的位置是可以被跟踪的。

$Pr\{i\}$ 表示 N_{k} 个匿名密钥中从不同的被盗用的 RSU 申请到 i 的概率，可以定义为 $Pr\{i\} = \dfrac{\binom{N_{\mathrm{rsu}} - N_{\mathrm{c}}}{N_{\mathrm{k}} - i}\binom{N_{\mathrm{c}}}{i}}{\binom{N_{\mathrm{rsu}}}{N_{\mathrm{k}}}}$。那么 OBU 可以被最少两个被盗用的 RSU 跟踪的概率是：

$$
\begin{aligned}
\Pr\{\geqslant 2\} &= 1 - \Pr\{0\} - \Pr\{1\} \\
&= 1 - \frac{\binom{N_{\mathrm{rsu}} - N_{\mathrm{c}}}{N_{\mathrm{k}}}\binom{N_{\mathrm{c}}}{0} + \binom{N_{\mathrm{rsu}} - N_{\mathrm{c}}}{N_{\mathrm{k}} - 1}\binom{N_{\mathrm{c}}}{1}}{\binom{N_{\mathrm{rsu}}}{N_{\mathrm{k}}}}
\end{aligned}
$$

图 3-4 显示了 OBU 位置跟踪与被盗用的 RSU 数量之间的关系。从图中可以看出，随着被盗用的 RSU 数量和匿名密钥请求的数量的增加，跟踪概率增加得非常缓慢。例如当 $N_{\mathrm{c}} = 20$ 和 $N_{\mathrm{k}} = 100$ 时，跟踪概率在一段时间内不到 1.6%，表明了本书提出的 ECPP 协议在大多数情况下可以实现 RSU 的 3 级隐私安全，在

某些罕见的情况下可以实现针对盗用的 RSU 的 2 级隐私安全。

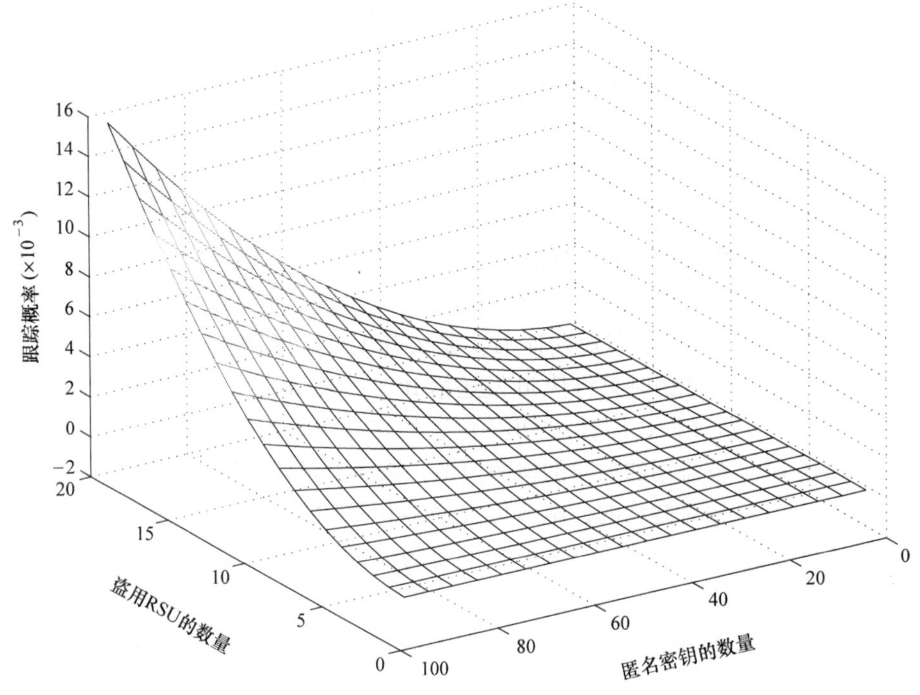

图 3-4　不同 N_c 和 N_k 下 ECPP 协议的跟踪概率（其中 $1 \leqslant N_k \leqslant 100$，$1 \leqslant N_c \leqslant 20$）

3.5　性能分析

本节主要评估 ECPP 协议在 OBU 匿名密钥存储和验证有效安全消息的计算开销以及 TA 跟踪安全消息的计算复杂性方面的性能。

3.5.1　OBU 存储开销

本节将 ECPP 协议与其他两个协议 HAB [1] 和 GSB [14] 在 OBU 存储上的开销进行对比。ECPP 协议在每个 OBU 上存储一个唯一的 TA 发布的私钥和 RSU 发布的短时密钥对及匿名证书。每个密钥（包括它的证书）需要一个存储单元。由于 OBU 不需要存储撤销列表，因此 ECPP 中的存储开销只有两个单位，表示为 $S_{ECPP}=2$。在 HAB 协议中，每个 OBU 不仅要存储自己的 N_{okey} 匿名密钥对，还需要存储所有的匿名公钥和撤销列表中的证书。假设有 n 个 OBU 被撤销，那么撤销的匿名公钥的大小是 $n \cdot N_{okey}$，所以 HAB 的总的存储开销是（表示为 S_{HAB}）是 $S_{HAB}=(n+1) \cdot N_{okey}$，假设 $N_{okey}=10^4$，那么有 $S_{HAB}=(n+1) \cdot 10^4$。

在 GSB 中，每个 OBU 存储 TA 发布的一个唯一的私钥和和撤销列表的 n 个撤销公钥。S_{GSB}为总的存储单元。因此，$S_{GSB}=n+1$。

图 3-5 显示了 n 增加时 ECPP、HAB 和 GSB 所需的存储单元。从图中可以看出，HAB 中的存储开销与 n 是线性增加关系，比其他两个协议多。随着 n 的线性增加 GSB 的存储开销比较小，但是本书提出的 ECPP 协议的存储开销是最高效的，在 OBU 中只占两个存储单元，不随 n 的增加而增加。另外 OBU 撤销的数量越大，撤销列表就越大，这意味着 GSB 和 HAB 中的 OBU 需要花费更长的时间来更新它们的本地撤销列表，而 ECPP 协议不需要做这个工作。

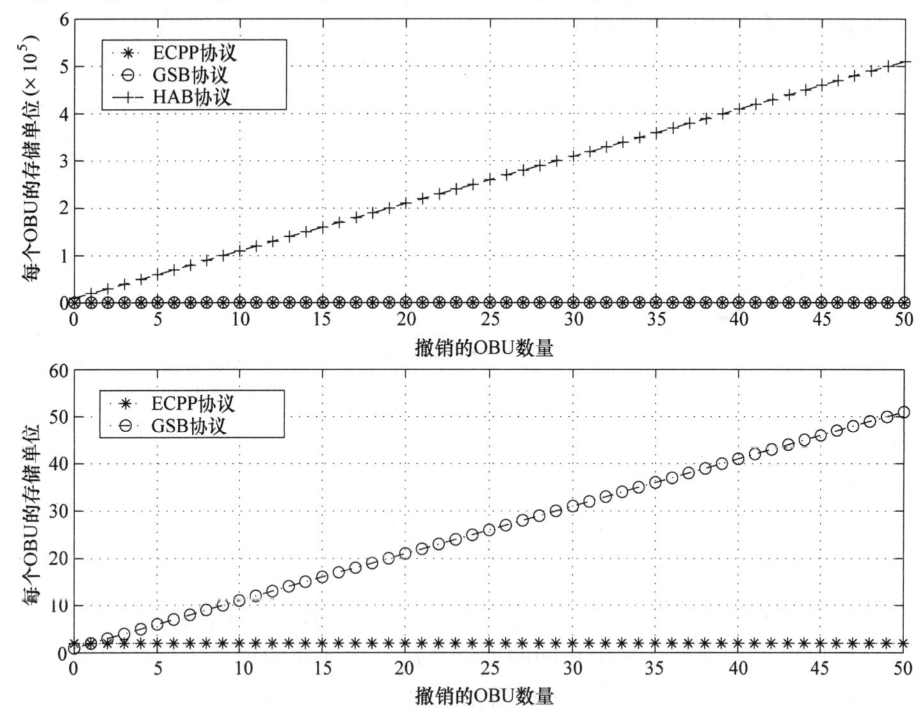

图 3-5　不同的撤销 OBU 数量 n（n 从 1 到 50）下 ECPP、GSB 和 HAB 中每个 OBU 的存储开销

3.5.2　OBU 验证计算开销

本节对 ECPP 协议和 GSB 协议的 OBU 计算开销进行了比较。在 ECPP 协议中，确认安全消息按照 3.3.3 小节描述，需要 $11T_{pmul}+3T_{pair}$，假设 T_{ECPP} 是 ECPP 协议中需要的时间，那么

$$T_{ECPP}=11T_{pmul}+3T_{pair}=11\times0.86+3\times4.14=21.88\text{ms}$$

而在 GSB 协议中，确认安全消息的时间与撤销列表中的撤销的 OBU 的数量

相关，假设 T_{GSB} 是 GSB 协议需要的时间，假设撤销的 OBU 数量是 n，按照 GSB [14] 协议，其 T_{GSB} 为

$$T_{GSB}=6T_{pmul}+(3+2n)T_{pair}$$
$$=6\times0.86+(3+2n)\times4.14=17.58+n\times8.28\text{ms}$$

然后，$T_{EG}=\dfrac{T_{ECPP}}{T_{GSB}}=\dfrac{21.88}{17.58+n\times8.28}$ 是 ECPP 和 GSB 之间的所需时间的比率。图 3-6 显示了当撤销 OBU 的数量 n 在 0 到 50 之间 T_{EG} 的变化。从图中可以看出，当 n 增加时，T_{EG} 是减小的，表明 ECPP 协议比其他两种协议更有效，尤其是当撤销列表很大时更突出。

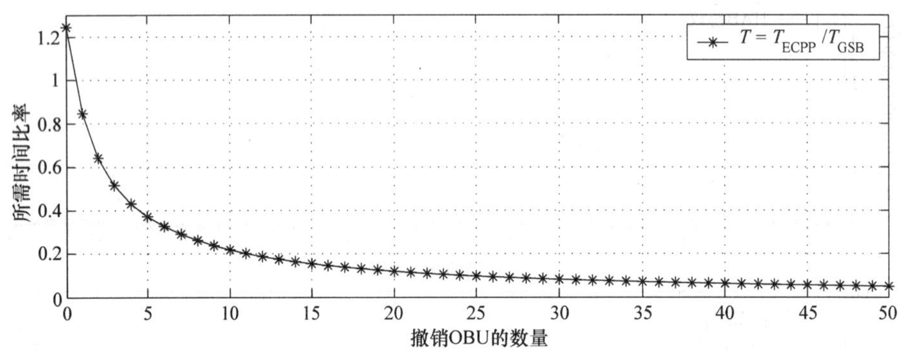

图 3-6　当撤销 OBU 的数量从 0 到 50 变化时，时间有效率 $T_{EG}=T_{ECPP}/T_{GBS}$ 的变化

3.5.3　TA 进行 OBU 跟踪的计算复杂度

本节评估 ECPP、HAB 和 GSB 协议中 TA 进行 OBU 跟踪时的计算复杂度。为了公平地比较，三种算法采用相同的搜索算法。表 3-4 中描述了评估的条件，表 3-5 描述了评估结果。从结果中可以看出，ECPP 协议中采用线性搜索算法的 TA 跟踪算法明显优于其他两个协议，对于二进制搜索算法，三个协议的计算复杂度几乎一样。

表 3-4　符号和大致范围

描述	范围
N_{rsu}：系统中 RSU 的数量	10^4
N_{rkey}：在时间内一个 RSU 处理的匿名密钥数量	10^3
N_{obu}：系统内 OBU 的数量	10^7
N_{okey}：OBU 拥有的匿名密钥数量	10^4

表 3-5 计算复杂度比较

协议	线性搜索	二进制搜索
ECPP	$O(N_{rsu}+N_{rkey})$	$O(\log(N_{rsu}\cdot N_{rkey}))$
HAB	$O(N_{obu}\cdot N_{okey})$	$O(\log(N_{obu}\cdot N_{okey}))$
GSB	$O(N_{obu})$	$O(\log N_{obu})$

3.6 结论

本章提出了一种新颖的用于车辆安全通信的条件隐私保护（ECPP）协议。基于 OBU 和 RSU 之间动态短期匿名密钥生成，ECPP 协议不仅能够提供条件隐私保护，满足 VANET 应用的要求，同时该协议通过 OBU 匿名密钥的最小化存储、快速验证安全信息和高效的条件隐私跟踪机制来提高效率。通过仿真评估表明 ECPP 协议比 GSB 和 HAB 协议可以达到更好的效率。

参考文献

1. M. Raya and J.-P. Hubaux, "Securing vehicular ad hoc networks," *Journal of Computer Security*, vol. 15, no. 1, pp. 39–68, 2007.
2. Y. Peng, Z. Abichar, and J. M. Chang, "Roadside-aided routing (rar) in vehicular networks," *Proc. IEEE International Conference on Communications*, IEEE, 2006, vol. 8, pp. 3602–3607.
3. P. Golle, D. Greene, and J. Staddon, "Detecting and correcting malicious data in vanets," *Proc. 1st ACM International Workshop on Vehicular Ad Hoc Networks*. ACM, 2004, pp. 29–37.
4. J.-P. Hubaux, S. Capkun, and J. Luo, "The security and privacy of smart vehicles," *IEEE Security and Privacy*, vol. 2, no. 3, pp. 49–55, 2004.
5. C. Zhang, X. Lin, R. Lu, and P.-H. Ho, "RAISE: An efficient RSU-aided message authentication scheme in vehicular communication networks," *Proc. International Conference on Communications 2008 (ICC'08)*, IEEE, pp. 1451–1457.
6. M. Lott, R. Halfmann, E. Schultz, and M. Radimirsch, "Medium access and radio resource management for ad hoc networks based on ultra TDD," *Proc. 2nd ACM International Symposium on Mobile Ad Hoc Networking & Computing*. ACM, 2001, pp. 76–86.
7. Q. Xu, T. Mak, J. Ko, and R. Sengupta, "Medium access control protocol design for vehicle–vehicle safety messages," *IEEE Transactions on Vehicular Technology*, vol. 56, no. 2, pp. 499–518, 2007.
8. B. Parno and A. Perrig, "Challenges in securing vehicular networks," *Proc. Workshop on Hot Topics in Networks (HotNets-IV)*, ACM, 2005, pp. 1–6.
9. M. Raya and J.-P. Hubaux, "The security of vehicular ad hoc networks," *Proc. 3rd ACM Workshop on Security of Ad Hoc and Sensor Networks*, ser. SASN '05. New York: ACM, 2005, pp. 11–21. (Available online at http://doi.acm.org/10.1145/1102219.1102223.)
10. K. Ren, W. Lou, K. Kim, and R. H. Deng, "A novel privacy preserving authentication and access control scheme for pervasive computing environments," *IEEE Transactions on Vehicular Technology*, vol. 55, no. 4, pp. 1373–1384, 2006.

11. X. Lin, R. Lu, C. Zhang, H. Zhu, P.-H. Ho, and X. Shen, "Security in vehicular ad hoc networks," *IEEE Communications Magazine*, vol. 46, no. 4, pp. 88–95, 2008.
12. K. Sha, Y. Xi, W. Shi, L. Schwiebert, and T. Zhang, "Adaptive privacy-preserving authentication in vehicular networks," *Proc. 1st International Conference on Communications and Networking in China, 2006. (ChinaCom '06)*, ICST, Oct. 2006, pp. 1–8.
13. Y. Xi, K. Sha, W. Shi, L. Schwiebert, and T. Zhang, "Enforcing privacy using symmetric random key-set in vehicular networks," *Proc. 8th International Symposium on Autonomous Decentralized Systems, 2007 (ISADS'07)*. IEEE, 2007, pp. 344–351.
14. X. Lin, X. Sun, P.-H. Ho, and X. Shen, "GSIS: A secure and privacy-preserving protocol for vehicular communications," *IEEE Transactions on Vehicular Technology*, vol. 56, no. 6, pp. 3442–3456, 2007.
15. R. Lu, X. Lin, H. Zhu, P. Ho, and X. Shen, "ECPP: Efficient conditional privacy preservation protocol for secure vehicular communications," *Proc. 27th IEEE International Conference on Computer Communications, Joint Conference of the IEEE Computer and Communications Societies (INFOCOM' 08)*, Phoenix: IEEE, April 13–18, 2008, pp. 1229–1237. (Available online at http://dx.doi.org/10.1109/INFOCOM.2008.179.)
16. "Dedicated short-range communications (DSRC) protocol," http://grouper.ieee.org/groups/scc32/dsrc/index.html.
17. B. Schneier, *Applied Cryptography: Protocols, Algorithms, and Source Code in C*, 2nd ed. New York: Wiley, 1995.
18. D. Boneh and H. Shacham, "Group signatures with verifier-local revocation," *Proc. 11th ACM Conference on Computer and Communications Security, CCS 2004*, Washington, DC: ACM, Oct. 25–29, 2004, pp. 168–177. (Available online at http://doi.acm.org/10.1145/1030083.1030106.)
19. D. Boneh, X. Boyen, and H. Shacham, "Short group signatures," *Proc. Advances in Cryptology—CRYPTO 2004, 24th Annual International Cryptology Conference*, Santa Barbara, CA: Springer, Aug. 15–19, 2004, pp. 41–55. (Available online at http://dx.doi.org/10.1007/978-3-540-28628-8_3.)
20. A. Miyaji, M. Nakabayashi, and S. Takano, "New explicit conditions of elliptic curve traces for fr-reduction," *IEICE Transactions on Fundamentals of Electronics, Communications and Computer Sciences*, vol. 84, no. 5, pp. 1234–1243, 2001.
21. M. Scott, "Efficient implementation of cryptographic pairings," http://www.pairing-conference.org/2007/invited/Scott slide. pdf, 2007.
22. CVSC. Consortium et al., *Vehicle Safety Communications Project: Task 3 Final Report: Identify Intelligent Vehicle Safety Applications Enabled by DSRC*, National Highway Traffic Safety Administration, US Department of Transportation, Washington DC, 2005.
23. D. Pointcheval and J. Stern, "Security arguments for digital signatures and blind signatures," *Journal of Cryptology*, vol. 13, no. 3, pp. 361–396, 2000.

第 4 章　位置隐私的假名改变策略

4.1　概述

前面几章讨论了 VANET 中用于认证和有条件隐私保护的 GSIS 和 ECPP 协议。本章主要描述通过高效的社交点策略假名修改来实现车辆的高级别位置隐私保护。

众所周知，为了保证位置隐私，VANET 通常的做法是当车辆广播安全消息时周期性地改变车辆的假名［其中每个安全消息是 4 元组（包括时间、位置、速度、内容）并且用假名签名进行认证］［1－3］。由于车辆在道路上使用不同的假名，假名之间的不可连接性保证了车辆的位置隐私。但是如果车辆在不合适的时间修改假名，那么假名的修改并不能保证位置隐私，因为攻击者仍然有可能将新的假名和旧的假名进行联系［4］。例如在图 4-1 中，路上有 3 辆车，如果在 Δt 内只有一辆车修改了假名，那么攻击者仍然可能监控假名的联系。即使 3 辆车同时修改了假名，在安全消息中的位置和速度信息仍能为攻击者提供线索将假名的关系进行连接，造成隐私保护的失败。所以在 VANET 中迫切需要通过频繁地修改假名实现位置隐私的精确度的方案。在假名修改过程中，多维特征因子表示为 $\vec{F}=\{F_1, F_2, F_3, \cdots\}$，例如，向量 $\vec{F}=\{F_1, F_2, F_3, \cdots\}$ 可以代表{时间、位置、速度……} 因素。在特定的场景下，攻击者有能力监控子集 $\vec{F}_n=\{F_1, F_2, \cdots, F_n\}\subset\vec{F}$，并使用它来标识车辆的假名修改过程。假设 $\vec{b}_0=(x_1, x_2, \cdots, x_n)$ 和 $\vec{b}_1=(y_1, y_2, \cdots, y_n)$ 是攻击者观测的两辆车的假名修改过程的特征向量，那么 $\vec{b}_0$ 和 $\vec{b}_1$ 之间的基于余弦的相似性可以定义为：

$$\cos(\vec{b}_0,\vec{b}_1)=\frac{\vec{b}_0\odot\vec{b}_0}{|\vec{b}_0|\cdot|\vec{b}_1|}=\frac{\sum_{i=1}^{n}x_i\cdot y_i}{\sqrt{\sum_{i=1}^{n}x_i^2}\cdot\sqrt{\sum_{i=1}^{n}y_i^2}}$$

从上式可以看出当 $\vec{b}_0$ 和 $\vec{b}_1$ 相同时，$\cos(\vec{b}_0, \vec{b}_1) = 1$。因为监控不准确，如果 $|1 - \cos(\vec{b}_0, \vec{b}_1)| \leqslant \epsilon$，对于一些小的误差值 $\epsilon > 0$，那么两个假名修改过程在攻击者眼中是不易察觉的。所以为了高质量地保护位置隐私，车辆应该选择合适的场景尽可能地同步进行不易察觉的假名修改过程。

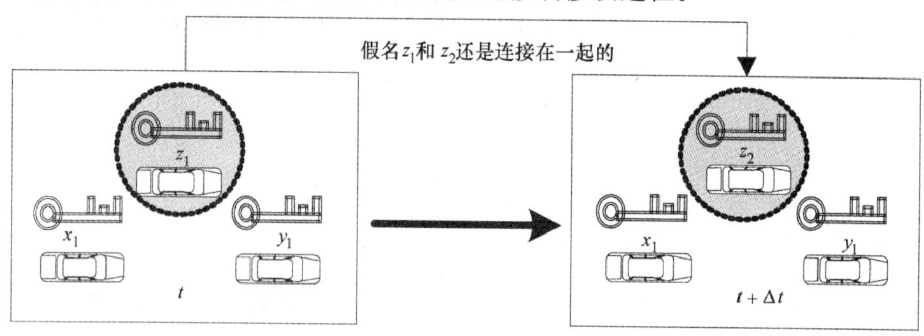

图 4-1　当在一个不合适的场合改变假名时的连接

为了在 VANET 中实现高级别的位置隐私保护，本章提出了在社交点策略（PCS）［11］下的高效假名修改。在 PCS 策略中，社交点是很多车辆的临时聚集地，例如当交通灯变红时的道路交叉口，或者商场附近的停车场。如果所有的车辆在离开这个点时全部修改假名，那么第一个广播的安全消息包括不易察觉的信息位置 = 社交点、速度 = 0 和不能连接的假名，那么社交点自然就成了可以实现位置隐私保护的混合区域。

首先，PCS 策略可以利用社交点的唯一特征即在社交点临时停靠了很多车辆，另外作为 PCS 策略的重要技术，本书使用了实用的密钥隔绝的假名自授权（KPSD）模型，使用该模型可以安全地生成很多定制的短时密钥并且可以减小车辆遭盗窃的威胁。

第二，为了检测 PCS 策略的隐私保护质量，本书提出了匿名集尺寸作为隐私测量标准（匿名集尺寸越大，匿名达到的程度越高［4 - 12］)。之前报道的大多数方案［4，10］在 VANET 中使用仿真来估计方案实现的位置隐私水平，而本节的匿名集分析模型将提供新的研究思路。

第三，为了证明 PCS 策略可以有效地在实践中应用，本章使用简单的博弈论方法来说明 PCS 策略的可行性。结果证明为了更好地保护位置隐私，PCS 策略能引导车辆在适当地时间和地点智能地改变它们的假名。

本章 4.2 节将通过描述网络模型和威胁模型来描述 VANET 中的问题并确定位置隐私的需求；4.3 节描述 PCS 策略；4.4 节是方案评估；最后 4.5 节将进行总结。

4.2　问题定义

本节描述了 VANET 网络模型、威胁模型和位置隐私的需求，并描述了位置隐私面临的问题。

4.2.1　网络模型

本章假设在城市中 VANET 由大量的车辆和一组社交点组成。

- 车辆：在城市中每天都有大量的车辆在路上运行，每个车辆都配备了一个车载单元（OBU）设备，允许车辆与其他车辆通信来分享当地的交通信息，以改善整体安全驾驶的环境。
- 社交点：城市地区的社交点是指许多车辆聚集的地方，例如交通灯为红灯时的十字路口或者是购物中心附近的免费停车场，见图 4-2。由于红色交通灯的间隔比较短（即 30 或 60s），因此十字路口就是一个小的社交点。而购物中心常常一整天都营业，众多顾客的的车辆都长时间停在停车场，因此商场附近的免费停车场称为一个大的社交点。一般情况下，社交点通常会有许多车辆，如果在社交点上所有车辆都无差别地改变他们的假名，那么社交点自动成为混合区。

图 4-2　包括道路交叉路口和免费停车场的社交点

4.2.2 威胁模型

与其他无线通信设备不同的是，一旦车辆在道路上运行，车辆配备的 OBU 设备就不能关掉［13］，然后窃听者可以通过 OBU 广播的安全消息监视某一辆车的位置信息，具体地说，在本章的威胁模型中，一个全面的外部攻击者 A 配备了无线设备跟踪车辆的位置，其中

- 全面意味着攻击者有能力在网络中使用无线设备以及一些特殊的窃听设备［14］来监测和收集所有的安全消息，其中安全消息包括时间、位置、速度、内容以及假名。由于假名是不可链接的，并且内容可以设置为无关紧要的，因此攻击者主要跟踪车辆的时间、位置、速度，即模型中提到的时空方式。
- 外部表示攻击者只能被动地窃听通信，而不积极尝试危害运行车辆。

攻击者 A 可以在城市地区使用摄像头跟踪通过的车辆，但是基于摄像头的全面窃听的成本远高于基于无线的窃听［10］，因此本章不考虑基于摄像头的全面窃听。

4.2.3 位置隐私保护需求

抵制全面的外部攻击者的跟踪并实现 VANET 的位置隐私，必须满足下列需求。

- 需求 1：身份隐私是位置隐私的先决条件，因此车辆都应该使用一个假名代替真实身份来广播消息，然后通过隐藏真实身份来实现身份隐私。
- 需求 2：每辆车应该定期改变其假名来减少前者和后者位置之间的关系。此外，应该在适当的时间和地点改变假名以确保位置隐私。
- 需求 3：位置隐私在 VANET 中应该是有条件的，如果广播的安全消息存在问题，可信权威（TA）可以公开其真实身份，即 TA 有能力来确定广播有争议的安全消息的车辆的位置。

在上面提到过，社交点可以作为混合区，因此本章将根据这一特性提出 VANET 中的 PCS 策略实现位置隐私。

4.3 位置隐私的 PCS 策略

本节提出的 PCS 策略可以在 VANET 中实现位置隐私。本节提出了两个匿名集分析模型，探讨 PCS 策略实现位置隐私的级别，并使用简化的博弈论方法讨论其可行性。本节首先提出一个可操作的密钥隔绝的假名自授权（KPSD）模型，可以安全地生成许多定制的短时密钥并作为 PCS 策略的基础。

4.3.1　PCS 策略的 KPSD 模型

为了支持 PCS 策略，车辆必须持有一定数量的假名，在［1］中描述了简单和直接的解决方案，车辆上装备的 OBU 设备拥有可信的权威（TA）授权的大量匿名短时密钥，显然当周期性地改变假名时，该方案可以有条件地实现位置隐私，然而该方案需要 OBU 设备有一个大的存储空间来存储这些短时密钥。GSIS［15］是基于组签名的技术，可以不需要改变假名来实现有条件的位置隐私。

然而纯粹的群签名验证通常是很费时的，可能不适合一些时间敏感的 VANET 应用。ECPP［15］是一个结合了群签名和普通签名的匿名身份验证技术，在 ECPP 中，当一个合法的车辆经过 RSU 时，RSU 将授权一个基于组签名的短时匿名证书给车辆，然后车辆可以使用它与普通签名技术对消息进行签名［16］。一旦收到签署的消息，任何人都可以通过检查两个匿名证书的真实性和消息签名来验证消息。当车辆签署了许多信息时，任何验证者只需要对证书执行一个组签名验证操作，因此 ECPP 比 GSIS 更有效率。类似于 ECPP 协议，Calandriello et al［17］受到泛在计算中匿名 PKI［18］的启发，结合群签名和普通签名技术实现了 VANET 的匿名身份验证，因为短时匿名证书是由车辆本身产生的，他们的方案非常灵活，但是车辆一旦被盗，在检测到之前，小偷可以任意生成有效的短时匿名证书，具有很大的潜在危害。为了减轻这种负面影响，本书提出一个实用密钥隔绝的假名自授权（KPSD）模型。

图 4-3 所示的 KPSD 模型中，TA 并不直接为车辆预分配一个授权的匿名密钥，相反它为用户（车辆的所有者）提供了一个授权匿名密钥。用户通常将匿名

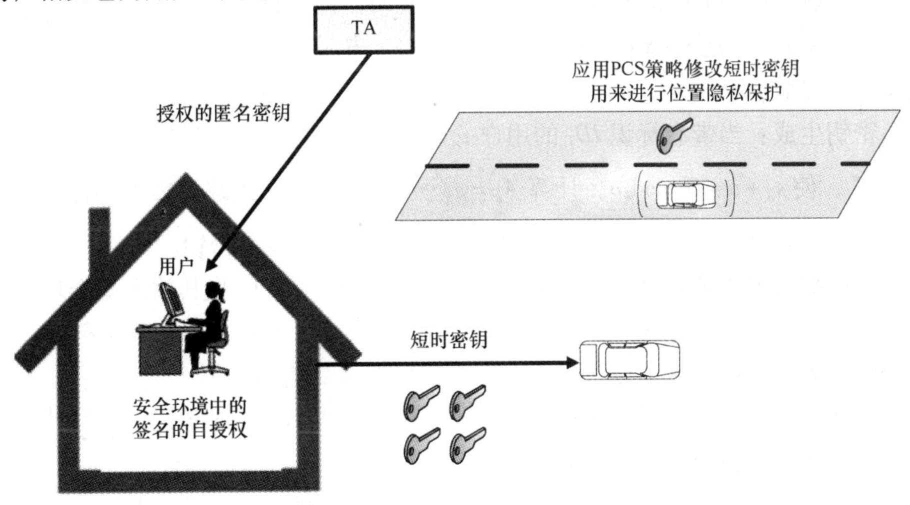

图 4-3　VANET 中用于位置隐私的实用 KPSD 模型

授权密钥存储在一个安全的环境中，如家里，当用户准备旅行时用户第一次生成所需的自授权的短时密钥并且安装在 OBU 设备中，之后当车辆运行在城市地区时，这些短时密钥可以用来签署消息。因为车辆盗窃仍是一个严重的问题（例如根据统计数据显示，每年在加拿大超过 170000 辆车辆被盗［19］），因此一旦车辆被盗，小偷可以胡乱操作这些短时密钥，但是与其他的方案［1，14，15，17］不同，KPSD 模型中，授权的匿名密钥不存储在车辆中，汽车盗贼不能产生更多的短时密钥，因此 KPSD 模型可以减轻由于车辆被盗带来的危害。如果授权的匿名密钥是通过基于密码的防止篡改的设备保护的，Calandriello et al［17］的方案可以看成是 KPSD 模型，但成本会相应增加。

本书将构建一个高效的使用不对称双线性组［20］的 KPSD 方案作为 PCS 策略的基础。

4.3.1.1 构建

本章提到的 KPSD 方案是基于 Boneh - Boyen 短签名［21］和有条件隐私保护鉴权技术［15，22］的，主要包括四个部分：系统初始化、密钥生成、假名自授权生成和有条件的跟踪。

系统初始化：和参考文献［20］的表述类似，k 是安全参数，$\mathbb{G}$，$\mathbb{G}'$和$\mathbb{G}_T$是三个由 $\mathcal{BG}en$（k）产生的，具有相同大素数顺序 q 的（乘法）循环组，其中 $|q|=k$，假设$\mathbb{G}$，$\mathbb{G}'$和$\mathbb{G}_T$是非退化的和高效可计算的双线性映射 e：$\mathbb{G}\times\mathbb{G}'\to\mathbb{G}_T$，使对于所有的 a，$b\in\mathbb{Z}_q^*$ 和任何的 $g_1\in\mathbb{G}_1$，$g_2\in\mathbb{G}_2$，有 $e(g_1^a, g_2^b)=e(g_1, g_2)^{ab}\in\mathbb{G}_T$。$\psi$ 是单向（容易计算但是很难反转）从$\mathbb{G}'$到$\mathbb{G}$ 的同态映射。TA 首先选择两个随机数 u，$v\in\mathbb{Z}_q^*$ 作为主密钥，并且计算 $U_1=g_1^u$，$U_2=g_2^u$ 和 $V_1=g_1^v$。另外 TA 还选择公共抗碰撞哈希函数：H：$\{0, 1\}^*\to\mathbb{Z}_q^*$。最后，TA 发布系统参数 $params=(q, \mathbb{G}, \mathbb{G}', \mathbb{G}_T, e, g_1, g_2, U_1, U_2, V_1, H)$。

密钥生成：当带有标识 ID_i 的用户 ν_i 加入系统时，TA 首先选择一个随机数 $s_i\in\mathbb{Z}_q^*$，使 $s_i+u\neq 0 \bmod q$，计算 $A_i=g_1^{\frac{1}{s_i+u}}$。然后 TA 在跟踪列表中存储（$ID_i$，$A_i^u$）并且返回 $ASK_i=(s_i, A_i=g_1^{\frac{1}{s_i+u}})$ 作为用户的授权匿名密钥。

自授权假名生成：在收到授权的匿名密钥 ASK_i 后，ν_i 将其放入安全环境中（例如家里）。当 v_i 开始在城市中旅行时，它首先按照下列步骤生成旅行中需要用的匿名短时密钥，这个行为与旅行前给车辆加满油类似：

1）v_i 首先选择 1 个随机数 $x_1, x_2, \cdots, x_l\in\mathbb{Z}_n^*$ 作为短时私钥，并且计算旅行所需的相关的公钥 $Y_j=g^{x_j}$，其中 $j=1, 2, \cdots l$。

2）对于每个短时公钥 Y_j，ν_i 按照下面步骤计算匿名的自授权证书 $Cert_j$。

- 随机选择 α，r_α，r_x，$r_\delta\in\mathbb{Z}_q^*$，并且计算 T_U，T_V，δ，δ_1，δ_2，δ_3，其中：

$$\begin{cases} T_U = U_1^{\alpha}, T_V = A_i \cdot V_1^{\alpha}, \delta = \alpha \cdot x_i \bmod q \\ \delta_1 = U_1^{r_\alpha}, \delta_2 = T_U^{r_x} / U_1^{r_\delta} \\ \delta_3 = e(T_V, {g_2}^{r_x}) / e(V_1, {U_2}^{r_\alpha} \cdot {g_2}^{r_\delta}) \end{cases} \tag{4.1}$$

- 计算 $c = H(U_1 \| V_1 \| Y_j \| T_U \| T_V \| \delta_1 \| \delta_2 \| \delta_3)$，并且 s_α，s_x，$s_\delta \in \mathbb{Z}_q^*$，其中：

$$\begin{cases} s_\alpha = r_\alpha + c \cdot \alpha \bmod q, s_x = r_x + c \cdot x_i \bmod q \\ s_\delta = r_\delta + c \cdot \delta \bmod q \end{cases} \tag{4.2}$$

- 设置 $Cert_j = \{Y_j \| T_U \| T_V \| c \| s_\alpha \| s_x \| s_\delta\}$ 为证书。

3）在所有的匿名自授权证书 $Cert_j$，$j=1$，2，…，l 生成后，ν_i 将它们安装在车辆上，即将所有的 $x_j \| Y_j \| Cert_j$，$j=1$，2，…l 嵌入到 OBU 设备中。之后当车辆行驶在城市中，v_i 可以使用一个短时密钥 $x_j \| Y_j \| Cert_j$ 通过签名 $\sigma = g_2^{\frac{1}{x_j + H(M)}}$ 来认证消息 M，并且广播

$$msg = (M \| \sigma \| Y_j \| Cert_j) \tag{4.3}$$

一旦收到消息 $msg=(M \| \sigma \| Y_j \| Cert_j)$，每个人可以按照下面的步骤检查其有效性。

1）如果证书 $Y_j \| Cert_j$ 没有被检查，确认者首先计算

$$\begin{cases} \delta'_1 = U_1^{s_\alpha} / T_U^c, \delta'_2 = T_U^{s_x} / U_1^{s_\delta} \\ \delta'_3 = \dfrac{e(T_V, g_2^{s_x} \cdot U_2^c)}{e(V_1, U_2^{s_\alpha} \cdot g_2^{s_\delta}) e(g_1, g_2^c)} \end{cases} \tag{4.4}$$

并且检查是否

$$c = H(U_1 \| V_1 \| Y_j \| T_U \| T_V \| \delta'_1 \| \delta'_2 \| \delta'_3) \tag{4.5}$$

如果上式成立，证书 $Y_j \| Cert_j$ 通过确认。校正如下：

（a）$\delta'_1 = U_1^{s_\alpha} / T_U^c = U_1^{r_\alpha + c \cdot \alpha} / U_1^{c \cdot \alpha} = \delta_1$；（b）$\delta'_2 = T_U^{s_x} / U_1^{s_\delta} = T_U^{r_x + c x_i} / U_1^{r_\delta + c\delta} = \delta_2$；

（c）$\delta'_3 = e(T_V, g_2^{s_x} \cdot U_2^c) / e(V_1, U_2^{s_\alpha} \cdot g_2^{s_\delta}) e(g_1, g_2^c) = e(T_V, g_2^{r_x}) / e(V_1, U_2^{r_\alpha} \cdot g_2^{r_\delta}) = \delta_3$

2）一旦证书 $\| Y_j \| Cert_j$ 通过确认，确认者检查

$$e(Y_j \cdot g_1^{H(M)}, \sigma) \stackrel{?}{=} e(g_1, g_2) \tag{4.6}$$

如果上式成立，则消息 M 是可接受的，否则消息 M 应该被拒绝，因为 $e(Y_j \cdot g_1^{H(M)}, \sigma) = e(g_1^{x_j + H(M)}, g_2^{\frac{1}{x_j + H(M)}}) = e(g_1, g_2)$。注意，$e(g_1, g_2)$ 的值可以提前计算。

有条件跟踪：一旦拥有证书 $Cert_j = \{Y_j \| T_U \| T_V \| c \| s_\alpha \| s_x \| s_\delta\}$ 的可接受消息 M 出现争议，TA 使用主密钥（u，v）计算

$$T_V^u / T_U^v = A_i^u \cdot V_1^{u\alpha} / U_1^{v\alpha} = A_i^u \cdot g^{uv\alpha} / g^{uv\alpha} = A_i^u \tag{4.7}$$

并且通过在跟踪列表中搜索（ID_i，A_i^u）条目跟踪真实的身份 ID_i。

4.3.1.2 安全

因为短签名［21］和条件隐私保护认证［15］是安全的，因此本章提出的KPSD方案的安全是可以保证的，即它可以有效地实现匿名身份验证和有条件的跟踪来满足位置隐私的要求。此外，该KPSD方案还可以减轻由于车辆被盗而造成的危害，因为自授权匿名密钥 ASK_i 是密钥隔绝的，即它是存储在一个安全的环境的，盗贼不能获得被盗车辆的 ASK_i，不能产生新的自授权的短时密钥。

4.3.1.3 性能

在VANET中，车辆在短时间内（例如300ms）确认签名消息是很困难的，假设 T_{pair}，T_{exp-1}，T_{exp-2}是配对操作所需要的时间，分别对$\mathbb{G}$和$\mathbb{G}'$取幂。然后检查从相同源来的消息 n，其中 $n \geqslant 1$。KPSD匿名认证确认时间和单纯地基于组签名的匿名认证的确认时间分别是$(3+n)T_{pair}+(4+n)T_{exp-1}+5T_{exp-2}$和$3nT_{pair}+4nT_{exp-1}+5nT_{exp-2}$。因为 T_{pair} 比 T_{exp-1} 和 T_{exp-2} 占更大的比重，本章按照参考文献［15］将 T_{pair} 设为4.5ms，并且在图4-4中进行比较。从图中可以看出，n 越大，本章提出的匿名认证比单纯的GSB匿名认证更有效。

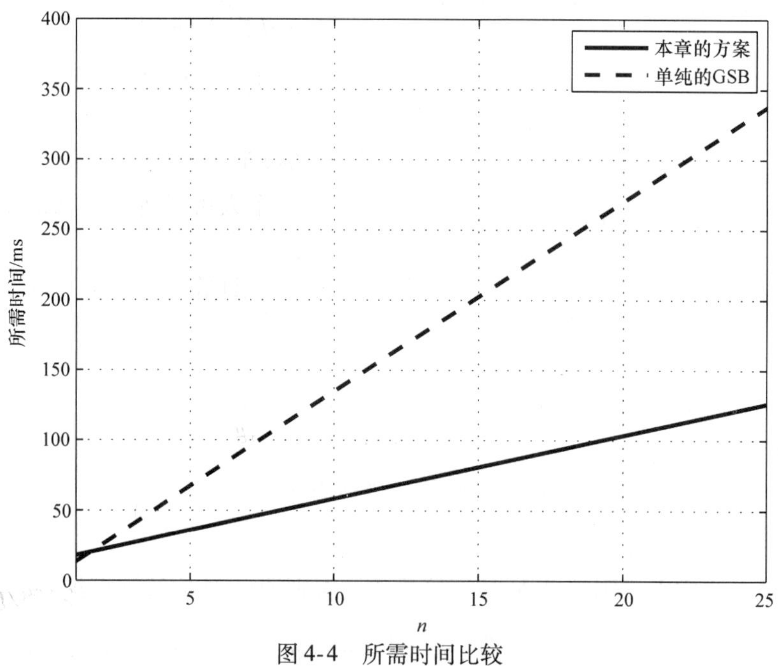

图4-4 所需时间比较

4.3.2 针对位置隐私的匿名集分析

在上面的KPSD方案中，在路上的每个车辆都持有一定数量的假名，然后按照算法3描述的应用PCS策略来保护位置隐私。为了从PCS策略中得到好处，本章开发了两个匿名集解析模型来分别研究在小的社交点和大的社交点上实现的位置隐私。

算法3：社交点假名改变策略

开始：

　如果是小的社交点　那么

　　当交通灯变红时，车辆 V_i 在交叉路口停止。当交通灯变绿时，V_i 修改它的假名 m。

　结束

　如果是大的社交点 那么

　　车辆 V_i 将车停在商场附近的免费停车场，当离开停车场时，V_i 修改它的假名 m。

　结束

结束

Algorithm 3: Pseudonym Changing at Social Spots Strategy

begin

　if *Small social spot* **then**

　　A vehicle V_i stops at road intersection when the traffic light turns red. When the traffic light turns to green, V_i changes its pseudonym.

　end

　if *Large social spot* **then**

　　A vehicle V_i stops at a free parking lot near a shopping mall. When leaving the parking lot, V_i changes its pseudonym.

　end

end

4.3.2.1　小的社交点的匿名集分析

如图4-5所示，当交通灯变红时，一队车辆将停在交叉路口［10］，这时可以将交叉路口当成是小的社交点。假设当交通灯变绿时，所有的车辆同时改变它们的假名，然后交叉路口变成混合区。假设 S_a 是停在交叉路口的车的数量，那么期望的匿名集大小是（ASS）$=S_a$。匿名集尺寸ASS越大，在小的社交点提供的匿名性越强。本节针对ASS使用小的匿名集解析模型来研究小的社交点提供的匿名级别。

假设 $T_s=t$，其中 $t=30\text{s}$ 或 60s，表示在交叉路口固定的停车时间。假设车辆到达（VA）交叉路口是一个泊松过程，t_a 是到达间隔，是具有均值 $\frac{1}{\lambda}$ 的指数分布。X 是在周期 T_s 内车辆到达交叉路口的随机变量。那么基于参考文献［23］和［24］，在 $T_s=t$ 内，$X=x$ 的概率可以表示为

$$\Pr[X=x \mid T_s=t]=\frac{(\lambda t)^x}{x!}e^{-\lambda t} \tag{4.8}$$

并且期望的 X 的数量可以通过下式计算：

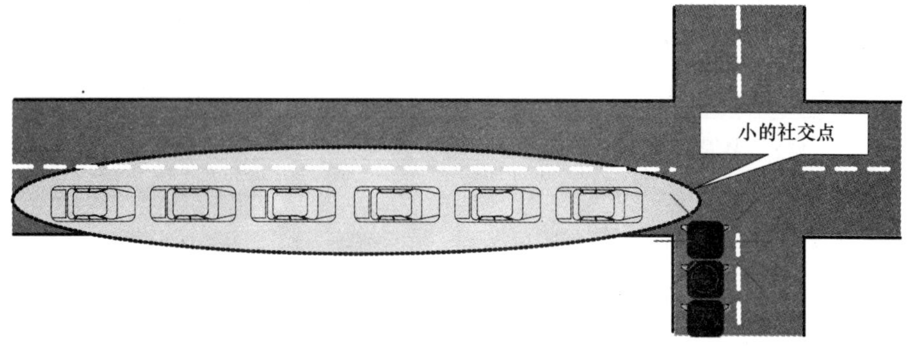

图 4-5　在交叉路口进行假名修改

$$E[X \mid T_s = t] = \sum_{x=1}^{\infty} x\Pr[X = x \mid T_s = t] = \lambda t \tag{4.9}$$

当交通灯变绿后，所有的车辆都会离开交叉路口，如果所有的车辆都服从 PCS 策略，那么匿名集尺寸 ASS 是

$$\text{ASS} = S_a = E[X \mid T_s = t] = \lambda t \tag{4.10}$$

4.3.2.2　大的社交点的匿名集分析

如图 4-6 所示，大的社交点可能是商场附近的免费停车场［19］，因为停车场中通常会有很多的车辆，并且每辆车根据自己的意愿随机地离开停车场，如果所有的车在停车场内修改它们的假名并在随机时间内离开停车场，那么这样的一个停车场自然就变成了混合区。这种行为可以混乱到达车辆和离开车辆的关系，因此可以实现用户的位置隐私。

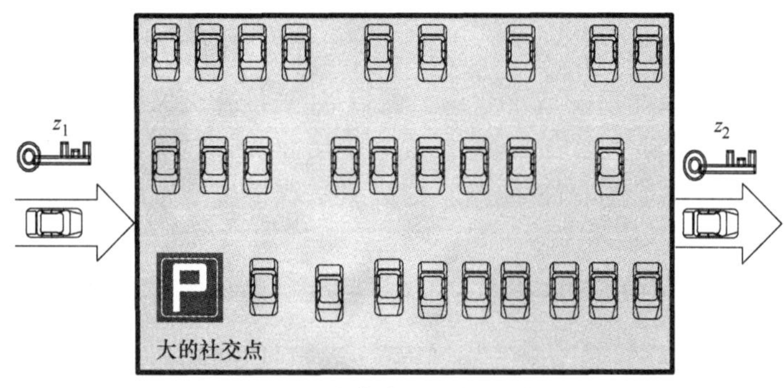

图 4-6　在停车场的假名修改

假设 S_a 是车辆准备离开时停车场里的车辆数量，那么匿名集尺寸表示为 $\text{ASS} = S_a$。本节针对 ASS 提出了匿名分析模型来研究在大社交点情况下能提供的匿名级别。

对于已经进入到商场附近停车场的车辆 V 修改假名，时间周期 T_s 是从商场

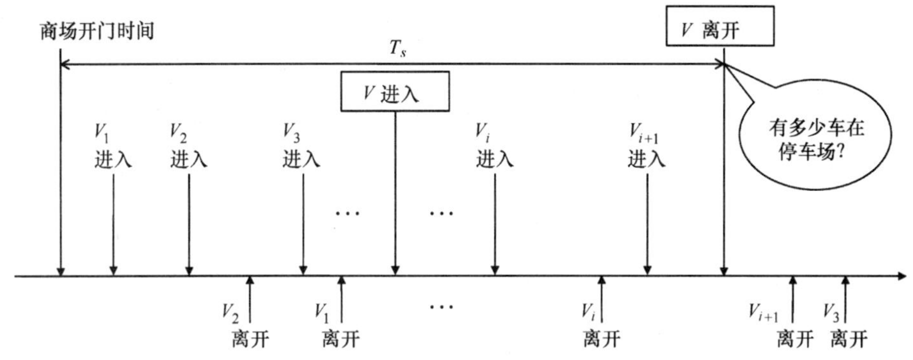

图 4-7　时间图示（假设初始时在停车场没有车）

开门的时间如 8:00 到车辆 V 修改假名后离开时间，如图 4-7 所示，T_s 是指数分布的，具有密度函数 $f(t)$、均值 $\frac{1}{\mu}$ 和拉普拉斯转换 $f*(s)=\left(\frac{\mu}{\mu+s}\right)$。在另一方面，其他车辆根据自己的意愿进入/离开停车场，例如驾驶人可以决定车辆停在停车场中的时间和时长。假设车辆到达停车场（VA）符合泊松过程，t_a 是到达间隔，t_a 是指数分布，均值为 $\frac{1}{\lambda}$。另外车辆到达停车场到离开停车场的时间间隔 t_u 假设有密度函数 $f_u(\cdot)$，均值 $\frac{1}{\omega}$ 和拉普拉斯转换 $f_u^*(s)$。假设 X 是在时间周期 T_s 内到达停车场的随机变量，那么在周期 $T_s=t$ 内 $X=x$ 的概率可以表示为 $\Pr[X=x|T_s=t]=\frac{(\lambda t)^x}{x!}e^{-\lambda t}$，对于 $t\geqslant 0$，可以得到：

$$
\begin{aligned}
\Pr[X=x] &= \int_{t=0}^{\infty}\Pr[X=x \mid T_s=t]f(t)\,\mathrm{d}t \\
&= \int_{t=0}^{\infty}\frac{(\lambda t)^x}{x!}\mathrm{e}^{-\lambda t}f(t)\,\mathrm{d}t \\
&= \left(\frac{\lambda^x}{x!}\right)\int_{t=0}^{\infty}t^x\mathrm{e}^{-\lambda t}f(t)\,\mathrm{d}t \\
&= \left(\frac{\lambda^x}{x!}\right)\left[(-1)^x\frac{\mathrm{d}^x f^*(s)}{\mathrm{d}s^x}\right]\Bigg|_{s=\lambda} \\
&= \frac{\mu\lambda^x}{(\mu+\lambda)^{x+1}}
\end{aligned} \tag{4.11}
$$

并且期望的 X 的数量可以按照下式计算

$$
\mathrm{E}[X] = \sum_{x=1}^{\infty}x\Pr[X=x] = \frac{\lambda}{\mu} \tag{4.12}
$$

假设 χ 是车辆 V 到达停车场后到修改假名离开停车场的时间周期，因为 T_s 是指数分布的，针对分布 χ 的密度函数 $\sigma(\chi)$ 可以表示为

$$\sigma(\chi) = \mu\int_{t=\chi}^{\infty} f(t)dt = \mu[1 - F(t)]\Big|_{t=\chi} = \mu e^{-\mu\chi} \tag{4.13}$$

在 T_s 周期内，在车辆 V 离开前很多车辆可能会离开，即 $t_u < \chi$，而其他车在 V 之后离开，即 $t_u \geqslant \chi$。假设 Y 是在 V 之前离开停车场的车辆数量，那么概率 $\Pr[Y=y|X=x]$ 可以表示为

$$\Pr[Y=y|X=x] = \binom{x}{y}(\Pr[t_u<\chi])^y(\Pr[t_u\geqslant\chi])^{x-y} \tag{4.14}$$

然后，概率 $\Pr[t_u\geqslant\chi]$ 可以表示为：

$$\begin{aligned}\Pr[t_u \geqslant \chi] &= \int_{t_u=0}^{\infty}\int_{\chi=0}^{t_u}\mu e^{\mu\chi}d\chi f_u(t_u)dt_u \\ &= \int_{t_u=0}^{\infty}(1 - e^{-\mu t_u})f_u(t_u)dt_u \\ &= 1 - \int_{t_u=0}^{\infty}f_u(t_u)e^{-\mu t_u}dt_u = 1 - f_u^*(\mu)\end{aligned} \tag{4.15}$$

并且 $\Pr[t_u<\chi]$ 可以从 $\Pr[t_u\geqslant\chi]$ 得到

$$\Pr[t_u<\chi] = 1 - \Pr[t_u\geqslant\chi] = 1 - (1 - f_u^*(u)) = f_u^*(u) \tag{4.16}$$

式（4.14）可以表示为

$$\Pr[Y=y|X=x] = \binom{x}{y}(f_u^*(u))^y(1 - f_u^*(u))^{x-y} \tag{4.17}$$

那么期望的 Y 的数量可以表示为

$$\begin{aligned}E[Y] &= \sum_{x=1}^{\infty}\sum_{y=1}^{x}\{y\Pr[Y=y|X=x]\Pr[X=x]\} \\ &= \sum_{x=1}^{\infty}\left\{\left\{\sum_{y=1}^{x}y\binom{x}{y}(f_u^*(u))^y(1 - f_u^*(u))^{x-y}\right\}\right. \\ &\quad \left.\times\left[\frac{\mu\lambda^x}{(\mu+\lambda)^{x+1}}\right]\right\}\end{aligned} \tag{4.18}$$

所以，针对车辆 V 的假名修改的期望的匿名集尺寸 ASS 可以表示为

$$\begin{aligned}ASS &= S_a = E[X] - E[Y] \\ &= \frac{\lambda}{\mu} - \sum_{x=1}^{\infty}\left\{\left\{\sum_{y=1}^{x}y\binom{x}{y}(f_u^*(u))^y(1 - f_u^*(u))^{x-y}\right\}\right. \\ &\quad \left.\times\left[\frac{\mu\lambda^x}{(\mu+\lambda)^{x+1}}\right]\right\}\end{aligned} \tag{4.19}$$

目前在很多真实场景［23］的建模中都使用了指数分布，因此本节假设 t_u 符合指数分布。那么，拉普拉斯变换 $f_u^*(u)$ 变成

$$f_u^*(u) = \left(\frac{\omega}{\omega+\mu}\right) \tag{4.20}$$

最后，S_{anony} 可以表示为

$$
\begin{aligned}
ASS &= \frac{\lambda}{\mu} - \sum_{x=1}^{\infty}\left\{\left\{\sum_{y=1}^{x} y\binom{x}{y}\left(\frac{\omega}{\omega+\mu}\right)^{y}\left(1-\frac{\omega}{\omega+\mu}\right)^{x-y}\right\}\right. \\
&\quad \left.\times\left[\frac{\mu\lambda^{x}}{(\mu+\lambda)^{x+1}}\right]\right\} \\
&= \frac{\lambda}{\mu} - \sum_{x=1}^{\infty}\left\{x\cdot\frac{\omega}{\omega+\mu}\times\left[\frac{\mu\lambda^{x}}{(\mu+\lambda)^{x+1}}\right]\right\} \qquad (4.21) \\
&= \frac{\lambda}{\mu} - \frac{\omega\mu}{(\omega+\mu)(\mu+\lambda)}\sum_{x=1}^{\infty} x\cdot\left(\frac{\lambda}{\mu+\lambda}\right)^{x} \\
&= \frac{\lambda}{\mu} = -\frac{\omega\lambda}{\mu(\omega+\mu)} = \frac{\lambda}{\omega+\mu}
\end{aligned}
$$

4.3.3　PCS 策略的灵活性分析

在上面的匿名集分析中，假设所有车辆都改变了它们的假名，本节将采用简化的博弈论方法来证明 PCS 策略的可行性，即证明每辆车是可以通过在社交点改变假名实现其位置隐私的。

假设在社交点的匿名集尺寸 ASS 是 $N=n+1$，其中 $n\geqslant 0$，可以通过上面的匿名集分析估算出来。本节将研究所有车辆的隐私保护得到保护的合理场景。在社交点，每辆车 V_j，$1\leqslant j\leqslant N$ 有两个可能的动作：修改（C）假名的概率为 p_j，保持（K）假名的概率为 $1-p_j$。如果 V_j 在社交点保持其假名，那么它被跟踪的概率为 1。然后 V_j 的位置隐私丢失是不能更改的，并且这个行为的后果可以用标准化的位置隐私丢失 $-d_j$ 表示，其中 $d_j\in(0,1)$ 是 V_j 对位置隐私重要性的自评估。另一方面，当 V_j 在社交点修改了它的假名的同时，有其他车辆也做了相同的工作，那么匿名集尺寸将变为 S。在这个社交点之后，V_j 仍然被跟踪的概率为 $\frac{1}{S}$。这种情况下，位置隐私的丢失将减少到 $-\frac{d_j}{S}$。假设 $c_j\in(0,1)$ 是 V_j 修改假名所需的正常的成本，那么这个行为的后果是 $-\frac{d_j}{S}-C_j$。对于所有车辆，假设 p_m 是所有概率 $\{p_i|1\leqslant i\leqslant N, i\neq j\}$ 的最小值，那么当 V_j 准备在社交点修改其假名时，它可以估算出平均匿名集的下限为

$$
\begin{aligned}
S &= \sum_{i=0}^{n}\binom{n}{i}\cdot p_m^{i}\cdot(1-p_m)^{n-i}\cdot(i+1) \\
&= np_m + 1
\end{aligned}
$$

作为结果，车辆 V_j 的支付函数可以总结为

$$
\text{Payoff} = \begin{cases} -\dfrac{d_j}{np_m+1}-c_j\text{，如果是动作 C} \\ -d_j\text{，如果是动作 K} \end{cases} \qquad (4.22)
$$

因为车辆 V_j 是合理的并且它的目标是保护它的位置隐私，因此 V_j 在社交点修改其假名的条件是：

$$-\frac{d_j}{np_m+1}-c_j>-d_j \Rightarrow c_j<\frac{np_m d_j}{np_m+1} \tag{4.23}$$

在采用的 KPSD 方案中，所有车辆自己生成和管理它们的假名。如果它们在旅行前能够生成足够多的假名，那么修改假名的开销会非常低。不过当 n_{pm} 为 0 时，式（4.23）将不成立，即当周围没有车辆修改假名时，V_j 同样不修改它的假名。但是当 n_{pm} 大于 0 时，V_j 总是可以减少开销 c_j，使 $c_j<\frac{np_m d_j}{np_m+1}$。然后，$V_j$ 可以主动地在社交点修改它的假名。本节定义每个车辆 V_j 的位置隐私增益（LPG）函数为

$$LPG_j=-\frac{d_i}{np_m+1}-(-d_i)=\frac{np_m}{np_m+1}\cdot d_j$$

LPG_j 从 p_m 角度看是递增函数。当 $p_m=1$ 时，即所有车辆在社交点修改假名，LPG_j 可以达到最大的收益 $\frac{n}{n+1}\cdot d_j=\frac{(N-1)}{N}\cdot d_j$。因为每辆车是合理地最大化其位置隐私收益，因此当它们都修改假名时是双赢的。作为结果 PCS 策略的灵活性在实践中是可以证明的。

4.4 性能评估

本节将评估 PCS 策略能够实现的位置隐私级别。特别针对匿名集大小（ASS）和位置隐私收益（LPG）进行仿真来比较不同的参数对性能指标的影响。本节的仿真是用 C++实现的基于离散事件仿真，在两个场景（小社交点和大社交点）下的仿真参数见表 4-1。对于每个情况使用不同的随机种子重复仿真 100 次并且在 95% 置信区间内计算平均值。此外，本节将仿真结果（用 Sim 来表示）与数值结果（表示为 Ana）进行比较来验证本章提出的分析模型。

表 4-1　PCS 仿真参数

参数	取值
T_s：在小社交点的时间周期	30、60s
$1/\lambda$：在小社交点	[2,4,6,8,10,12]s
$1/\mu$：在大社交点的 T_s 均值	[1,2,…,10]h
$1/\lambda$：在大社交点	[2,4,6]min
$1/\omega$：在大社交点	[10,20,…90]min
d_i：车辆对位置隐私重要性的自评估	正常的

本节首先验证在小社交点实现的位置隐私级别，即当交通灯变红时交叉路口的情况。针对低流量的交叉路口和高流量的交叉路口，停止时间 T_s 分别是 30s 和 60s。图 4-8 显示了 ASS 和 LPG 随 $1/\lambda$ 从 2s 增加到 10s 的变化。从图中可以看出 ASS 和 LPG 随着 $1/\lambda$ 增大而减少，这是因为随着 $1/\lambda$ 增大，当交叉路口的交通灯变红时，在交叉路口的车辆越少，导致交叉路口聚集的车辆变少，因此 ASS 更小，LPG 较低。此外大的 T_s 对 ASS 和 LPG 也有积极的影响。

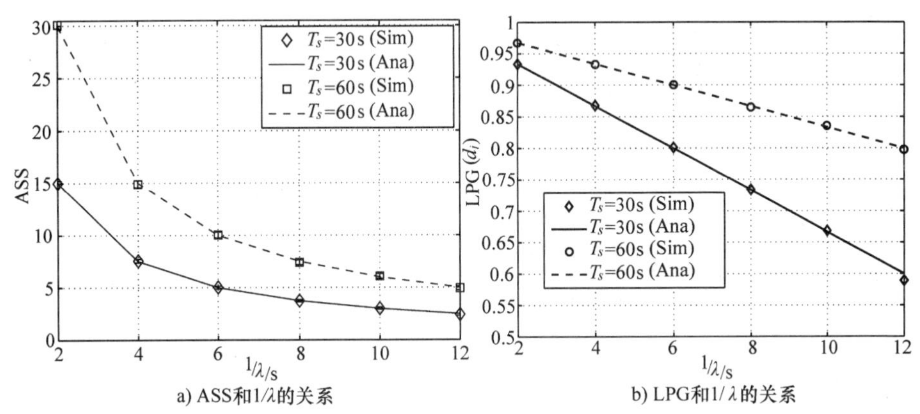

图 4-8　在小的社交点上不同的 T_s 下 ASS 和 LPG 与 $1/\lambda$ 的关系

因此，为了实现位置隐私的高级别，对于车辆来说，高流量、大的交叉路口是一个很好的选择，这也符合基本常识。

评估在大的社交点实现的位置隐私级别时，本节考虑购物中心附近的免费停车场。参数 $1/\mu$ 是 4h，图 4-9 显示了 $1/\omega$ 对 ASS 和 LPG 的影响，从图中可以看出，随着 $1/\omega$ 增大，ASS 和 LPG 会增大，这是因为 $1/\omega$ 越大，表示有更多的车辆停在停车场，此外，较小的 $1/\lambda$ 也可以使 ASS 更大、LPG 更高。因此当车辆在繁荣的购物中心（小的 $1/\lambda$ 和大的 $1/\omega$）附近的停车场内修改假名时，可以保证高的位置隐私级别。从图中可以看出，仿真和分析结果得到了很好的匹配，这证明了分析模型的准确性。

图 4-10 显示了参数 $1/\mu$ 对 ASS 和 LPG 的影响。从图中可以看出，除了第一个 2h，随着 $1/\mu$ 的增加，ASS 和 LPG 平稳增加。结果表明，白天（在上午或下午）在大的社交点车辆修改假名可以得到更好的位置隐私，在图中仿真结果和分析结果间的差别很小，如果进行大量的仿真计算可以进一步降低差别。

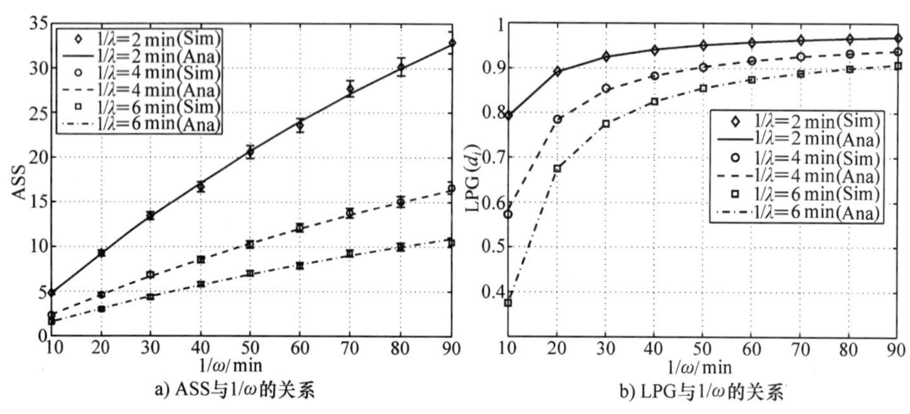

a) ASS与1/ω的关系　　b) LPG与1/ω的关系

图 4-9　在大的社交点情况下当 $1/\mu=4\text{h}$ 时，ASS 和 LPG 与 $1/\omega$ 的关系

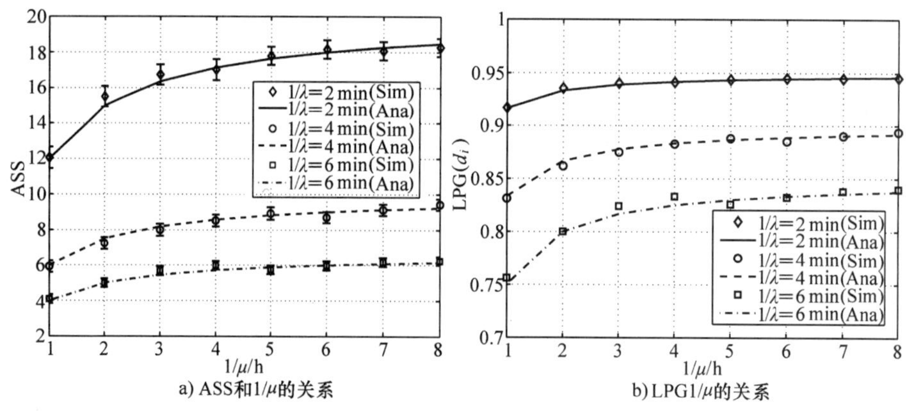

a) ASS和1/μ的关系　　b) LPG1/μ的关系

图 4-10　在大的社交点 $1/\omega=40\text{min}$ 时 ASS 和 LPG 与 $1/\mu$ 的关系

4.5　结论

本章提出了通过有效的社交点修改假名（PCS）策略实现 VANET 的位置隐私的方案，同时也提出了两个匿名集分析模型 ASS 对实现的位置隐私级别进行了分析，并用博弈论证明其可行性。此外，本章还引入了一个实用的 KPSD 模型来减轻汽车盗窃造成的危害。众所周知，其他以前报道的基于混合区域的假名修改方案是通过仿真来评估能实现的位置隐私的水平的，因此本章的社交点位置隐私的分析模型可以使读者能更清楚地了解该研究领域。

参考文献

1. M. Raya and J.-P. Hubaux, "Securing vehicular ad hoc networks," *Journal of Computer Security, Special Issue on Security of Ad Hoc and Sesnor Networks*, vol. 15, no. 1, pp. 39–68, 2007.
2. M. Raya, P. Papadimitratos, and J.-P. Hubaux, "Securing vehicular communications," *IEEE Communications Magazine*, vol. 44, no. 10, pp. 8–15, 2006.
3. C. Zhang, X. Lin, R. Lu, P.-H. Ho, and X. Shen, "An efficient message authentication scheme for vehicular communications," *IEEE Transactions on Vehicular Technology*, vol. 57, no. 6, pp. 3357–3368, 2008.
4. L. Buttyan, T. Holczer, and I. Vajda, "On the effectiveness of changing pseudonyms to provide location privacy in VANETs," *Proc. European Society for Applied Superconductivity (ESAS)*, 2007, ser. Lecture Notes in Computer Science, vol. 4572. Springer-Verlag, 2007, pp. 129–141.
5. A. Beresford and F. Stajano, "Mix zones: User privacy in location-aware services," *Proc. 2nd IEEE Annual Conference on Pervasive Computing and Communications Workshops*, IEEE, March 2004, pp. 127–131.
6. L. Huang, H. Yamane, K. Matsuura, and K. Sezaki, "Towards modeling wireless location privacy," *Proc. Privacy-Enhancing Technologies Conference (PET)*, ser. Lecture Notes In Computer Science, vol. 3856. Springer-Verlag, 2005, pp. 59–77.
7. L. Huang, H. Yamane, K. Matsuura, and K. Sezaki, "Silent cascade: Enhancing location privacy without communication qos degradation," *Proc. Statistical Process Control Conference (SPC)* 2006, ser. Lecture Notes in Computer Science, vol. 3934. Springer-Verlag, 2006, pp. 165–180.
8. M. Li, K. Sampigethaya, L. Huang, and R. Poovendran, "Swing & swap: User-centric approaches towards maximizing location privacy," *Proc. Workshop on Privacy in the Electronic Society (WPES)*, ACM, 2006, pp. 19–28.
9. K. Sampigethaya, L. Huang, M. Li, R. Poovendran, K. Matsuura, and K. Sezaki, "CARAVAN: Providing location privacy for VANET," *Proc. Embedded Security in Cars (ESCAR)*, IS-ITS, 2005.
10. J. Freudiger, M. Raya, and M. Feleghhazi, "Mix zones for location privacy in vehicular networks," *Proc. WiN-ITS 2007*, Vancouver, British Columbia: ACM, Aug. 2007.
11. R. Lu, X. Lin, T. H. Luan, X. Liang, and X. Shen, "Pseudonym changing at social spots: An effective strategy for location privacy in vanets," *IEEE Transactions on Vehicular Technology*, vol. 61, no. 1, pp. 86–96, Jan. 2012.
12. A. Pfitzmann and M. Köhntopp, "Anonymity, unobservability, and pseudonymity—a proposal for terminology," *Proc. Workshop on Design Issues in Anonymity and Unobservability*, ser. Lecture Notes in Computer Science, vol. 2009. Springer-Verlag, 2000, pp. 1–9.
13. P. Papadimitratos, A. Kung, J. P. Hubaux, and F. Kargl, "Privacy and identity management for vehicular communication systsms: A position paper," *Proc. Workshop on Standards for Privacy in User-Centric Identity Management*, 2006.
14. X. Lin, X. Sun, P.-H. Ho, and X. Shen, "GSIS: A secure and privacy-preserving protocol for vehicular communications," *IEEE Transactions on Vehicular Technology*, vol. 56, no. 6, pp. 3442–3456, 2007.
15. R. Lu, X. Lin, H. Zhu, P. Ho, and X. Shen, "ECPP: Efficient Conditional Privacy Preservation Protocol for Secure Vehicular Communications," *Proc. 27th IEEE International Conference on Computer Communications, Joint Conference of the IEEE Computer and Communications Societies, (INFOCOM'08), Phoenix April 13–18, 2008*, IEEE, 2008, pp. 1229–1237. (Available online at: http://dx.doi.org/10.1109/INFOCOM.2008.179.)

16. W. Mao, *Modern Cryptography: Theory and Practice*, Prentice-Hall Professional Technical Reference, 2003.
17. G. Calandriello, P. Papadimitratos, J.-P. Hubaux, and A. Lioy, “Efficient and robust pseudonymous authentication in VANET,” *Proc. VANET' 07*, Montreal, Quebec: ACM, Sept. 2007, pp. 19–28.
18. K. Zeng, “Pseudonymous pki for ubiquitous computing,” *Proc. EuroPKI'06*, Turin: Springer, June 2006, pp. 207–222.
19. R. Lu, X. Lin, H. Zhu, and X. Shen, “SPARK: A new vanet-based smart parking scheme for large parking lots,” *Proc. 28th IEEE International Conference on Computer Communications, Joint Conference of the IEEE Computer and Communications Societies, 2009, INFOCOM'09 Rio de Janeiro, Brazil*, IEEE, April 19–25, 2009, pp. 1413–1421. (Available online at http://dx.doi.org/10.1109/INFCOM.2009.5062057.)
20. D. Boneh, B. Lynn, and H. Shacham, “Short signatures from the weil pairing,” *Journal of Cryptology*, vol. 17, no. 4, pp. 297–319, 2004.
21. D. Boneh and X. Boyen, “Short signatures without random oracles and the sdh assumption in bilinear groups,” *Journal of Cryptology*, vol. 21, no. 2, pp. 149–177, 2008.
22. R. Lu, X. Lin, and X. Shen, “SPRING: A social-based privacy-preserving packet forwarding protocol for vehicular delay tolerant networks,” *Proc. INFOCOM'10*, San Diego, IEEE, March 2010, pp. 1229–1237.
23. L. Kleinrock, *Queueing Systems Vol. 1: Theory*. New York: Wiley, 1975.
24. S.-M. Cheng, W.-R. Lai, P. Lin, and K.-C. Chen, “Key management for umts mbms,” *IEEE Transactions on Wireless Communications*, vol. 7, no. 9, pp. 3619–3628, 2008.

第 5 章　RSU 辅助消息认证

5.1　概述

随着技术的进步，VANET 使道路安全的前景更光明，同时人们对个人信息的安全和隐私的保护越来越重视，车辆通信网络中的安全与隐私保护问题是必须要解决的问题。首先，消息完整性的实现可以保证对手无法篡改车辆发送的消息；其次，网络应当对信息发送者进行认证，以防止模拟攻击；此外，VANET 还必须解决隐私问题，否则车辆的身份、位置和运动轨迹都会暴露给第三方。

目前有很多研究［1－4］已经解决了 VANET 中的安全和隐私保护问题，虽然这些现有的解决方案已经能够满足不同的安全和隐私保护需求，但是它们并没有考虑方案的可伸缩性和安全机制带来的通信开销。在 VANET 中，车辆验证周围车辆发来的消息的签名有严格的时间要求，尤其是当车辆密度增加时这个问题会更严重。更重要的是由于消息附加了消息签名和公钥证书，导致包长度显著增加，因此，确保 VANET 安全时这些密码操作会带来很高的计算和通信开销。下面四章将采取车辆和 RSU 共同努力的合作方式解决上述问题，确保车辆的安全性和隐私通信。

图 5-1 描述了 VANET 的基础设施，它主要包括两种类型的节点：车辆和路边单元（RSU）。车辆通常配备一些无线通信设备，称为车载单元（OBU），它们之间可以相互通信或者与 RSU 通信。RSU 装备在道路基础设施的关键点上（例如在交叉路口上），为车辆提供无线覆盖内的无线接口。更重要的是 RSU 通常拥有丰富的资源，包括强大的计算功能和巨大的本地存储，这些资源丰富的 RSU 能够处理计算密集型的任务，因此本章提出的 RSU 辅助消息验证方案可以让资源丰富的 RSU 帮助附近的车辆对接收到的消息进行认证。

基于上面的描述，本章提出了 RSU 辅助消息认证方案，称为 RAISE［5］。在 RAISE 中，每辆车在 RSU 的传输范围内接近 RSU 时，都与 RSU 进行匿名认证，然后建立 RSU 和车辆之间的安全通道。RSU 为每个车辆分配一个唯一的可以与其他车辆共享的共享密钥和伪 ID，然后车辆将消息连同相应的密钥生成的

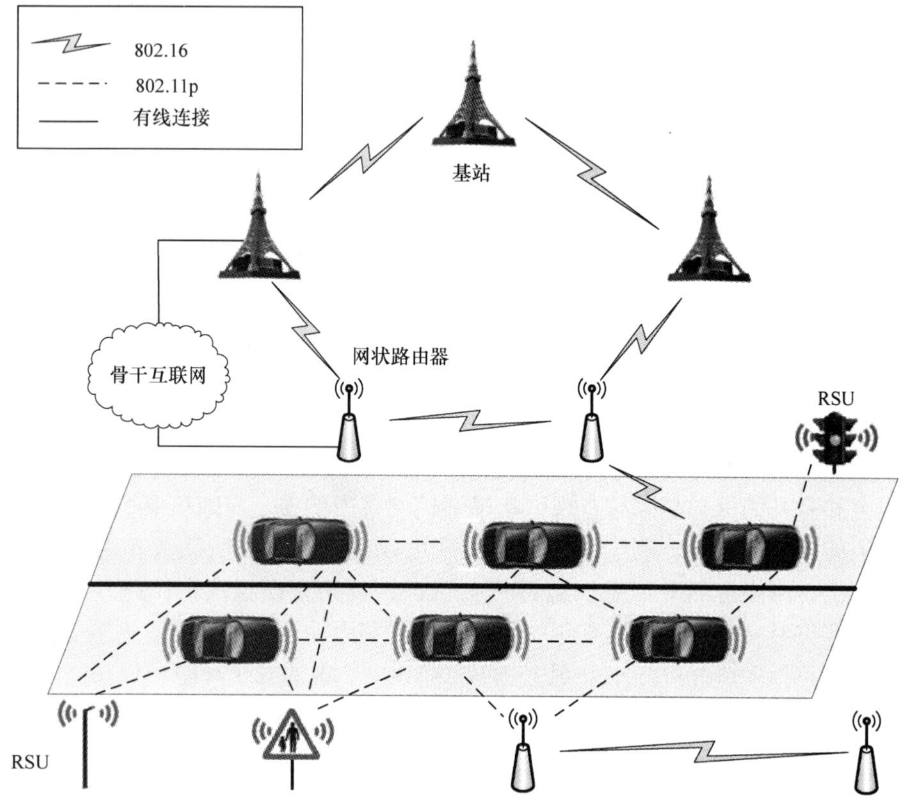

图 5-1　VANET 基础设施

消息验证码（MAC）发送到相关的 RSU。RSU 负责验证在其通信范围内接收的消息并将它们组装成数据包，使用自己的私钥进行签名然后发送出去。因此汽车只需要验证来自 RSU 的消息，在这种情况下只有少数的公钥签名验证是必需的，而且因为车辆不需要采用不对称的签名方案对每个消息进行签名，在消息中没有公钥证书或消息签名，因此 RAISE 协议不仅降低了通信和计算开销，也消除了运动跟踪攻击。

本章的 5.2 节简要描述了系统模型和假设、问题和安全目标；5.3 节详细描述了 RAISE 协议；5.4 节和 5.5 节分别描述了 RAISE 的性能评估和安全分析；最后在 5.6 节给出了结论。

5.2　系统模型和预备知识

本节主要描述 VANET 系统模型、系统假设和安全需求。

5.2.1　系统模型

VANET 网络有两个层次，上层由应用程序服务器（AS）和路边单元（RSU）组成，如图 5-2 所示。AS 可以与 RSU 通过安全通道连接，如在有线或者无线连接上采用传输层安全（TLS）协议建立安全连接。AS 为 RSU 提供应用程序数据，RSU 作为网关将数据传递给底层。下层由 RSU 和车辆组成，本书解决下层的安全问题。

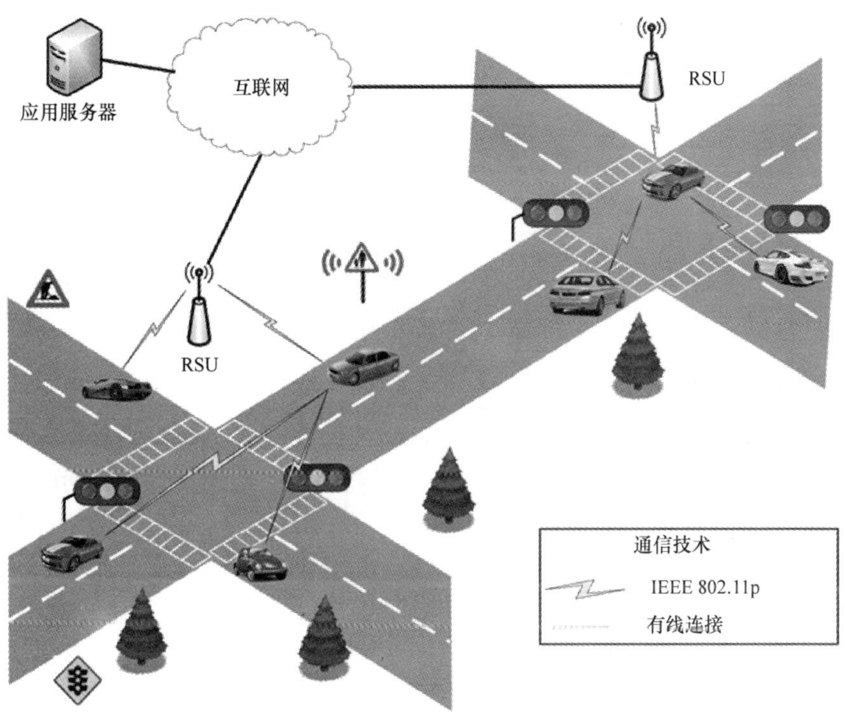

图 5-2　网络模型

5.2.2　假设

根据上述的系统模型，本章有以下的合理假设：

1）RSU 是可信的，但是不能是被盗用的 RSU，该 RSU 具有比车辆更高的计算能力。

2）RSU 最好能覆盖所有道路，但它并不一定位于车辆密度很高的点（如十字路口）（传统的基于公钥的安全协议可用在密度较低的道路上，因为这样的场景下采用基于公钥的密码系统来保证 VANET 的安全，其可伸缩性和通信开销问题变得不那么严重）。

3）RSU 的无线通信范围可以是汽车的两倍。

5.2.3 问题描述

当前针对 VANET 安全进行的 IEEE 试验使用的标准［6］提供了详细的包括密码机制选择的文档，为了验证消息的发送者和保证消息的完整性，OBU 和 RSU 在发送消息之前应该用私钥对消息进行签名。图 5-3 显示了参考文献［6］给出的签名的消息格式。从中可以看出每 69Byte 的交通消息都要携带 125Byte 的证书和 56Byte 的 ECDSA 签名，显然加密开销（证书和签名）占用了数据包的很大一部分大小。

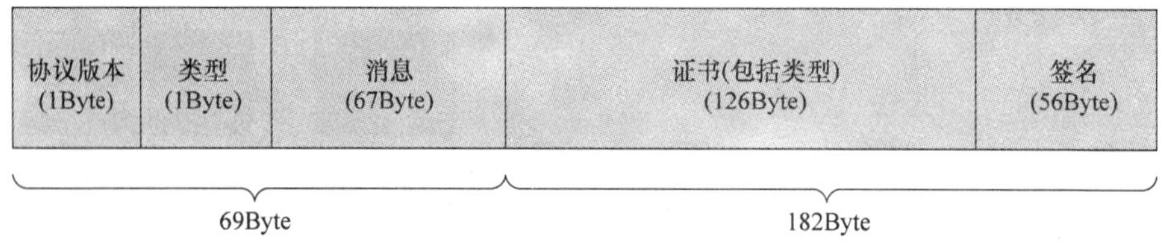

图 5-3　签名消息的格式

密码操作对于希望使用这些消息的接收者来说也是很高的计算负担，根据 DSRC［7］的定义，车辆在 100～300ms 内发送消息，每 100ms 产生签名对于当前的基于公钥的签名方案来说不是问题。然而当通信范围内有 50～200 辆汽车时，接收者每秒需要验证 500～2000 条消息，公钥证书有时必须被验证，签名和验证每个消息可以实现安全通信，但是这些密码操作使安全协议不能根据交通密度进行伸缩，因此验证算法必须非常快，这样才可以将接收到的消息进行处理，以保证有限的信息损失。但是当前所有的基于公钥基础设施（PKI）或组签名的 VANET 签名方案不能满足这个严格的时间要求。

更重要的是，现有的基于 PKI 的安全协议不能满足位置隐私的要求。为了便于说明，本节只使用公钥作为假名，即使公钥不包含真实身份信息并且频繁更新，任何车辆的运动路径还是可以很容易地被恶意的全面的消息观察员追踪，这是因为每个公钥有几分钟［2］的生成周期，并且不同的车辆在不同的时间更新其公钥，因此在特定时间 t 修改的公钥肯定是从在 t 时刻前使用不同的公钥的同一个源发出的，因为其他车辆所使用的公钥在 t 时刻前后保持不变。通过这种方式，同样车辆发送的消息可以产生连接，因此整个车辆的运动轨迹可以被追溯。换句话说，如参考文献［8］所述，简单地使用假名和修改假名是不足以防止车辆被跟踪并提供不可链接性的。VANET 中因为车辆不断广播包括车辆位置在内的交通有关的信息，将车辆的旧的假名和新的假名没有任何类型混合［4］地进行连接是不重要的。VANET 需要一种让车辆合作共同修改它们的假名的方法，并且需要一段短暂的静止期，即车辆停止广播到同时恢复广播的时间间隔。

5.2.4 安全目标

为了解决上面提到的问题，本节提出以下安全目标。

消息完整性和源认证：所有消息在传输过程中应该是不变的。同时消息的来源应该被验证，以确保接收的数据来自合法的源而不是来自欺骗的源，以抵御模拟攻击。

较小的通信开销和快速验证：安全协议应该是有效的，并且具有较小的通信开销和可接受的处理时延。大量消息的签名验证应该在短时间内完成。

身份隐私保护：车辆的身份在认证过程中应该对正常的消息接收者隐藏，以保护发送者的私人信息，如位置、车牌号码和运动轨迹。

标识可追溯性：在特殊情况下（如责任调查中），标识应该能够被识别。例如法律授权机构可能需要发现消息发送者的身份来帮助找到目击者或确定事故的起因。

位置隐私保护：对手不能将在不同的地方发送的多个消息进行链接而导致车辆的轨迹被跟踪。

防止内部攻击：持有自己的密钥介质的正常车辆不能跟踪其他车辆的轨迹。

5.3 RSU 辅助的消息认证方案

5.3.1 概述

本节简要对 RSU 辅助的消息认证方案（RAISE）进行描述。

RAISE 主要目标是：①与以前只考虑车车（V2V）通信的消息身份验证方案［2，3］相比，RAISE 利用 VANET 的特点使用 RSU 帮助车辆进行身份验证信息；②不像基于公钥的消息身份验证方案那样使用非对称计算对消息进行签名，RAISE 采用基于密钥散列消息验证码（HMAC）的对称加密方案对消息进行认证。

在 RAISE 方案中，当在附近检测到 RSU 时，车辆与 RSU 相关联，然后 RSU 为每辆车分配一个不同的对称密钥。在 RSU 覆盖范围内的车辆使用对称 MAC 代码而不用基于 PKI 的消息签名。车辆接收到其他车辆发出的消息不能马上确认这些消息的真实性，然而它们可以从 RSU 接收通知以验证这些消息的真实性。因为 RSU 知道与车辆共享的 MAC 加密密钥，因此 RSU 可以验证消息的真实性。在这种情况下，如果附近没有 RSU，那么车辆使用传统的基于 PKI 的方案签名并验证消息。本章只考虑有 RSU 的场景，并详细描述了 RAISE 方案。为了便于描述，

表 5-1 中描述了本章使用的符号。

表 5-1 RSU 辅助消息认证方案使用的符号

符号	描　述
R_i	第 i 个 RSU
V_i	第 i 个车辆
M_i	V_i 发出的消息
K_i	V_i 和 R_i 之间的共享密钥
ID_i	R 分配的 V_i 的假名
U	实体，可能是 RSUR 或者车辆 V_i
PK_U	U 的公钥
SK_U	U 的私钥
C_U	U 的证书
$\{M\}SK_U$	针对 M 的 U 的数字签名
$H(.)$	单向哈希函数，例如 SHA－1
$HMAC(.)$	密钥哈希消息认证码
$\|$:	消息串联操作，用特定的格式将一些消息连在一起

5.3.2 RSU 和车辆之间的双向认证和密钥协商

当车辆 V_i 检测到 RSU R_i 的存在（例如通过 R_i 的 hello 消息），V_i 发起和 R_i 的双向认证过程并建立共享密钥，该过程通过采用 Diffie－Hellman 密钥协商协议［9］完成基于公钥签名方案帮助抵御中间人（MITM）攻击。双向认证和密钥协议流程如下所示：

$$V_i \rightarrow R: g^a, \{g^a\}SK_{V_i}, C_{V_i}$$

$$R \rightarrow V_i: ID_i \parallel g^b, \{ID_i \parallel g^a \parallel g^b\}SK_R, C_R$$

$$V_i \rightarrow R: \{g^b\}SK_{V_i}$$

式中，g^a 和 g^b 是 Diffle－Hellman 密钥协商协议的元素；R_i 和 V_i 之间的共享密钥是 $K_i \leftarrow g^{ab}$。当从 V_i 收到第一个消息时，R_i 可以认证 V_i 的公钥证书 C_{V_i}，成功验证后，R_i 可以从证书 C_{V_i} 获得 V_i 的公钥 PK_{V_i}，然后使用 PK_{V_i} 认证 g^a 的签名 $\{g^a\}SK_{V_i}$。用类似方式，V_i 验证 R_i。如果上述三个过程通过，那么双向身份验证成功。同时，在第二步中，R_i 为车辆 V_i 分配一个伪标识 ID_i，该伪 ID_i 唯一地与 K_i 关联（为了保护隐私，车辆不能有唯一的伪 ID，这种情况将 5.3.5 小节中讨论。为便于描述，本节假设车辆分配了唯一的伪 ID）。通过 ID_i，R_i 可以知道哪些车辆发送了消息，可以通过共享的对称密钥进一步验证消息的真实性，因此 R_i 在本地数据库维护了一个 ID 密钥表，见图 5-4a。当车辆出了 RSU 的覆盖范围，车辆更新它们的匿名证书，例如车辆选择新的公钥/私钥对［2］对消息进行签名。在图 5-4a 中，T_i 表示 R 从 V_i 收到的最后一个消息的时间，T_i 用于确定记录的新鲜度。如果 R 的当前时间和 T_i 之间的间隔超出了预先定义的阈值，那么对应于 T_i 的记录将从 ID 密钥表中删除并存储到用于追溯目的的跟踪证据表中，见图 5-4b。图 5-4b 中的 LT_i 是用来控制跟踪证据的保存的时长，在现实中该时间是由权威机构决定的，远远大于图 5-4a 的 T_i。跟踪过程的细节将在下一节中讨论。

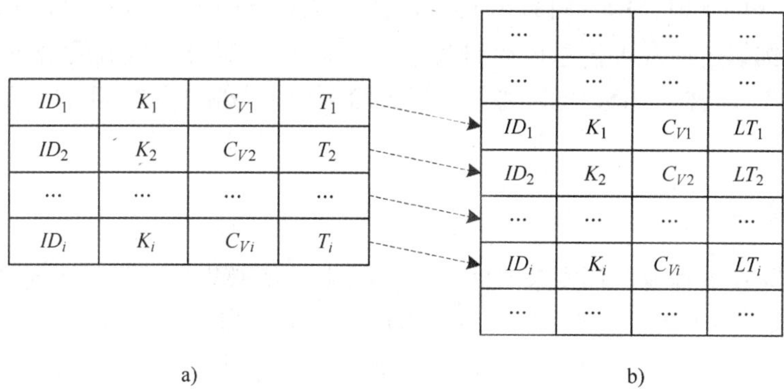

图　5-4
a）ID－密钥表　b）跟踪证据表

为了 RSU 可以快速地定位与伪 ID 对应的数据，提高搜索和查询速度，需要为这两个表建立索引。

5.3.3　哈希聚合

当车辆 V_i 从 RSU R 得到对称密钥 K_i 后，V_i 可以使用 K_i 对 $ID_i \| M_i \| TS_i$ 计算消息认证码 $MAC_{K_i}(ID_i \| M_i \| TS_i)$，其中 ID_i 是 R 分配给 V_i 的伪标识，M_i 是发送的消息，TS_i 是发送消息 M_i 的当前时间戳，用来防止重放攻击。然后 V_i 一跳广播 $ID_i \| M_i \| TS_i \| MAC$（$ID_i \| M_i \| TS_i$）。因为 K_i 只有 R 和 V_i 知道，因此只有 R 可以认证 M_i。另外，为了使其他车辆也能够验证 M_i 的真实性，同时减少通信开销，RSU R 负责将多个认证的消息聚合在一个数据包中并发送出去。详细的过程如下所示：

1）R 检查当前时间和 R 发送最后一个消息认证通知包的时间之间的间隔是否小于预定义的阈值 Δt，如果是，执行步骤 2），否则执行步骤 4）。

2）当 R 收到车辆 V_i 发来的消息〈$ID_i \| M_i \| TS_i \| MAC_{K_i}$（$ID_i \| M_i \| TS_i$）〉时，首先检查 ID_i 是否在 R 的 ID 密钥表中，如果是执行步骤 3），否则执行步骤 4）。

3）R 使用 ID_i 的 K_i 验证 $MAC_{K_i}(ID_i \| M_i \| TS_i)$，如果是有效的，$R$ 计算 $H(ID_i \| M_i \| TS_i)$，然后执行步骤 1），否则丢弃该数据包。

4）R 聚合所有的在步骤 3） 中产生的哈希，即 $HAggt = H(ID_1 \| M_1 \| TS_1) \| H(ID_2 \| M_2 \| TS_2) \| \cdots \| H(ID_n \| M_n \| TS_n)$，并且用私钥 SK_R 进行签名，然后 R 在它的通信范围内向车辆一跳广播 $\langle HAggt \| \{HAggt\} SK_R \rangle$。

在上面算法中的预定义阈值 Δt 可能会影响消息认证的时延，将在 5.4.2 小节中分析。另外，上述算法支持标识追溯，因为在跟踪证据表中密钥 K_i 和证书 C_{V_i}是一对一的映射，RSU 可以分辨出消息发送者。另外，当恶意的车辆发送假的消息（例如过后发现消息内容是伪造的）时，RSU 可以通过发现证书来追溯消息发送者。同样，RSU 可以将证书报告给可信的权威机构（TA）用于进一步的调查。

5.3.4 确认

当车辆收到其他车辆发来的消息时，只将收到的消息缓存到本地数据库中，并不马上进行确认。缓存的记录按照下面的格式记录 M_i，ID_i，TS_i，$H(ID_i \| M_i \|\| TS_i)$，其中 $H(ID_i \| M_i \| TS_i)$由接收者计算。一旦车辆从 RSU 获得了签名的数据包$\langle HAggt \| \{HAggt\} SK_R \rangle$，车辆就可以对缓存的消息进行确认了。首先，车辆使用 RSU 的公钥 PK_R 确认签名 $\{HAggt\}$ SK_R，如果有效，车辆将通过对比去聚合后的消息与缓存记录之间的匹配性来检查本地数据库中缓存的收到消息的有效性，例如 V_i 检查从 $HAggt$ 中得到的 $H(ID_i \| M_i \| TS_i)$是否已经之前缓存在本地数据库了，如果是，M_i 是有效的，否则，V_i 将检查是否 M_i 在下一个 $HAggt$ 数据包中。如果 $H(ID_i \| M_i \| TS_i)$在两个成功收到的 $HAggt$ 数据包中都没有出现，M_i 被认为是无效的，之所以对 $H(ID_i \| M_i \| TS_i)$采用两次检查的方式，是因为当 V_i 收到 RSU 发来的第一个 $HAggt$ 数据包时，RSU 可能还没有将消息 M_i 聚合。另外，车辆需要能够确认所有邻近车辆发来的消息，这意味着车辆收到的所有消息其对应的 RSU 也应该收到。但是如果 RSU 和车辆之间的通信或者 RSU 到车辆的通信（RVC）与 IVC 有着相同的距离限制，那么车辆将丢失和 RSU 之间不在有效距离内车辆发出的消息，如图 5-5 所示，假设 RVC 的距离限制是 r，RSU 可以和车辆 V_1、V_2 通信，因为 V_3 没有和 RSU 相关联，那么 V_2 不能确认 V_3 发出的消息，即使两辆车可以通信。为了克服这个问题，本书认为 RVC 的距离限制是 IVC 的 2 倍。因为 GPS 坐标包括在车辆消息中，因此车车之间和 RSU 与车辆之间的距离可以根据 GPS 坐标得到。

5.3.5 隐私扩展

在 RAISE 方案中，如果车辆在关联期间不修改它的伪 ID，那么根据车辆不

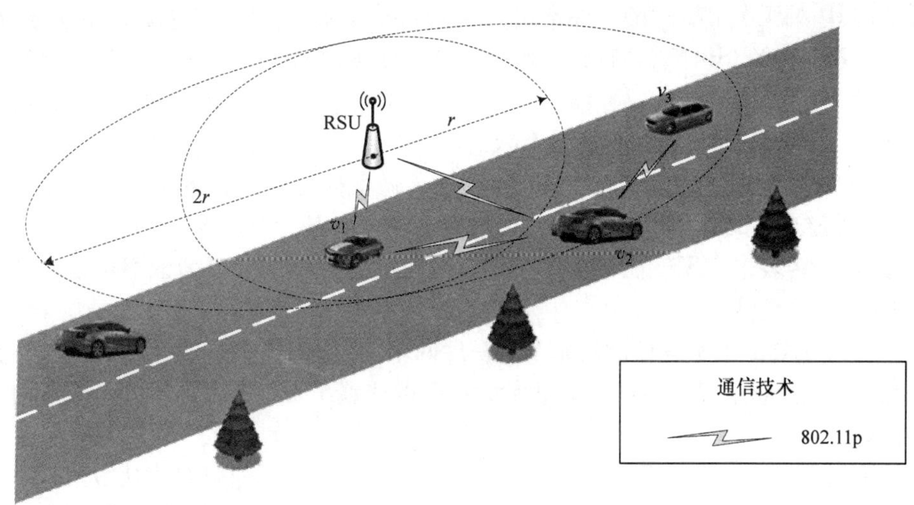

图 5-5 RSU 的覆盖范围

变的 ID，其移动轨迹有被跟踪的风险，因此在短时间内车辆的轨迹隐私可能被侵犯。

为了保护轨迹隐私，本书在 RAISE 方案中采用了 k 匿名的概念（k 个实体不能被分辨）［10］来混合 k 辆车。在 RAISE 方案中，RSU 为 k 辆车分配一个伪 ID，k 辆车作为一组使用同一个伪 ID 和 RSU 通信，ID－密钥表如图 5-6 所示。

ID_1	K_{11}	C_{11}	T_{11}
	……	……	……
	K_{1k}	C_{1k}	T_{1k}
ID_2	K_{2l}	C_{2l}	T_{2l}
	……	……	……
	K_{2l}	C_{2k}	T_{2k}
…	…	…	…
ID_i	K_{il}	C_{il}	T_{il}
	……	……	……
	K_{ik}	C_{ik}	T_{ik}

图 5-6 k 匿名 RAISE 方案的 ID 密钥表

当对手试图通过伪 ID 来跟踪特定的车辆时，在一组车辆通过交叉路口时对手会跟丢车辆，即特定车辆的轨迹不能被标识。k 的最大值可以是 RSU 覆盖范围内的车辆的总数，这样所有车辆的消息都是混在一起的，不能被分辨。这样的场景可以认为车辆根本没有标识。

在 k 匿名的 RAISE 中，RSU 可以通过和车辆共享的对称密钥来标识车辆，每个伪 ID 对应 k 个唯一的对称密钥。假设车辆 V_i 发送〈$ID \parallel M_i \parallel TS_i \parallel MAC_{K_i}(ID \parallel M_i \parallel TS_i)$〉给 RSU R，$R$ 首先发现与伪 ID 对应的 k 个可能的密钥。然后 R 顺序地检查 $MAC_{K_i}(ID \parallel M_i \parallel TS_i)$ 是否等于有 k 对称密钥生成的 $MAC_K(ID \parallel M_i \parallel TS_i)'$，如果匹配，消息被认为是有效的。

因为车辆与 RSU 的共享密钥是不同的，做上面比较工作的密钥可以用来发现消息发送者在双向认证过程中使用的匿名证书。该操作可以通过搜索 RSU 的本地 ID 密钥表来实现。能够发现在双向认证过程中使用的匿名证书可以保证未来 ID 的可追溯性。

如果 R 尝试了所有可能的 k 个密钥后两个 MAC 值仍没有匹配，消息被认为是无效的，应该丢弃。在这个过程后，R 可以按照 5.3.3 小节描述的步骤对消息进行聚合。

采用了 k 匿名方案后，确认过程和上面描述的一样，车辆对比从 $HAggt$ 中去聚合后的 $H(ID_i \parallel M_i \parallel TS_i)$ 与缓存的 $H(ID_i \parallel M_i \parallel TS_i)$ 记录之间是否匹配。这里，对比的计算开销与参考文献［2］中的基于 PKI 方案的消息确认过程相比可以忽略不计。

5.4 性能评估

本节使用 ns2 仿真系统［11］对 RAISE 性能包括消息丢失率、消息端对端时延和通信开销进行仿真，并和参考文献［3］的组签名方案和参考文献［6］的标准的基于 PKI 签名方案进行比较。本节模拟拥挤的交通场景，RSU 位于交叉路口，在 RSU 的覆盖范围内有 30～200 辆车。车辆之间的距离从 7.5m（到 15m 来模拟不同的车辆密度。每辆车的通信范围为 300m），RSU 的传输范围是车辆的 2 倍。每 300ms 发送消息。使用 IEEE802.11a 作为 MAC 层传输协议，如参考文献［2］。信道带宽是 6Mbit/s。组签名确认时延是 11ms，ECDSA 签名确认时延是 3.87ms，MAC 确认时延是 0.5ms。在仿真中所有可能的密码时间间隔表示为一样的时延。

5.4.1 消息丢失率

式（5.1）定义了平均的消息丢失率（LR），其中 N 表示仿真中车辆的数量。对于组签名和 PKI 签名方案，M_{mac}^i 表示车辆 i 在 MAC 层接收到的消息总数，M_{app}^i 表示车辆 i 在应用层发出的消息。对于 RAISE，M_{mac}^i 表示在 MAC 层直接从其他车辆收到的消息总数，M_{app}^i 表示 RSU 发出的 $H(ID_i \parallel M_i)$ 总数，并且是应用层发出的。本节针对组签名和 PKI 签名方案，只考虑由于安全协议造成的消息丢失，而不考虑无线传输信道带来的消息丢失。因为 RAISE 需要两跳通信，因此本书考虑在 RSU 和车辆之间无线通信造成的丢失。

$$LR = \frac{1}{N}\sum_{i=1}^{N}(M_{app}^{i}/M_{mac}^{i}) \tag{5.1}$$

图 5-7 显示了消息丢失率和交通负载（与 RSU 相关联的车辆的数量）之间的关系。RSU 每隔 10ms 周期地广播聚合的 $H(ID_i \parallel M_i \parallel TS_i)$。从图中可以观察到，随着交通负载的增加，三个方案的消息丢失率都会增加。基于组签名的方案的丢失率最高，基于 PKI 的方案在中间，而 RAISE 方案有最小的丢失率。同样，从仿真中可以看出最多的消息丢失来自于两跳的无线传输。

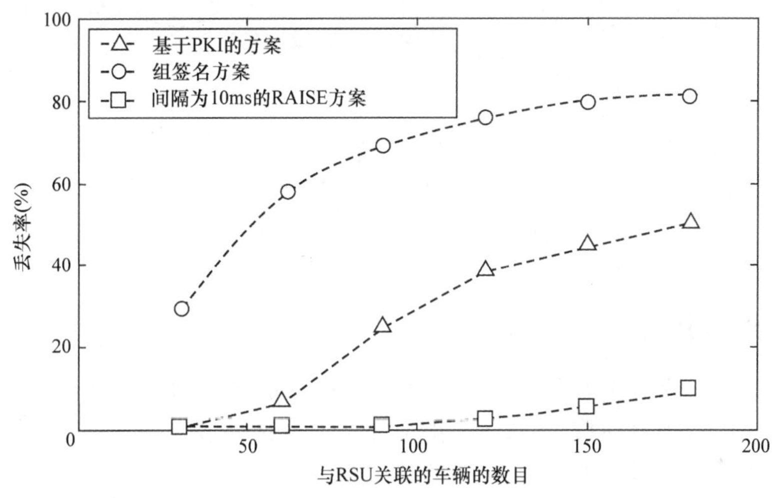

图 5-7　平均丢失率和交通负载

5.4.2　消息时延

式（5.2）定义了平均消息时延（MD），其中 N 表示在仿真中车辆的总数，M 表示车辆 i 发出的消息数量，K 是在 i 通信范围内相邻的车辆数量。$T_{recv}^{i,k,m}$ 表示车辆 k 在应用层从车辆 i 收到第 m 个消息的时刻。$T_{send}^{i,k,m}$ 表示车辆 i 在应用层发送第 m 个消息给车辆 k 的时刻。

$$MD = \frac{1}{N}\sum_{i=1}^{N}\frac{1}{MK}\sum_{m=1}^{M}\sum_{k=1}^{K}(T_{recv}^{i,k,m} - T_{send}^{i,k,m}) \tag{5.2}$$

图 5-8 显示了消息时延和交通负载之间的关系，组签名方案有最高的消息时延，该高时延主要是用来确认消息签名。基于 PKI 方案和 RAISE 方案的时延几乎一样。因为比较计算是非常快的，RAISE 方案的时延主要是由 RSU 发出数据包的间隔决定的，例如在图 5-6 中数据包发送间隔是 10ms。为了减少消息时延，可以减少该时间间隔，但是如何在减少消息时延和增加通信开销、在无线通信

MAC 层更多的冲突中进行取舍将在 5.4.3 小节中讨论。

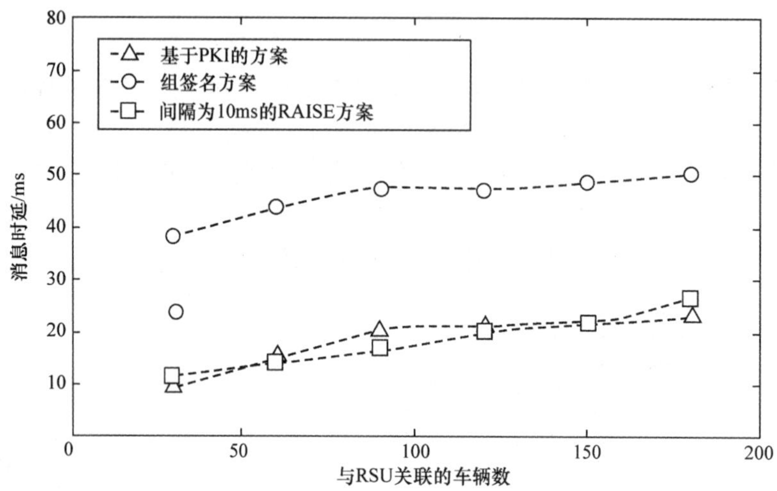

图 5-8　平均消息时延和交通负载

5.4.3　通信开销

本节首先分别列出参考文献［6］中的 ECDSA、参考文献［3］中的组签名和 RAISE 中的 HMAC 时延的通信开销。对于 ECDSA 来说，每条消息由于密码操作引起的额外开销是 181Byte，包括证书和 ECDSA 签名，如图 5-3 所示。对于组签名方案，额外的通信开销是 184Byte。

对于 RAISE 方案，额外的通信开销是 128bit + 128bit + (56 + 2)/n Byte，第一个 128bit 代表车辆发出的 HMAC 的长度，第二个 128bit 标识 RSU 发出的 $H(ID_i \parallel M_i)$数据包的长度，56 是 RSU 签署的 ECDSA 签名［6］的长度，2 是图 5-3 所示的消息头的长度，由于 RAISE 方案中 n 条消息只签名一次，因此 (56 + 2) 是由 n 条消息共享的，其中 n 由车辆密度和 RSU 发出的数据包间隔决定。

图 5-9 显示了 RSU 内在 1min 内的全部的通信开销和交通负载的关系。从图中可以看出，时间间隔为 10ms 的 RAISE 方案比基于 PKI 签名方案和组签名方案有很低的通信开销，而且由 RAISE 引起的通信开销是基于 PKI 签名方案的 24.94%，是组签名方案的 23.64%。为了更好地体现 RAISE 中时间间隔的影响，图 5-10 显示了时间间隔和全部通信开销的关系，分别比较了 1min 之内有 100、150、200 和 250 辆车的情况。从图中可以看出，随着时间间隔的增加，特别是从 2ms 到 10ms，通信开销明显减少。但是当时间间隔是 10ms 或者更大时，时间间隔对通信开销的影响很小。从图 5-8 中也可以看出，车辆数量每增加 50，通信开销大概增加 0.3MB。

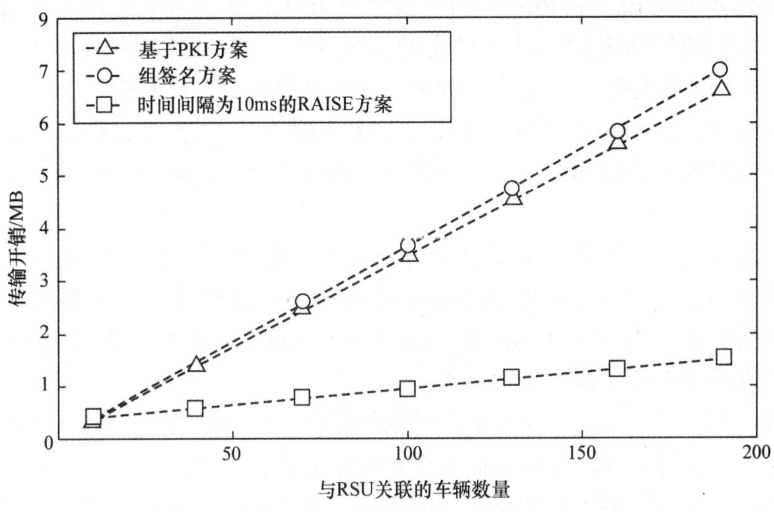

图 5-9　通信开销和交通负载

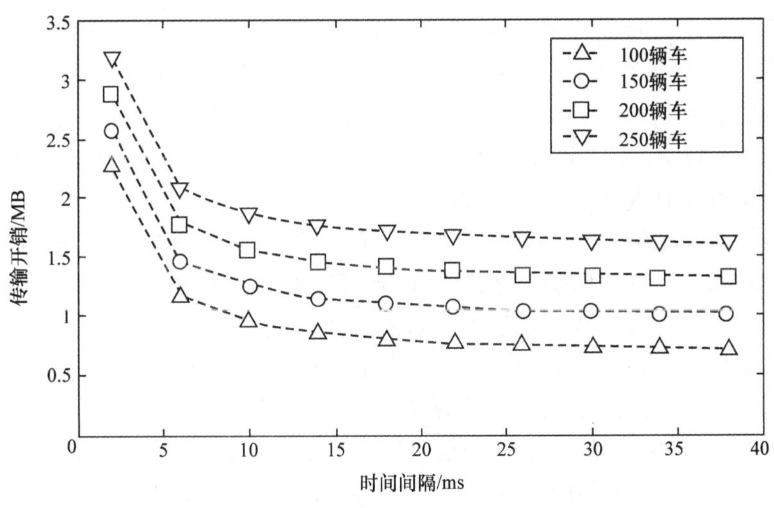

图 5-10　通信开销和时间间隔

5.5　安全分析

本节分析了 RAISE 方案的安全性，包括消息完整性、源认证、预防内部攻击、重放攻击抵抗和有条件的隐私保护。

消息完整性和源认证：在 RAISE 方案中，车辆为每个发起的消息生成一个

MAC，只有 RSU 分配了密钥的车辆可以生成 MAC，如果敌人篡改了信息，RSU 无法找到相应的确认密钥来计算消息的匹配 MAC，因此错误的信息将被忽略。此外，对于每个车辆都有一个唯一的密钥存储在 RSU 的 ID 密钥表中，如果一个 RSU 可以找出密钥来验证 MAC，RSU 就可以知道消息发送者的身份，对源进行验证。因为实现了消息的完整性和源认证，因此可以预防典型的攻击，如伪造攻击和模拟攻击［2］。

预防内部攻击：RAISE 不仅针对外部攻击是强大的，而且对内部攻击也有效。即使车辆受损并且与 RSU 共享的对称密钥也暴露给对手，对手也不能跟踪其他车辆的运动，因为它不能区分与受损车辆使用相同的伪 ID 的车辆，因此 RAISE 可以抵抗密钥受损的模拟攻击。

位置隐私保护：如 5.3.5 小节所讨论的那样，RAISE 方案使用 k 匿名概念实现位置隐私。使用相同的伪标识的多个车辆相混合，使攻击者无法区别。为了最大化匿名性，所有车辆可以使用相同的标识，因此对手不能将位置映射到一个特定的车辆上，也就是说对手无法跟踪一个特定车辆的运动路线。

重放攻击抵抗：消息重放攻击是指对手为了冒充合法车辆回放截获的消息。显然在 RAISE 方案中这个模拟是无法工作的，因为时间戳 TS_i 是附着在相应的 M_i 之上的，并且所有的车辆保持时间同步。假设敌人截获消息 $\langle ID_i \parallel M_i \parallel TS_i \parallel MAC_{K_i}(ID_i \parallel M_i \parallel TS_i)\rangle$，并且在 TS_j 启动了重放攻击。因为时间周期 $|TS_i - TS_i| > \Delta T$ 不是一个双方认可的传输延迟，接收者将拒绝该消息。因此 RAISE 方案可以有效地抵御重放攻击。

有条件的隐私保护：RAISE 方案使用伪标识来保护车辆的真实身份，因此车辆的身份隐私可以得到保护。然而 RSU 能够知道匿名证书和伪标识的对应，并且可信的权威机构可以从匿名证书中跟踪车辆的真实身份，例如汽车 V_i 发送一个虚假的消息，其中包含 RSU 分配的伪标识 ID_i，一旦 RSU 发现消息的内容是虚假的，RSU 可以从跟踪证据表中根据 ID_i 和 C_{V_i} 的唯一映射找到 V_i 的匿名证书，见图 5-4b。此外 RSU 给证书 C_{V_i} 交给可信的有能力从 C_{V_i} 中跟踪到 V_i 真实身份的权威机构。因此 RAISE 方案车辆不用互相告知自己的真实身份，RSU 可以区分两个消息是否由同样的车辆发出。可信的权威机构和 RSU 合作，消息发送者的真实身份是可以跟踪的。

5.6 结论

本章主要描述了 RSU 辅助的消息认证方案 RAISE。在 RAISE 中，RSU 负责认证从车辆发出的消息，并将结果通知在其通信范围内的所有车辆。

RAISE 协议的优点是小的计算和通信开销，同时它还可以保护车辆的位置隐私。从仿真结果可以看出，与基于 PKI 的方案和基于组签名的方案相比，RAISE 具有最低的消息丢失和通信开销。

参 考 文 献

1. J.-P. Hubaux, S. Capkun, and J. Luo, "The security and privacy of smart vehicles," *IEEE Security & Privacy Magazine*, vol. 2, no. LCA-ARTICLE-2004-007, pp. 49–55, 2004.
2. M. Raya and J.-P. Hubaux, "Securing vehicular ad hoc networks," *Journal of Computer Security*, vol. 15, no. 1, pp. 39 68, 2007.
3. X. Lin, X. Sun, P.-H. Ho, and X. Shen, "GSIS: A secure and privacy-preserving protocol for vehicular communications," *IEEE Transactions on Vehicular Technology*, vol. 56, no. 6, pp. 3442–3456, 2007.
4. J. Freudiger, M. Raya, M. Félegyházi, P. Papadimitratos, et al., "Mix-zones for location privacy in vehicular networks," *Proceedings 1st International Workshop on Wireless Networking for Intelligent Transportation Systems (WIN-ITS)*, ACM, 2007.
5. C. Zhang, X. Lin, R. Lu, and P. Ho, "RAISE: An efficient RSU-aided message authentication scheme in vehicular communication networks," *Proc. IEEE International Conference on Communications, ICC 2008,* Beijing: IEEE, May 19–23, 2008, pp. 1451–1457. (Available online at http://dx.doi.org/10.1109/ICC.2008.281)
6. Intelligent Transportation System (ITS) Committee et al., "IEEE trial-use standard for wireless access in vehicular environments-security services for applications and management messages," *IEEE Vehicular Technology Society Standard*, vol. 1609, p. 2006, 2006.
7. "Dedicated short range communications (DSRC)," http://grouper.ieee.org/groups/scc32/dsrc/index.html.
8. K. Sampigethaya, L. Huang, M. Li, R. Poovendran, K. Matsuura, and K. Sezaki, *Caravan: Providing Location Privacy for VANET*, DTIC Document, Technical Report, 2005.
9. W. Diffie and M. E. Hellman, "New directions in cryptography," *IEEE Transactions on Information Theory*, vol. 22, no. 6, pp. 644–654, 1976.
10. L. Sweeney, "*k*-anonymity: A model for protecting privacy," *International Journal of Uncertainty, Fuzziness and Knowledge-Based Systems*, vol. 10, no. 5, pp. 557–570, 2002.
11. "University of south california, the network simulator ns-2," http://nsnam.isi.edu/nsnam/index.php/User_ Information.
12. M. Scott and P. S. Barreto, "Generating more MNT elliptic curves," *Designs, Codes and Cryptography*, vol. 38, no. 2, pp. 209–217, 2006.
13. D. Boneh, X. Boyen, and H. Shacham, "Short group signatures," *Proc. Advances in Cryptology–CRYPTO 2004*. Springer, 2004, pp. 41–55.
14. M. Scott, "Implementing cryptographic pairings," *Lecture Notes in Computer Science*, vol. 4575, p. 177, 2007.
15. "Shamus software. MIRACL library," http://www. shamus.ie/index.php?page=Elliptic-Curve-point-multiplication.

第 6 章　基于 TESLA 的广播认证

6.1　概述

第 5 章讨论了 RSU 辅助消息认证方案 RAISE，在此方案中 RSU 负责认证从车辆发出的消息，并将认证结果通知给其他车辆，该方案使用消息认证码（MAC）认证车辆之间的通信，因此适用于车辆通信。但是该方案要求 RSU 直接参与消息的认证过程，当 RSU 覆盖范围不够大时，该方案的效果就大打折扣，特别是在 VANET 部署的早期阶段。

本章将研究在没有 RSU 直接参与的情况下使用快速的对称加密算法保护车辆通信的方案。本章采用了通常用于保护广播和多播通信的 TESLA（定时高效流丢失容忍认证）协议［1］，该方案只要求接收方执行基于对称加密算法的 MAC 操作，足以完成认证消息来源和确保数据的完整性，因此不需要执行任何计算密集型的非对称验证操作。而且每个消息只需要附着一个短的 MAC，就可以显著减少因安全机制而增加的消息长度和带宽负担。另外，从丢包率的角度来说，该方案比任何其他基于 PKI 的方案都要有效得多，几乎与交通密度无关。通过仿真显示，相对于当前的基于 PKI 的安全方案，该方案可以明显地减小丢包率，特别是在交通密度变大时包延迟仍然可以维持在一个可接受的范围内。VANET 具有的独特特征，如固定的消息发布间隔和临时稳定的基于地理区域构建的组等，都使该方案具备可行性，本章将在后面讨论这些内容。

本章主要介绍一种可用于车辆通信的基于 TESLA 的广播认证方案 TSVC［2］，首先简要介绍该方案所使用的技术，然后详细介绍 TSVC 方案，最后对该方案进行严密的安全分析，并通过大量的仿真进行性能评估，并在 6.5 节给出结论。

6.2　高效安全的车辆通信方案

6.2.1　预备知识

6.2.1.1　单向散列链

单向散列链是在 1981 年针对安全口令验证而提出的一种安全技术［3］，并且作为一种重要的密码原语很快应用在其他领域，如微支付系统［4］、无线 ad hoc 网络中的数据安全传输［5］和流数据认证［6］等。单向散列链是对一个随机选择的种子 S 重复使用一个散列函数 $H(x)$，它具有以下性质：

- $H(x)$可以对任意长度的输入信息进行处理，并生成一个固定长度的消息摘要。
- 对于给定的 x，计算 $y=H(x)$容易。然而，对于给定的 y，计算 $x=H^{-1}(y)$非常困难。
- 对于给定的 x，满足 $H(x')\neq H(x)$，求 $x'\neq x$ 在计算上是不可行的。
- 找到任意 x 和 x'，使得 $x'\neq x$ 和 $H(X')=H(X)$在计算上是不可行的。

散列函数进行 $n-1$ 次运算的结果分别表示为 h_1，h_2，…，h_n，其中 $h_1=H(h_2)$，$h_{i-1}=H(h_i)$，$h_n=S$，$1<i\leq n$。h_1被称为链的顶端（*tip*）或承诺（*commitment*），并且散列链的所有者能够以相反的顺序发布所产生的链元素。以这种方式，任何散列链元素可以保持秘密，直至其被发布，在收到一个链元素后，接收方可以容易地通过一个简单的散列运算验证其正确性。例如，接收者可以验证 h_j 是链的一部分，如果接收者知道 h_i是链的第 i 个元素（$i<j$），则接收者需要检查 $h_i=h^{j-i}(h_j)$。

单向散列链可以用来减少一系列消息的认证负担。但是散列链机制的主要问题在于其处理消息丢失的能力，而且传统的单向散列链具有固定的长度，但消息的数量随应用而变化。另外该方案需要已知认证的消息，这对大多数实时应用来说是一个很大的限制。

6.2.1.2　TESLA 认证协议

TESLA 是能够容忍消息丢失的、高效的广播认证协议，具有通信和计算开销低的特点［1］，广泛应用于传感器网络中［7］。TESLA 采用单向散列链，链元素是用来计算 MAC 的密钥。利用 TESLA 协议发送方按照接收方已知的预定的进度表发送数据包并确定用于计算散列链的承诺（*commitment*）。每个作为 MAC 密钥的散列链元素对应于一定的时间间隔。对于每个数据包，发送方给它附加一个 MAC 标签。基于发送方和接收方协商的密钥公开延迟时间表，使用散列链中下一个相应的 MAC 密钥导出此 MAC 标签。显然，在接收到数据包时，接收方无法验证该数据包的真实性。经过一个密钥公开延迟后，发送方公开了 MAC 密钥，当接收方验证了公开的 MAC 密钥确实是链中相应的元素后，就可以利用它验证该消息了。对于 TESLA 方案的一个要求是在节点之间进行松散的同步。该方案的缺点是延迟的消息验证使其容易遭受到拒绝服务（DoS）攻击，因为接收方必须缓存其接收到的尚未被认证的消息，如果恶意攻击者发送大量的消息，则可能会导致严重的安全问题，它可以很容易地消耗掉接收方的存储器，其结果是接收方必须丢弃以后到达的消息。［8－11］中给出了许多能够应对 DoS 攻击的基于 TESLA 的广播认证协议。为简单起见，本章不考虑防范 DoS 攻击。

6.2.1.3 布隆过滤器

布隆过滤器（Bloom Filter）是一个基于散列的空间高效的概率数据结构，用于查询一个大的集合项目，以确定一个给定的条目是否包含在集合中。它是通过将一组给定的数据项 $E=\{e_1,e_1,\cdots,e_n\}$ 插入一个长度为 m 的比特串 $B=(b_1,b_2,\cdots,b_m)$ 中，该串的各位初始都设定为 0。如图 6-1 所示，k 个独立的散列函数 $(H_1,H_2,\cdots,H_k)$ 被应用于集合中的每个数据项，以产生 k 个散列值（或索引值）$(V_1,V_2,\cdots,V_k)$，并且将位串中的所有相应位设定为 1。当在 Bloom Filter 中查询一个条目时，假阴性匹配的情况是不可能发生的，也就是说，一个元素不可能被错误地识别为集合中的一个成员。但是假阳性匹配，即一个元素被指示为集合中的一员，但实际上不是的情况能够以预设的可接受的假阳性比率出现。因此，由于不存在假阴性，那么用 Bloom Filter 来确定一个元素没有实际存在比用来确定一个元素存在更有效。与其他数据结构相比，例如，二叉搜索树、数组或散列表，其占用的存储空间较少。

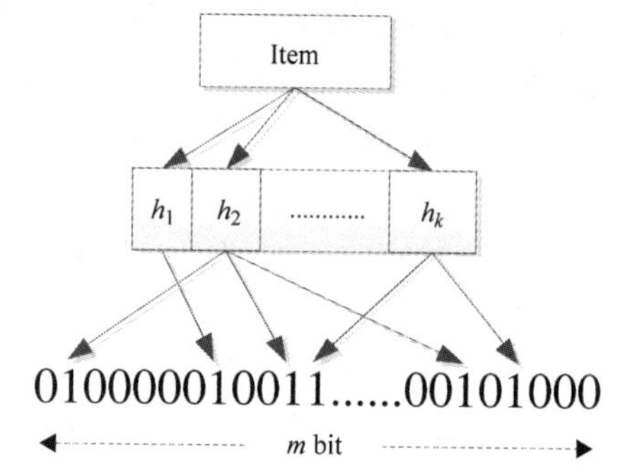

图 6-1　一个 m 位标准 Bloom Filter 的例子。起始时过滤器比特串中各位均为零。集合中每个项目被散列 k 次，每个散列得到一个比特串的索引值，并将对应的位设置为 1

Bloom Filter 的主要特性概括如下［12］：①用于存储 Bloom Filter 的空间以及位串 B 的大小非常小；②查询一个元素是否在 Bloom Filter 中的时间是固定的，且不受集合中条目数的影响；③假阴性是不可能的；④假阳性是可能的，但出现的比率是可控的，但是较低的假阳性比率将需要更多的存储空间。作为一种表示一组元素的空间高效的数据结构，Bloom Filter 已被广泛应用于 Web 缓存共享［13，14］、数据包路由［15］和差分文件简洁表示［16］等。

6.2.2 系统模式

假设每台车辆都作为中心并与周围其传输范围内的车辆构建一个动态组，如

图 6-2 所示，车辆 O_1、N_1、N_2和 N_3以 O_1为中心构建成一个车辆组，一辆车可以属于多个动态组，例如，车辆 N_3还属于以车辆 O_2为中心的 B 组。假设能够预测消息在典型传输范围内通过无线信道传输的最大延迟，例如参考文献［17］估计的通信延迟约为 10ms。此外所有的车辆都可以通过一些时间同步协议［1，18，19］松散地进行同步，目前有两种方法可用于发送方和接收方进行时间同步，即直接时间同步和间接时间同步［20］。考虑到 VANET 中车辆的高移动性和松散时间同步的要求，建议所有的车辆都通过一个外部时间基准安全地进行同步，即间接的时间同步，例如每辆车都配备高精度原子钟，然后在每年或每两年的车辆检查期间（例如牌照续期或排放测试）将时钟与中央时间服务器进行同步。根据消息类型将消息认证分成两类：普通消息认证和紧急消息认证，其中在总的通信量中前者明显占据主导地位，而后者的发送频率则较小，因此本章将主要讨论前者的情形。

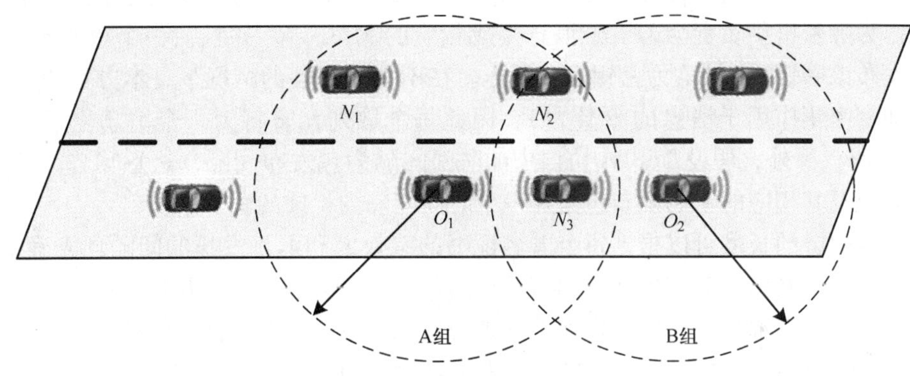

图 6-2　动态虚拟车辆编组

作为发送方，首先需要预先生成一个散列链，以便之后使用该散列链上的元素作为加密密钥生成 MAC 码。使用常规的公钥签名技术对第一个消息进行数字签名，紧随其后的消息将分别使用散列链上相应的加密密钥计算 MAC 标签，所用的加密密钥将在短暂的延迟后公开。当加密密钥被公开后就可以认证之前发送的消息了。根据每个消息的预期传输延迟以及散列链上用于标识密钥的序列号，接收方可以检查下一个用于生成 MAC 标签的散列密钥是否已经公布，如果下一个散列密钥已经被公布，则应当丢弃该消息，以防止消息伪造攻击。

紧急消息的发送频率要低得多，且具有更高的处理优先级，可以采用常规的基于数字签名的验证方案，从而可以实现最好的安全保证和恒定的延迟。

6.2.3　建议的 TSVC 方案

6.2.3.1　车辆组模式

VANET 的一个独有的特征是行驶在高速公路上的车辆与相邻的车辆保持着

临时稳定的相对距离，由于通信通常是在 250～1000m 范围内［21］，根据车辆的行驶速度、道路和天气的情况，车辆之间的通信联系可维持几秒钟到几分钟或更长的时间，本书利用这一属性，根据车辆的物理位置对它们进行编组，对于给定的车辆 O_1，在其单跳通信范围内的所有其他车辆被定义在同一组 O_1 中，该组的关系是动态的，当其他车辆进入通信范围或任何组成员离开该组时，组的关系需要被更新，大部分组成员在相当长的时间内保持稳定。

6.2.3.2 TSVC 方案

假设所有的车辆在车辆登记阶段或年度检查时都已经安装了一组匿名公私密钥对 $<PK_i, SK_i>$，其中匿名证书使用伪身份标识 $PVID_i$ 作为证书标识［22］，为了实现可追溯，车辆登记机关需要保存这些匿名证书及其对应的真实身份。每对密钥的生命周期较短，例如几分钟，每辆车需要从一个随机种子 S 生成一个散列链 h_1，h_2，...，h_n，其中 $h_n = S, h_i = H^{j-i}(h_j)$，并且 $i<j$。散列链中的每个元素作为加密密钥负责为若干个消息生成相应的 MAC 码，并且在一个短的延迟 δ 后发布该密钥，δ 被称为密钥发布延迟。在不失一般性的情况下，本方案假设每个加密密钥作用于消息的数量为 1，因此每个散列元素将为一个消息生成一个 MAC 码。另外，假设 TESLA 协议中的时间间隔为包发布间隔，这意味着，每个数据包及其相应的密钥发布包是在一个时间间隔内生成的。

散列链的长度可以根据每个匿名证书的有效期和消息发送的间隔预先确定。一旦匿名公共密钥对被更新，则需要初始化一个新的散列链并开始使用。实际上所有的散列链都可以在使用之前被预先初始化，以降低系统操作的延迟。用 M_1，M_2，…，M_K 表示由车辆发送的常规安全消息，并且 M_i 被封装在数据包 P_i 中，$1 \leqslant i \leqslant k$。此外，报文以 300ms 的固定间隔发送。数据包验证过程如图 6-3 所示。

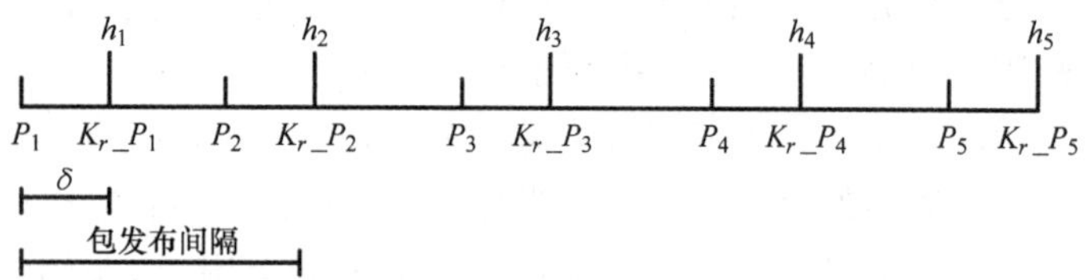

图 6-3 散列链和相应数据包之间的关系

发送的包可分为两类，第一类称为数据包，用 P_i 表示，该类数据包专门用于发送数据信息；第二类称为密钥发布包（KRP），用 Kr_P_i 表示，专门用于发布加密密钥 h_i。这样的设计是为了减少数据包的端到端延迟，因为两个交通安全数据包之间的间隔通常长于所容许的人的最大反应延迟。在前一个数据包发布之后，经过一个固定的时间 δ，KRP 将被发布。

图 6-4 显示了 TSVC 方案，对于任意发送方 O，它使用 H_j 作为加密密钥生成消息的 MAC 标签，其中 $1 \leqslant h_j \leqslant n$。要发送的数据包具有以下格式：

$$P_j = \langle PVID,\ M_j,\ MAC_{h_j}(M_j \parallel T_j),\ T_j,\ index \rangle,\ j \geqslant 1 \tag{6.1}$$

发送方 O	接收方 $R_1 \cdots,\ R_n$

第一条消息：

生成散列链 $h_1,\ h_1 \cdots,\ h_n$

生成第一条消息 M_1

计算 $MAC_{h_1}(M_1 \| T_1)$

$P_1 = \langle PVID, M_1, MAC_{h_1}(M_1 \| T_1), T_1, index \rangle$

$\xrightarrow{P_1}$

缓存 P_1

等待 δ 秒

$\sigma = Sign_{SK_O}(h_1, index = 1, T'_1)$

$kr\_P_1 = \langle PVID, \sigma, h_1, index, T'_1, Cert_O \rangle$

$\xrightarrow{kr\_P_1}$

$V_{PK_O}(h_1, index, T'_1, \sigma) \stackrel{?}{=} 1$

如果是，接受 kr_P_1

如果不是，丢弃它

$MAC_{h_1}(M_1 \| T_1) \stackrel{?}{=} MAC_k(M_1 \| T_1)$

当 k 是 h_1 时，在 kr_P_1 中查找

如果找到，接受 P_1 并使用 M_1

如果不是，丢弃它

…

随后的消息：

生成消息 $M_j, j > 1$

计算 $MAC_{h_j}(M_j \| T_j)$

$P_j = \langle PVID, M_j, MAC_{h_j}(M_j \| T_j), T_j, index \rangle$

$\xrightarrow{P_j}$

缓存 P_j

等待 δ 秒

$kr\_P_j = \langle PVID, h_j, index = j, T'_j \rangle, j > 1$

$\xrightarrow{kr\_P_j}$

验证 $h_i \stackrel{?}{=} H^{j-i}(h_j)$

(i 是上一个成功接收到的密钥)

如果不是，丢弃它

如果是，继续。

验证 $|(T'_j - T - \delta) - ((j - packet\#) \times d)| < \epsilon$

如果不是，丢弃它

如果是，继续。验证

$MAC_{h_j}(M_j \| T_j) \stackrel{?}{=} MAC_k(M_j \| T_j)$

当 k 是 h_j 时，在 kr_P_1 中查找

如果找到，接受 P_j 并使用 M_j

否则丢弃它

图 6-4　建议的安全方案

其中M_j是安全消息，*PVID* 为车辆 *O* 的假名 ID，与当前使用的公钥证书$Cert_O$的 *ID* 保持一致，T_j是发送方发送数据包的时间，该时间被用来防止重放攻击。

然后发送方 *O* 准备第一个密钥发布包（KRP），并利用传统的基于公钥的签名技术对散列链 h_1的 *commitment* 进行签名。第一个密钥发布包具有如下格式：

$$kr\_P_1 = \langle PVID,\ Sig_{SK_O}(h_1,\ index\ T'_1),\ h_1,\ index\ T'_1,\ Cert_O \rangle \tag{6.2}$$

式中 h_1是密钥，该密钥用于生成第一个消息 M_1的 MAC 标签；$Cert_O$是当前使用的匿名公共密钥证书；SK_O是对应于 $Cert_O$的私钥；T'_1是发送方发送第一个密钥发布包的时间；*index* 表示当 *O* 发布该包时当前散列值在散列链中的索引，即 1 为第一个密钥发布包的索引。需要指出的是，KRP 是在之前的数据包发布δ秒后发布的。密钥发布包的格式如下：

$$kr\_P_j = \langle PVID,\ h_j,\ index = j,\ T'_j \rangle,\ j > 1 \tag{6.3}$$

式中，h_j被用来生成消息 M_j的 MAC 标签。接收方接收到第一个数据包后只是简单地把所接收的包缓存起来，并等待第一个密钥发布包的到达。接收方收到由消息源签名的第一个密钥发布包后，并验证了发送方的匿名证书 $Cert_O$后执行以下验证：

$$\begin{cases} V_{PK_O}(h_1,\ index,\ T'_1,\ Sig_{SK_O}(h_1,\ index,\ T'_1)) \stackrel{?}{=} 1 \\ \text{其中 } index = 1 \\ MAC_{h_1}(M_1 \parallel T_1) \stackrel{?}{=} MAC_k(M_1 \parallel T_1) \end{cases} \tag{6.4}$$

式中，密钥 *k* 是包含在第一密钥发布包中的 h_1。

因此，对于车辆 *O* 的相邻车辆来说，为了认证来自于 *O* 的数据包，接收到第一个密钥发布包是非常关键的，可以通过使用某种移动可靠广播协议［23］，或者是将这些错过第一个密钥发布包的车辆作为新加入的组成员的方法来实现，具体方法将在第 6.2.5.3 小节中讨论。

接收方随后存储诸如 *PVID* 和 T_1等信息，以便与同一消息源发送的后续包同步。如果验证失败，则丢弃该包。否则，每个接收方在其本地缓存表（表 6-1）中保留一个对应于发送方 *O* 的条目（*packet #*，*source*，*c*，*T*，*Lifetime*），其中存储数据包索引，即 1 至字段 *packet#*，*PVID* 至字段 *source*，认证过的散列链元素 h_1至字段 *c*，发送方发送数据包的时间 T_1至 *T*。*Lifetime* 是一个用以控制条目有效期的计时器。如果计时器变为 0，则条目过期，并将其从接收方的缓存表中删除。每当一个新的从数据源发来的数据包到达时，接收方将更新该表中相应条目的定时器。

表 6-1　接收方的缓存表

packet#	*source*	*c*	T	*Liftetime*
…	…	…	…	…

当接收数据包 P_j，$j>1$ 时，接收方只是简单地把接收到的数据包放到缓存中，但并不尝试验证它。一旦下一个密钥发布包 $k_r_P_j$到达时，接收方将开始验证之前接收到的数据包。首先，接收方通过检查下式是否成立来检查收到的散列链元素的合法性：

$$H^{j-packet\#}(h_j)=c \tag{6.5}$$

其中 h_j包含在密钥发布包 $k_r_P_j$中，而 c 和 $pcket\#$则来自于存储在本地缓存表中对应于 $PVID$ 的条目中。如果式（6.5）不成立，则丢弃 $k_r_P_j$包；否则，通过以下公式检查是否应该在当前传输时间间隔内释放接收到的 h_j：

$$|(T'_j-T-\delta)-((j-packet\#)\times d)|<\epsilon \tag{6.6}$$

式中，T'_j是发送方发送密钥发布包的时间；d 是包发布间隔；δ 是密钥发布延迟；T 是来自于本地缓存表中对应于 $PVID$ 的表项；ϵ 是时钟误差（偏移）。如果式（6.6）不成立，表示对手尝试使用一个已经发布了密钥伪造消息，因此该数据包是不安全的，并将其丢弃，否则接收方开始通过检查 $MAC_k(M_j \parallel T_j)=MAC_{h_j}(M_j \parallel T_j)$是否成立来验证数据包 P_j，其中 M_j、T_j和 $MAC_{h_j}(M_j \parallel T_j)$是先前缓存的数据包中的值，$k$ 是 $k_r_P_j$中的散列元素 h_j。如果验证成功，接受 P_j并交给应用层使用，然后，接收方利用索引、h_j和 T_j修改对应于 $PVID$ 表项中的第一、第三和第四字段，并利用一个新的计时器更新最后一个字段，否则丢弃 P_j。

通过上述分析可以看出，该方案在消息的完整性、匿名性和认证性上可以实现与基于传统的 PKI 方案同样的安全性，相关分析将在 6.3 节中详述。该方案提供了针对公众的匿名性，但是在需要的情况下可以为权威机关（如警察）提供可追溯性，因为所有被接收的消息都唯一地与发送方的匿名公钥证书相关联，通过检查这个唯一的公钥证书，权威机关可以像在传统的基于 PKI 的方案中那样跟踪消息发送方的真实身份。

6.2.3.3　安全需求和密钥公布延迟 δ

在 TSVC 方案中，防止消息伪造攻击的安全需求是密钥发布的等待时间应当比消息从发送方到达所有接收方的时间长，如果任何接收方 r 能够在原始数据包到达另一个接收方 $\bar{r}$ 之前接收到发布的密钥，则接收到密钥的 r 能够通过生成一个有效的 MAC 码伪造一个消息，并将该消息发送至 $\bar{r}$，而这个伪造的消息可以通过 $\bar{r}$ 的验证，这种情况可以通过选择合适的密钥公布延迟 δ 来避免。在符合 IEEE 802.11p 的车辆通信中，最长的传输范围约是 1000m［21］，因此 δ 应该比消息在无线信道中传输 1000m 的时间稍长，据此通信延迟被确定约为 10ms［17］。在本章的方案中 δ 被设置为 100ms，大约是实现绝对安全通信延迟的 10 倍，同时也能满足最大允许延迟需求，此参数设置将通过 6.4 节中的仿真得到验证。

在执行正常的消息认证处理之前，接收方需要检查消息的有效性，以确定其是否满足相关的安全需求，这意味着接收方必须知道数据包属于哪个间隔，以及相应的密钥是否已经被释放。如果不能满足相关的需求，则不需要验证该数据包，并直接丢弃。需要注意的是，由于 VANET 中实时应用对时间的严格要求，应丢弃延迟或过时的消息，因此如果消息在所允许的最大延迟时间（例如人类最大反应时间）后到达，应直接丢弃该消息，而不需要将其放入缓存中。

6.2.4 支持不可否认性的增强 TSVC 方案

除了 DoS 攻击［8－11］外，原来的 TESLA 方案还面临着易受抵赖性攻击的问题，TESLA 的核心是将时间划分为均匀的时间间隔，然后将散列链上的元素作为 MAC 密钥，并按生成散列链相反的顺序将这些密钥分配给每个时间间隔。发送方定义了一个密钥公布时间 δ，一般为几个时间间隔的长度。接着发送方按 $M_j \| MAC_k(M_j)$ 构造每个数据包，其中 M_j 是要发送的消息，$MAC_k(M_j)$ 是使用密钥 k 生成的 M_j 的 MAC，$\|$ 代表消息串联。接收方缓存接收到的包，并且不知道其 MAC 密钥，在公布时间 δ 后发送方在随后的消息中公布 MAC 密钥 k，接收方检查该 MAC 密钥 k 是否应该在这个时间间隔被释放，并使用之前发布的密钥验证其正确性（其安全性是由单向散列函数不可逆的特性来保证的）。然后接收方检查缓存中数据包的 MAC 值，以确定该包没有被修改或改变。

可以看出当 MAC 密钥被公开后，数据包是可以伪造的，包括发送方在内的任何人在知道密钥 k 后能够利用该密钥计算正确的 MAC 值，从而可以利用 $MAC_k(M'_j)$ 伪造数据包 M'_j，由于本章提出的 TSVC 方案采用对称密钥密码系统保护 VANET 通信，因此该方案不能提供不可否认性，发送方可以否认他/她过去发送过消息的事实，这将使起诉违法者变得非常困难，因为即使揭露了消息发送方的真实身份，但是还是不能够证明消息确实是从发送方发出的，这使得调查和起诉罪犯变得非常困难，造成这种情况是因为在散列密钥（或散列链上的元素）被释放或通过网络广播后消息就可以被伪造了。但是目前大部分车辆应用并不需要不可否认性，特别是那些与安全不相关的应用，如车载娱乐系统（音乐和视频流服务）和广告等，不可否认性对于这些应用程序的正常运行并不重要，例如路旁的广告可以通过车辆到 RSU 的通信来增强其营销方法。本地企业或零售商也可以通过 RSU 广播宣传他们的产品或服务，但是虚假广告（或欺骗性广告）也会经常出现，例如通过声称一个特别优惠的交易报价或产品将客户（驾驶人和乘客）吸引到他们的店里，但当客户到达商店后，可能会遭遇骗局（例如，产品的质量与描述不符），即使是那些落入骗局的人也可以利用销售发票或收据等历史交易证据对欺诈性业务或服务提出申诉，因此这种情况并不需要不可否认性。

由于欺诈正在成为道路上需要解决的突出问题，有必要为车载通信提供不可抵赖性，本节将进一步扩展 TSVC 方案，以支持不可否认性，并针对此问题给出了两种解决方案。

6.2.4.1　基于数据包内布隆过滤器的链接包签名

目前已经有许多机制和解决方案在 TESLA 方案中加入不可否认性，高效多链流签名（EMSS）协议［24］就是其中之一，如图 6-5 所示，其中每个增大数据包（AP）包含一些前驱包（约 100～1000）的散列值。为了向发送方提供不可否认服务，就必须以恒定的速率发送包含有几个散列值的签名包，由于通信开销的大小与 AP 包中前驱包的数目成正比，因此会导致通信开销的显著增加，例如假定数字签名是 2048bit 长，如果前驱的数量是 99，并采用 SHA－1 散列函数，则每 100 个数据包就会有 195.5KB 的开销，在 EMSS 中通信开销主要由两部分组成：所有前驱的散列值和签名报文。显然，前驱的数量越大，相应的通信开销也越大。然而，在这种情况下，我们只需要较少的签名数据包。

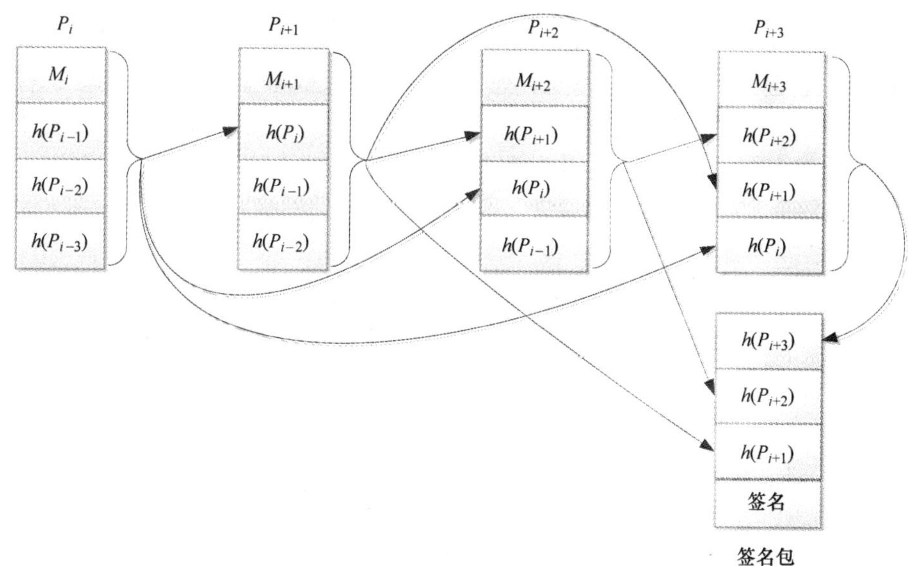

图 6-5　一个应用 EMSS 协议的例子，其中每个 AP 包含有它的三个前驱的摘要

为解决通信开销的问题，本节提出了基于数据包内布隆过滤器（Bloom Filter）的链接包签名协议。在该协议中，每个增强数据包仅包含一个 Bloom Filter，它代表所有前面的报文及其本身。为了向发送方提供不可否认性，将定时发送包含有 Bloom Filter 签名的签名包，图 6-6 给出了一个例子，其中每三个数据包发送一个签名数据包，Bloom Filter 非常适用于这一场景，因为它没有存储可能导致显著增加通信开销（例如额外的存储空间）的数据包本身，也就是说可以通

过使用 Bloom Filter 来降低通信开销，因此该方案在提高性能的情况下仍然保留了 TESLA 类似方案的安全特性。

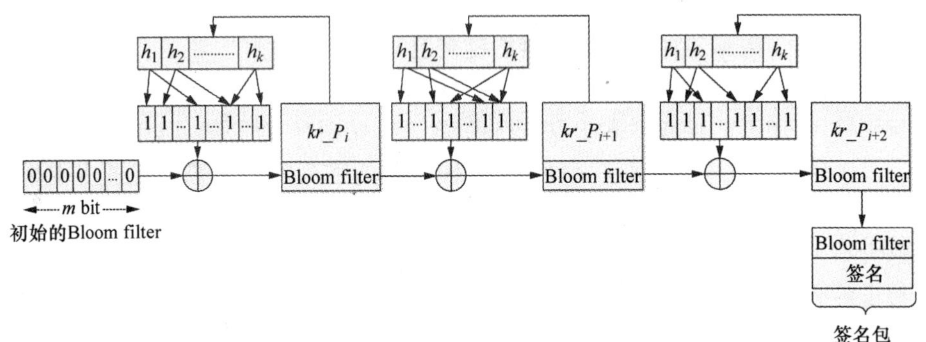

图 6-6　本节所建议的方案的例子，其中每发送三个数据包发送一个签名数据包（假设 Bloom Filter 的大小为 $m$bit）

下面将该协议与图 6-7 所示的 EMSS 进行比较来分析通信开销，这里假设采用 RSA 签名方案，RSA 密钥越大，则 RSA 签名方案越安全，事实上为了确保较高的安全水平，推荐的密钥大小至少应为 2048bit，对应的数字签名的大小是 256Byte，这里假设采用 SHA－1 散列函数，并且 Bloom Filter 的尺寸为 16bit。此后研究在每个 EMSS 增强数据包包含了（$n-1$）个前驱摘要的情况下，每 n 个包

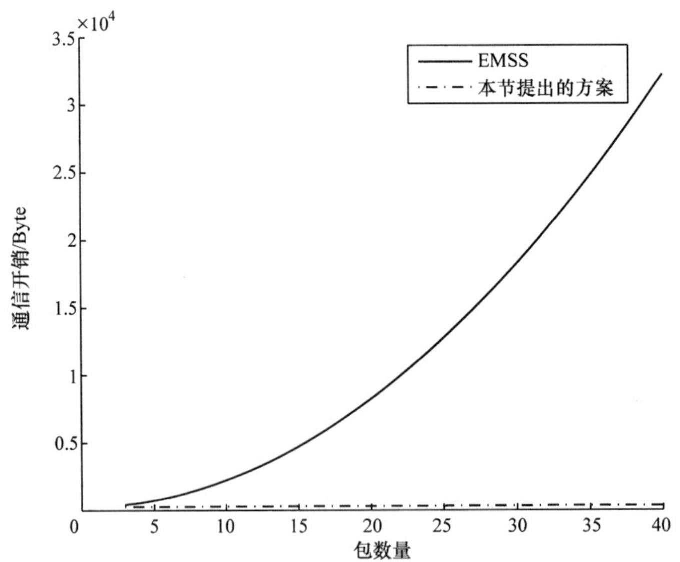

图 6-7　本节提出的方案与 EMSS 之间通信开销的比较

在分别采用 EMSS 和本节提出的协议时的通信开销，根据对比可以发现，本节提出的协议的通信开销正比于发送包的数量，而 EMSS 的通信开销随包的数量的增加而显著增加，这是因为数据包的散列值包含在每个增强数据包中，从而使 EMSS 的通信开销要显著高于本节提出的协议，因此本节提出的协议可以在不损害安全性的前提下显著降低通信的开销。

6.2.4.2　使用可信设备实现不可否认性

另一种在 TSVC 中提供不可否认性的有效方法是使用防篡改设备（TPD），车辆配备用来存储密钥、数据和代码的 TPD，TPD 能够有效对抗各种攻击企图，使攻击者不能获得存储在其中的数据。为减少受到攻击的风险，该设备应该配备有自己的电池，电池可以从车辆进行充电，并且只有授权人员才能访问该设备，参考文献［25、26］的商业产品就具备这些功能。此外，为了保护驾驶人的隐私，授权人员还必须有访问此设备的搜查令。

如图 6-8 所示，TPD 有两个主要功能：①执行加密操作，例如为输出数据包提供安全服务和验证输入数据包的 MAC 标签；②记录车辆发送和接收的任何数据。它类似于一个黑盒子，该技术往往应用在飞机上以利于航空事故的调查。

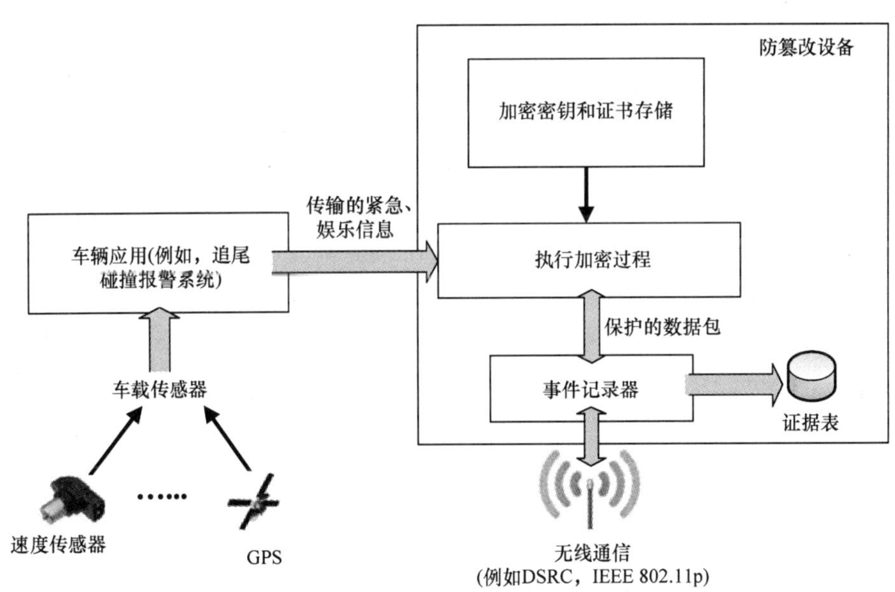

图 6-8　使用 TPD 的 OBU 系统架构

当接收到数据包 P_j，OBU 将其发送到 TPD，该 TPD 只是将其缓存，一旦下一个密钥发布包 $k_{r\_}P_j$ 到达 TPD，它将开始验证先前缓存的数据包 P_j。假设验证成功后继续进行如图 6-4 所示的过程，然后接受数据包 P_j，随后 OBU 计算数据包的散列值，并存储在证据表中，同时存储的还有数据包接收时间戳，见表6-2，这些内容将被用于实现不可否认的目的。此外有一个参数被用于确定证据表中的证据应该保留多久，通过将该参数（或到期时间）嵌入到表中，可以据此将表中所有与过期数据包相关的记录删除，从而降低存储和搜索成本。在现实中，失效时间是由权威机构决定的，过期的数据将从表中自动删除。类似的规定已经存在于监控视频领域，例如所有的金融机构，包括银行和自动柜员机（ATM），需要将存储的监控录像保存至少 180 天。

表 6-2　TPD 中的证据表

散列数据包	时间戳
0x387a87d3948772dd9746d2917043fbf2	1419197712
0x5ec962b4eafcac61f803ddb08add65bc	1281190212
…	…

在某些情况下发送方会否认其在过去发送了某个数据包，并且声称其发送了另外一个实际上是其后来伪造的一个数据包，这一争端可以通过搜索证据表中与这些车辆相关的数据包的散列值来解决，如果发现了匹配的记录就可以容易地找出事情的真相，并证明发送方否认了事实。

对于该方案所需的存储空间，假设该方案使用 MD5 散列函数，时间戳以 ms 为单位，长度是 32bit，通过估算每个数据包在证据表中条目的大小为 160bit。根据 DSRC［21］协议，车辆将以 100～300ms 的时间间隔发送消息，在通信范围内有 10 台车辆的情况下，每台车辆每秒将接收高达 100 条消息，这意味着每秒至少需要 2000Byte 的存储空间。证据被保存的时间越长，所需的存储空间也就越大，假设按照金融部门现行的严格规定，证据必须保存至少 180 天，则所需的总存储空间大约为 29GB。随着硬盘技术的发展，存储成本已大幅降低（根据 statisticbrain. com［27］的调查，2014 年每 GB 大约花费 0. 03 美元）。另外考虑到普通汽车大部分时间处于停放状态（约 95%［28］），因此实际所需的存储空间将远低于上述估值。

6. 2. 5　讨论

6. 2. 5. 1　应对消息丢失的能力

无线通信信道在本质上是有损耗的，而 TESLA 方案是一个丢包容忍的技术方案，本章的方案作为 TESLA 的继承方案也是丢包容忍的，即如果一个数据包丢失了，并不需要采取进一步的行动。另一方面，如果 KRP $k_{r}_P_i$丢失，在接收 $k_{r}_P_j$时，其中 $j>i$，则前一消息的正确性仍然可以被验证，断开的散列链能够通过应用 $j-i$ 次散列函数 $H(x)$而被重新连接起来，并检查是否有 $H^{J-i}(h_j)=h_i$，如果是，则新到达的散列值 h_j 是可接受的。但是，如果多个连续包丢失，使得等待新密钥发布包的时间大于最大容许消息延迟时间，则将 M_j 忽略，在这种情况下，当新的数据包到达时，后续消息仍然可以被认证，这将在 6.4 节进行讨论。

6.2.5.2 带宽效率

本节将与常规的基于公钥的协议相比，分析由于减小了包的平均大小而引起的带宽消耗的降低。

对于签名消息，因安全而增加的额外载荷是公钥证书和该消息数字签名的长度。在现有的数字签名方案中，如 RSA、DSA、ECDSA 和 BLS，从数据包开销和验证时间等方面考虑，最适合 VANET 应用的候选方案是 ECDSA。由 ECDSA 造成的最小额外载荷是每条消息 181Byte，其中包括数字签名和公钥证书，因此传统的签名包的总长度大约为 281Byte，其中有效载荷大约 100Byte [17]。

为了评估本章方案中消息传递的平均成本，假设第一个 KRP 使用 ECDSA 方案进行签名，并且使用 SHA－1 安全散列算法，每个匿名证书的寿命为 10min，发送常规交通消息的间隔是 300ms。这样常规交通消息 N_{total} 的总数为 2000，数据包的长度为

$$\begin{cases} L_{Pi} = L_{Mi} + L_{PVID} + L_{MAC} + L_T + L_{index} \\ \quad = 100 + 4 + 20 + 4 + 4 \\ \quad = 132\text{Byte} \end{cases} \tag{6.7}$$

其中，*timestamp* 和 *PVID* 分别为 4Byte。第一个 KRP 的长度是

$$\begin{cases} L_{kr\_P_1} = L_{PVID} + L_{sig} + L_{hash} + L_{index} \\ \qquad + L_T + L_{Cert} \\ \quad = 4 + 56 + 20 + 4 + 4 + 125 \\ \quad = 157\text{Byte} \end{cases} \tag{6.8}$$

随后 KRP 的长度是

$$\begin{cases} L_{kr\_P_i} = L_{PVID} + L_{hash} + L_{index} \\ \quad = 4 + 20 + 4 \\ \quad = 28\text{Byte},\ i > 1 \end{cases} \tag{6.9}$$

其中，*index* 为 4Byte。在本章的方案中加入密码算法后包的平均长度是：

$$\begin{cases} L_{avgP} = (L_{kr\_P_1} + L_{P_i} \times N_P + L_{kr\_P_i} \\ \qquad \times (N_{kr\_P} - 1))/N_{total} \\ \quad = (157 + 132 \times 2000 + 28 \times 1999)/2000 \\ \quad \approx 160\text{Byte} \end{cases} \tag{6.10}$$

这比传统的基于 PKI 的数字签名方案要短得多。

6.2.5.3 容忍组成员波动

本节将研究在保持可接受的通信损耗和认证延迟的情况下如何减轻由于车辆组成员动态波动而造成的影响。

当车辆加入或离开组时会造成组成员的波动，在车辆离开传输范围的情况下，可以很容易地通过一个时间阈值进行处理，即在超过该阀值后在本地缓存表中除去该组管理员的条目，离开车辆短暂地保存组管理员信息记录的原因是为了避免暂时的组成员身份更改。另一方面，当车辆（表示为 A）新加入一个车辆（表示为 O）组，A 需要获取包含在第一密钥发布包 Kr_P_1 中的认证密钥信息，以验证从 O 接收到的任何可能的消息。如果 A 能够从 O 获得散列链 Kr_P_1 的第一个认证了的 tip，则这个问题可以迎刃而解，据此 A 能够验证这个签了名的加密密钥 h_1 的 tip，并随后认证任何从 O 接收到的消息。因此在成员波动率较低时该处理成员波动的方法简单而有效。但是当组成员剧烈波动时该办法可能会造成严重的信令和处理开销。下面介绍另一种方法，即各车辆组周期性地广播包含有散列链 Kr_P_1 上第一个认证了的 tip 的密钥发布包，以便允许新加入车辆能够验证其接收到的消息，其代价是需要额外的周期性广播的带宽开销和更长的认证延迟，确定所述广播周期的大小是一个需要考虑的设计因素，采用更大（或更小）的广播间隔会导致更少（或更多）的带宽消耗，以及更长（或更短）的认证延迟。需要注意的是，交通路线/安全消息的目的是向其他驾驶人提供早期预警，但是延迟到达的路线/安全信息会显著降低其有效性。因此如何平衡认证延迟和因周期性广播散列链 tip 而产生的带宽消耗之间的关系是一项具有挑战性的任务。

本节首先考虑一个如图 6-9 所示的高速公路单车道场景，其中，车辆 A 进入 O 的传输范围，这里关注的是针对所建议的安全机制在测试时间内会影响多少辆车。假设每辆车在假想小区的中心，其中小区是由传输范围 R 定义的，并且公路上车辆的位置是按照每公里 η 台车辆的密度随机分布的，这个假设广泛用于

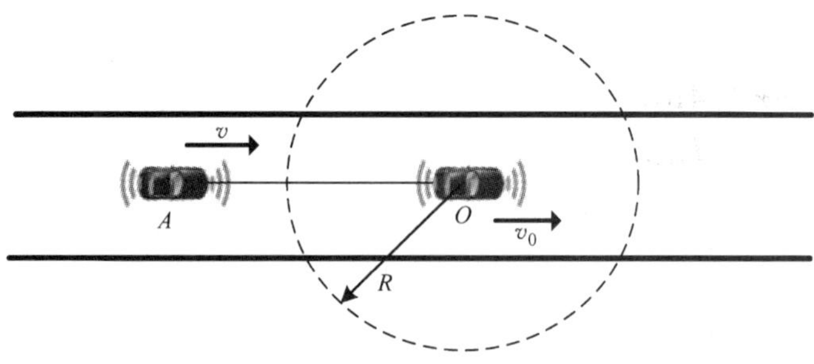

图 6-9　单车道高速公路场景

交通流量建模中［30－32］。车辆 A 和参考车辆 O 之间距离的概率密度函数由下式给出

$$f(l)=\frac{1}{T(v-v_o)_{\max}},\ 0\leqslant l\leqslant T(v-v_0)_{\max} \tag{6.11}$$

式中，l 表示 A 和 O 之间的距离；v_0 和 v 分别是基准速度和进入速度。这种假设是合理的，因为：①在任何时间快照点的所有车辆在车道上的位置可以具有相等概率；②通常在高速公路上会有几个热点，那里车辆的密度会比道路上其他区域更高。在城市中有些地区（如出租车上客/下客区）会经常挤满了汽车，但是在高速公路上正常情况下很少会有车辆聚集的情况发生。此外，假设 v 遵循参数 $(\bar{v},\sigma)$ 截短的高斯分布。在高速公路上，驾驶人必须遵守速度限制，但是仍然会有一些超速车辆和低速车辆。库利和胡贝卡［33］使用 2002 年联邦公路管理局公路统计并应用蒙特卡洛仿真模型，以及一个闭合形式分析估算模型证明了高速公路上车辆的速度符合截短的高斯分布。因此，在测试时间 T 车辆 A 进入车辆 O 的虚拟小区的概率可以表示为 $P(l-R<(v-v_0)T|v)$，并且有

$$\begin{cases} P_T = Prob\{\text{在 } T \text{ 内某车辆进入传输范围}\} \\ \quad = \iint P(l<(v-v_0)T+R|v)f(v)\,\mathrm{d}l\mathrm{d}v \\ \quad = \dfrac{1}{\sigma\sqrt{2\pi}T(v-v_0)_{\max}}\displaystyle\int_{v_L}^{v_H}((v-v_0)T+R)\cdot exp\left(-\frac{v-\bar{v}^2}{2\sigma^2}\right)\mathrm{d}x,\text{其中 } v>v_0 \end{cases} \tag{6.12}$$

或 $P_T=0$，$v\leqslant v_0$。在单车道，所有车辆进入参考小区 P_T 的概率都相同，可以被看作是一个“成功”的试验；而不进入 $1-P_T$ 的概率可以看作是一个“失败”的试验。如果车道上车辆的数量，近似于 $\eta T(v-v_0)_{\max}$，可以看成是 n 个独立试验，使用二项式分布对进入参考小区车辆的数目的分布进行建模。那么进入小区车辆的平均数目由下式给出

$$E[k]=nP_T \tag{6.13}$$

式中 n 是车道上车辆的数目，它可以通过 $\eta T(v-v_0)_{\max}$ 近似给出。

注意，根据单一车道车辆均匀分布的假设，单车道方案可以很容易地通过乘以车道数扩展到多车道情形，从而得到 $E[k]$。因为车辆之间的无线电反射，虚拟小区可以被看作是一个矩形，这也证实了我们的假设。

图 6-10 显示了不同的广播间隔发布散列链认证 tip 时每条消息消耗的平均带宽。从图中可以看出，广播间隔越大，每条消息所消耗的平均带宽就越小。此外当广播间隔达到 10 后，带宽消耗的降低就不再明显，更有趣的是，当广播间隔大于 20 时，带宽的消耗趋于稳定。这样根据仿真配置建议将广播间隔设定为约

6s，即图中的曲线拐点，使得车辆能够获得带宽消耗的最快下降，同时还能增加广播间隔。

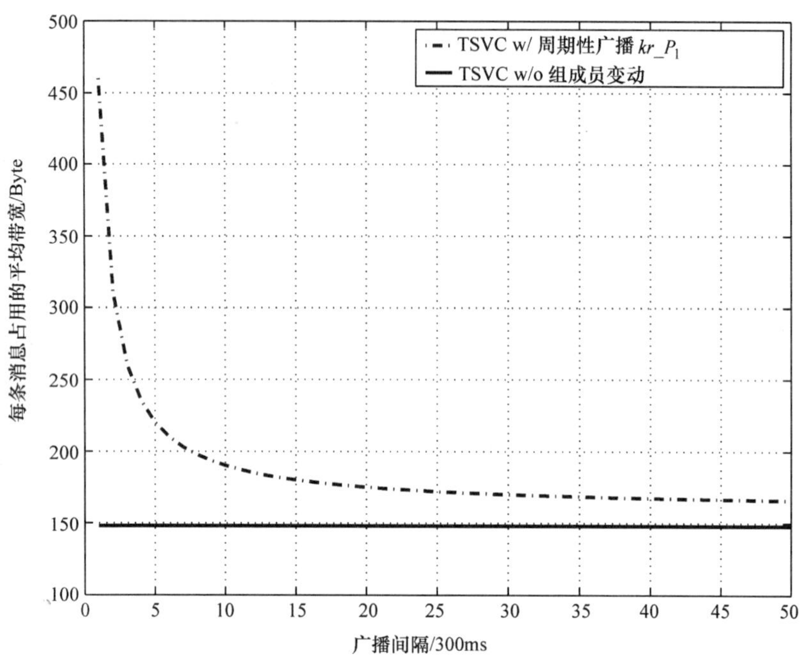

图 6-10　不同广播间隔占用的平均带宽

另外，从图中可以看出，当广播间隔 $T=20$ 时相对于 $T=10$ 来说，对带宽消耗的保护非常有限。由于车辆能够感测到一台正在接近车辆的速度，本节建议的实现自适应广播认证 tip 的策略描述如下：当车辆观察到与邻近车辆之间有很大的速度差时，它将采用较小的广播间隔，如 $T=10$，以较大的带宽消耗为代价换取可接受的认证延时。否则，它采用正常广播的间隔，如 $T=20$，以获得认证延迟和带宽消耗之间的最佳平衡。

下面将研究定期广播机制对新加入车辆的影响。假设高速公路上车辆的平均速度 $\bar{v}$ 为 100km/h，图 6-11 给出了在不同的广播间隔下受影响车辆的平均数量（表示为 $E[k]$）与车速标准偏差（表示为 σ）之间的关系。从图中可以看出，当 σ 较小时，受影响车辆的数目是适中的，它并不随 σ 的增加而显著增加。但是当 σ 较大时，受影响车辆的数目随 σ 的增加而显著增加。这表明针对影响车辆的平均数量，广播时间间隔的长度对所提出的机制可能有显著的影响，特别是当 σ 较大的时候。

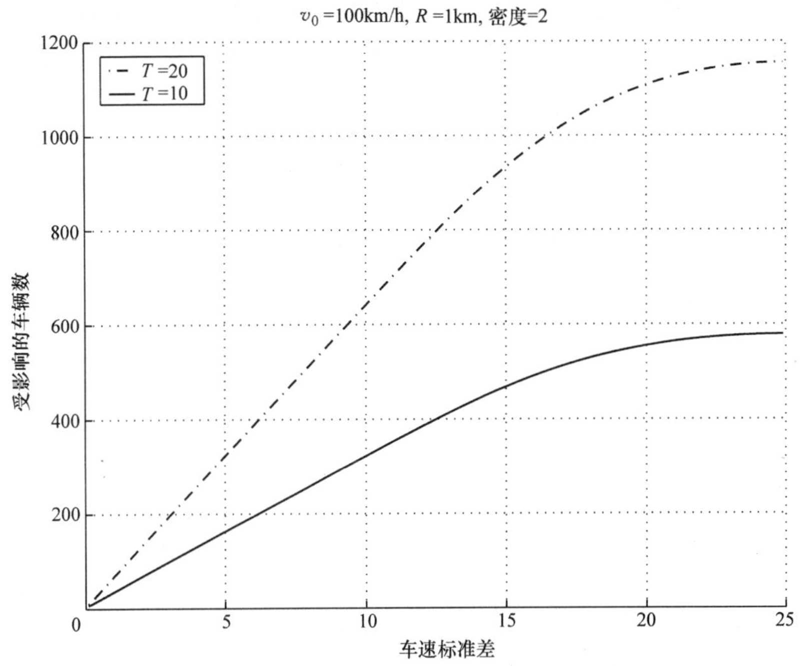

图 6-11　由于车速标准偏差而受影响的车辆

6.3　安全分析

本节针对 TSVC 方案进行安全性分析，如下所示。

- 数据源隐私：本方案对数据源的隐私进行了很好的保护，因为每辆车在初始化阶段预先安装了一组匿名公私密钥对及对应的公钥证书。当车辆广播数据包时，它只需要选择一对密钥，其中私钥用于签署第一个密钥发布包。本方案使用的是数据源的伪标识，所以 TSVC 方案不会泄露车辆的真实身份。此外，由于每个匿名公钥证书具有较短的有效期，这使得通过匿名证书跟踪单个驾驶人的方式难以实现。
- 可追溯性：权力机关总是可以通过查找数据库将真实身份和伪标识关联起来，以便在发生争议时还原事情的真相。
- 数据源认证：TSVC 方案可以高效地认证数据源，以适应车辆的通信场景，具体描述如下：第一密钥发布包由私钥签名，该私钥对应于一个匿名公钥证书，签名算法为 ECDSA。ECDSA 是一种安全、高效的数字签名方案，任何人都可以明确地验证第一个密钥发布包。之后，封装在第一个密钥发布包中的密钥能够被用来认证第一数据包。同时，由于在方案中使用了安全单向函数，随后到达的数据包也可以快速地被认证。如果攻击者可以伪造第一个认证密钥发布包，这会与椭圆曲线离散对数难度问题相矛盾。另一方面，如果攻击者可以伪造后面的认证报文，它将与安全散列函数的单向假设矛盾。因此 TSVC 方案可以用来实现数据源认证。

- 抵御重放攻击：因为时间戳被嵌入到每个数据包中，用来验证其有效性，所以 TSVC 方案可以防止重放攻击。

6.4 性能评估

本节采用 ns－2［35］进行仿真验证该方案的效率和适用性。本节主要仿真在使用本章的安全方案时导致的平均数据包延迟（PD）和平均丢包率（PLR），并与一些传统的基于公钥的安全方案相比较。对于 PLR，只考虑由安全机制造成的包丢失，而不考虑由无线信道造成的包丢失。

在路侧通信方面，针对高速公路和城市交通两个场景进行了仿真，并且在每个方向上均支持三个车道。在高速公路场景下，初始时车辆间具有相等车辆间距，然后开始均匀地以（$v\pm10$）km/h 为变化范围随机地改变速度，其中 v 是仿真中各车辆的平均速度。在城市场景中，为充分估计真实的城市道路环境和车辆交通，本节使用了 Saha 和 Johnson［34］开发的专门用来为车辆生成 ns－2 格式的交通场景文件的移动模型生成工具，该工具使用了可公开获得的由美国人口普查局发布的拓扑综合地理编码和参考（TIGER）数据库，其中包含了美国各个城市的详细街道图。仿真中采用的地图如图 6-12 所示，这是休斯敦阿夫顿橡树区

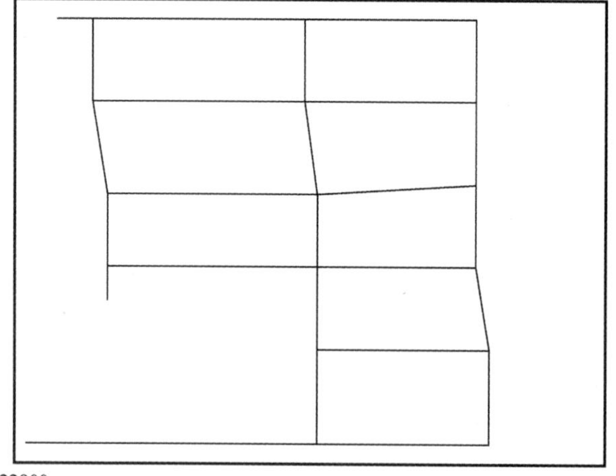

图 6-12　500m 跨度的城市地图

的一部分。车辆首先随机地散布在道路上的一个交叉点，并重复地沿着地图上限制的道路向随机选择的交叉点移动。车辆根据道路速度限制以 35 ~ 75mile/h（1mile/h = 1.6km/h）及 5mile/h 的随机波动范围移动。所有的仿真参数列于表 6-3 中。

表 6-3　仿真配置

高速公路仿真范围	2500m × 50m
城市仿真范围	500m × 500m
通信范围	300m
仿真时间	100s
信道带宽	6MB/s
无线协议	802.11
暂停时间	0s
数字签名签发延迟	1.52ms
消息验证延迟	4.14ms
MAC 生成/验证延迟	1ms
TSVC 数据包长度	120Byte
签名消息长度	200Byte
用于 TSVC 的缓存大小	80 包①
用于 PKI 的缓存大小	2 包

① 缓存的大小应当足够存储在密钥发布延迟期（时长为 δ）所接收到的消息。

首先需要测试在高速公路情景下通过基于 IEEE802.11p 无线信道发送消息的时间。因为大部分的传输延迟是因无线信道竞争而造成的，这意味着当交通密度最高时，信息传输时间也将达到最长。本节针对交通拥挤情景进行了仿真，其中通信范围设定为 300m，车间距离设定为 5m。从仿真结果看，最长传输延迟是 6.467ms。因此后面的仿真将密钥发布延迟 δ 保守地设定为 100ms，这比实际延迟要大得多，并由此保证了绝对安全。

然后，本节开展了两组仿真验证，第一组仿真研究在公路场景下由车辆移动速度造成的影响，第二组仿真研究在公路和城市（地面道路）场景下由车辆密度造成的影响。

PD 矩阵是由数据包在发送方应用层生成至接收车辆有机会对接收到的数据做出反应的所有时间段组成的。对于传统的基于公钥的协议，成功传输一个消息的等待时间由下式给出：

$$t_{sign}(M) + t_{trans} + t_{queue} + t_{verify}(Cert) + t_{verify}(M) \tag{6.14}$$

对于 TSVC 方案，成功传输一个消息的等待时间则由下式给出：

$$t_{trans} + t_{queue} + t_{verify}(MAC) + t_{1-hash} \tag{6.15}$$

方案中任何由加密操作引起的延迟均被自动地视为 ns-2 仿真延迟，具体值根据基于加密库 MIRACLE［36］的算法得出。

6.4.1 车辆移动速度的影响

在第一组的仿真中，v（即车辆的平均速度）的变化范围为 10~40m/s（36~144km/h）。最初的车辆间距为 30m。针对 PD 和 PLR 的仿真结果如图 6-13 所示。在这两个方案中，速度的变化对 PD 和 PLR 的影响不太大。由此可以看出，本章提出的 TSVC 方案产生较大的 PD 值，该值相对于密钥发布延迟 δ 来说是可以忽略的。对于 TSVC 延迟稍大于 100ms，根据［17］为了满足驾驶人的反应，最大允许消息延迟大约是 100ms。因此，两种方案都可满足要求。对于 PLR，在正常的交通密度下与基于 PKI 的方案相比，TSVC 产生的丢包率要低得多。

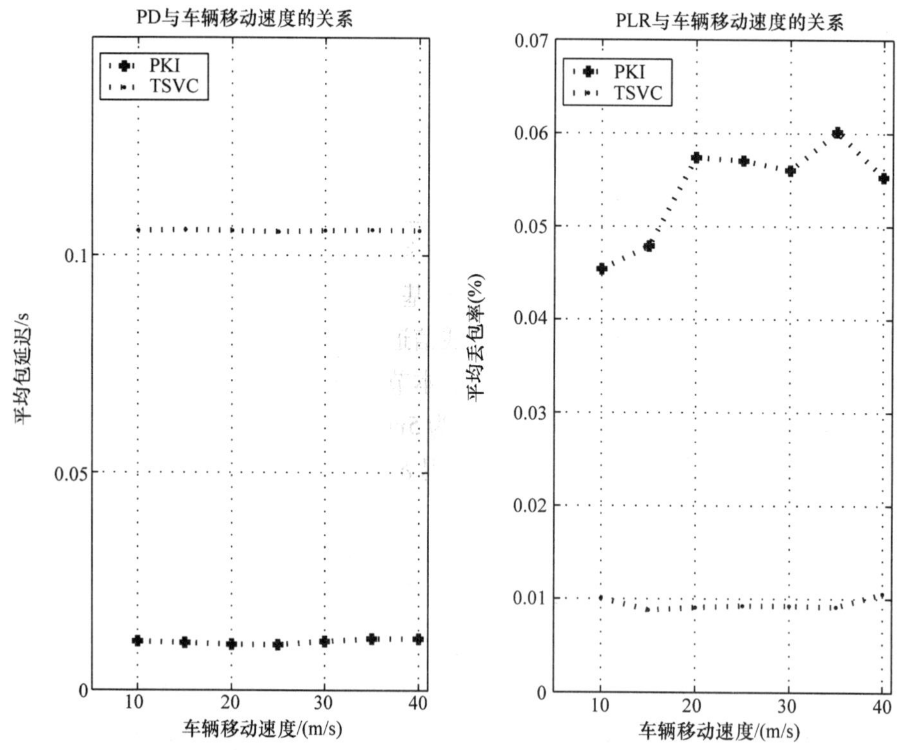

图 6-13 车辆移动速度的影响

6.4.2　车辆密度的影响

第二组仿真研究了公路和城市交通节点密度的影响。城市交通与高速公路交通具有不同的交通模型，通常城市交通的密度要高于高速公路上交通的密度。从图 6-14 上可以看到，TSVC 具有比 PKI 更高的但可接受的包延迟。此外，这两种方案的包延迟在交通密度增加时不会有很大的变化。从图 6-15 上可以看到，传统的基于公钥的协议要面临高得多的包丢失率，当车辆密度大于 40 时，将达到 47%，这使得其在实际使用中变得不可行。然而，本章提出的 TSVC 方案的丢包率是稳定的，不会随着车辆密度的增加而发生变化。

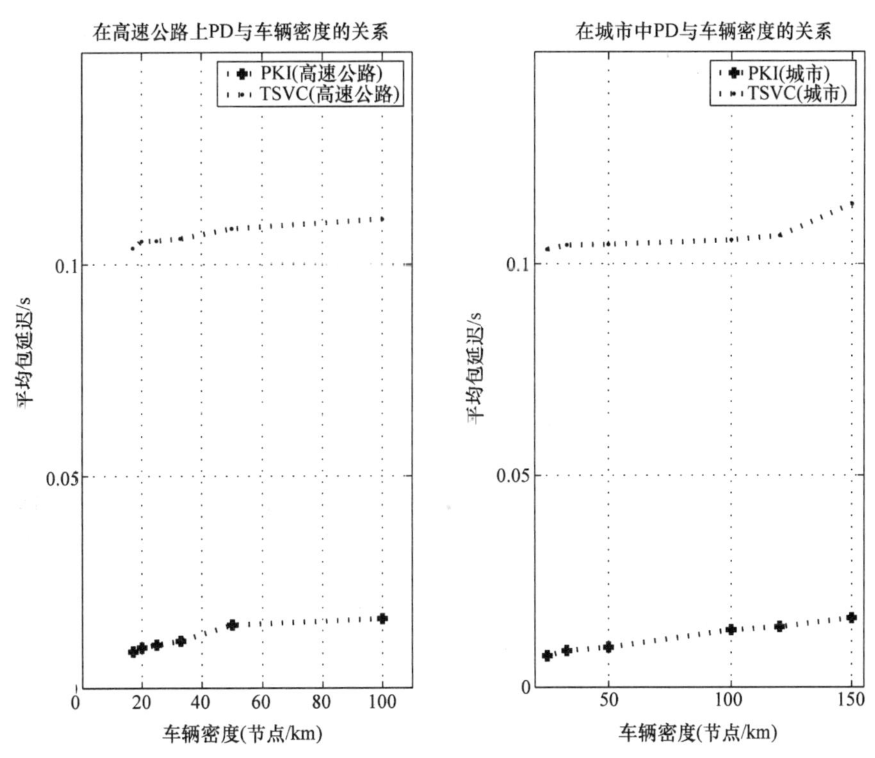

图 6-14　PD 和车辆密度的关系

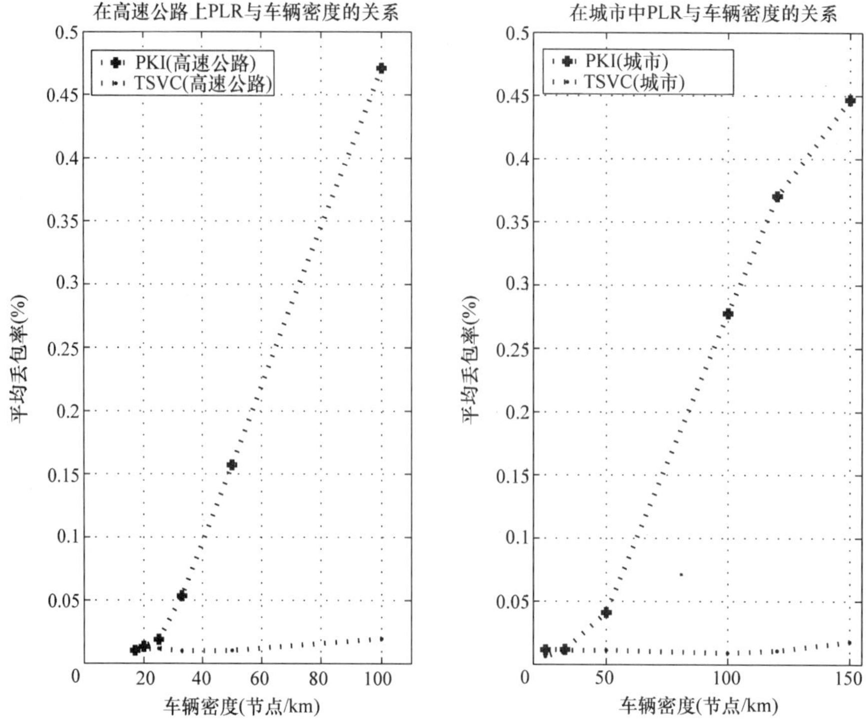

图 6-15　PRL 和车辆密度的关系

6.5　结论

本章提出了一种新颖的 TSVC 安全方案，以实现高效和安全的车辆通信。该方案不仅满足了各种安全需求和驾驶人的隐私需求，还实现了数据包开销和计算延迟方面的高效率。本章通过严格的分析和广泛的仿真证明了它的实用性。

参考文献

1. A. Perrig, R. Canetti, J. D. Tygar, and D. Song, "The TESLA broadcast authentication protocol," *CryptoBytes*, vol. 5 no. 2, pp. 2–13, 2002.
2. X. Lin, X. Sun, X. Wang, C. Zhang, P. Ho, and X. Shen, "TSVC: Timed efficient and secure vehicular communications with privacy preserving," *IEEE Transactions on Wireless Communications*, vol. 7, no. 12-1, pp. 4987–4998, 2008. (Available online at http://dx.doi.org/10.1109/T-WC.2008.070773.)
3. L. Lamport, "Password authentication with insecure communication," *Communications of the ACM*, vol. 24, no. 11, pp. 770–772, 1981.
4. R. L. Rivest and A. Shamir, "Payword and micromint: Two simple micropayment schemes," *Proc. Security Protocols Conference*. Springer, 1997, pp. 69–87.

5. Q. Huan, I. C. Avramopoulos, H. Kobayashi, and B. Liu, “Secure data forwarding in wireless ad hoc networks,” *Proc. IEEE International Conference on Communications, 2005. (ICC’05)*, IEEE, 2005, vol. 5, pp. 3525–3531.
6. P. Golle and N. Modadugu, “Authenticating streamed data in the presence of random packet loss,” *Proc. Network and Distributed System Security (NDSS) Symposium*, Internet Society, 2001, vol. 1, pp. 13–22.
7. A. Perrig, R. Szewczyk, J. Tygar, V. Wen, and D. E. Culler, “Spins: Security protocols for sensor networks,” *Wireless Networks*, vol. 8, no. 5, pp. 521–534, 2002.
8. A. Studer, F. Bai, B. Bellur, and A. Perrig, “Flexible, extensible, and efficient VANET authentication,” *Journal of Communications and Networks*, vol. 11, no. 6, pp. 574–588, 2009.
9. A. Perrig, R. Szewczyk, J. Tygar, V. Wen, and D. E. Culler, “Spins: Security protocols for sensor networks,” *Wireless Networks*, vol. 8, no. 5, pp. 521–534, 2002.
10. P. Ning, A. Liu, and W. Du, “Mitigating dos attacks against broadcast authentication in wireless sensor networks,” *ACM Transactions on Sensor Networks*, vol. 4, no. 1, p. 1, 2008.
11. Q. Li and W. Trappe, “Staggered TESLA: A multicast authentication scheme resistant to DoS attacks,” *Proc. Global Telecommunications Conference, 2005 (GLOBECOM’05)*, IEEE, 2005, vol. 3, pp. 1670–1675.
12. C. Antognini and A. Trivadis, “Bloom filters,” http://antognini.ch/papers/BloomFilters 20080620. (pdf), 2008.
13. L. Fan, P. Cao, J. Almeida, and A. Z. Broder, “Summary cache: A scalable wide-area web cache sharing protocol,” *IEEE/ACM Transactions on Networking*, vol. 8, no. 3, pp. 281–293, 2000.
14. B. D. Davison, “A web caching primer,” *Internet Computing, IEEE*, vol. 5, no. 4, pp. 38–45, 2001.
15. A. Broder and M. Mitzenmacher, “Network applications of bloom filters: A survey,” *Internet Mathematics*, vol. 1, no. 4, pp. 485–509, 2004.
16. J. K. Mullin, “A second look at bloom filters,” *Communications of the ACM*, vol. 26, no. 8, pp. 570–571, 1983.
17. CVSC Consortium et al., *Vehicle Safety Communications Project: Task 3 Final Report: Identify Intelligent Vehicle Safety Applications Enabled by DSRC*,” National Highway Traffic Safety Administration, US Department of Transportation, Washington DC, 2005.
18. M. K. Reiter, K. P. Birman, and R. Van Renesse, “A security architecture for fault-tolerant systems,” *ACM Transactions on Computer Systems*, vol. 12, no. 4, pp. 340–371, 1994.
19. M. K. Reiter, K. P. Birman, and R. Van Renesse, “A security architecture for fault-tolerant systems,” *ACM Transactions on Computer Systems*, vol. 12, no. 4, pp. 340–371, 1994.
20. V. Roca, A. Francillon, and S. Faurite, “The use of TESLA in the ALC and norm protocols,” Internet Engineering Task Force (IETF) work in progress, 2007.
21. J. B. Kenney, “Dedicated short-range communications (DSRC) standards in the United States,” *Proceedings of the IEEE*, vol. 99, no. 7, pp. 1162–1182, 2011.
22. M. Raya, P. Papadimitratos, and J.-P. Hubaux, “Securing vehicular communications,” *IEEE Wireless Communications Magazine, Special Issue on Inter-Vehicular Communications*, vol. 13, no. LCA-ARTICLE-2006-015, pp. 8–15, 2006.
23. T. L. Willke and N. F. Maxemchuk, “Coordinated interaction using reliable broadcast in mobile wireless networks,” *Proc. NETWORKING 2005. Networking Technologies, Services, and Protocols; Performance of Computer and Communication Networks; Mobile and Wireless Communications Systems*. Springer, 2005, pp. 1168–1179.

24. A. Perrig, R. Canetti, J. D. Tygar, and D. Song, "Efficient authentication and signing of multicast streams over lossy channels," *Proc. IEEE Symposium on Security and Privacy, 2000, S&P 2000*. IEEE, 2000, pp. 56–73.
25. "Tamper resistant security," https://www.thales-esecurity.com/solutions/by-technology-focus/tamper-resistant-security.
26. "Trusted computing group," http://www.trustedcomputinggroup.org/.
27. "Average cost of hard drive storage," http://www.statisticbrain.com/average-cost-of-hard-drive-storage/.
28. Cars are parked 95 percent of the time." Let's check!" http://www.reinventingparking.org/2013/02/cars-are-parked-95-of-time-lets-check.html.
29. D. Jiang and L. Delgrossi, "IEEE 802.11p: Towards an international standard for wireless access in vehicular environments," *Proc. Vehicular Technology Conference, 2008 (VTC'08). Spring 2008 IEEE*. IEEE, 2008, pp. 2036–2040.
30. M. Nekovee, "Modeling the spread of worm epidemics in vehicular ad hoc networks," *Proc. Vehicular Technology Conference, 2006 (VTC'06)*, IEEE, 2006, vol. 2, pp. 841–845.
31. F. Dion, H. Rakha, and Y.-S. Kang, "Comparison of delay estimates at under-saturated and over-saturated pre-timed signalized intersections," *Transportation Research Part B: Methodological*, vol. 38, no. 2, pp. 99–122, 2004.
32. J. Zhao, Y. Zhang, and G. Cao, "Data pouring and buffering on the road: A new data dissemination paradigm for vehicular ad hoc networks," *IEEE Transactions on Vehicular Technology*, vol. 56, no. 6, pp. 3266–3277, 2007.
33. J. E. Khoury and A. Hobeika, "Incorporating uncertainty into the estimation of the passing sight distance requirements," *Computer-Aided Civil and Infrastructure Engineering*, vol. 22, no. 5, pp. 347–357, 2007.
34. A. K. Saha and D. B. Johnson, "Modeling mobility for vehicular ad-hoc networks," *Proc. 1st ACM International Workshop on Vehicular Ad Hoc Networks*. ACM, 2004, pp. 91–92.
35. J. Lin, S. Sedigh, and A. Miller, "A general framework for quantitative modeling of dependability in cyber-physical systems: A proposal for doctoral research," *Proc. 33rd Annual IEEE International Computer Software and Applications Conference, 2009 (COMPSAC'09)*. IEEE, 2009, vol. 1, pp. 668–671.
36. M. Scott, "MIRACL–multiprecision integer and rational arithmetic C/C++ library," Shamus Software Ltd, Dublin, Ireland, URL¡ http://www.shamus.ie, 2003.

第 7 章　分布式合作消息认证

7.1　概述

前面的章节讨论了车辆和 RSU 共同工作以确保每辆车所接收消息的完整性和真实性。第 5 章描述了 RSU 辅助消息认证的方案，这里 RSU 负责验证来自于车辆的消息的真实性，然后向其他车辆发送验证结果。因为该方案是在 RSU 辅助下使用 MAC 验证车辆之间的通信，所以该消息的认证处理过程适用于车辆通信。但是，该方案要求 RSU 直接参与消息的认证过程。在没有广泛部署 RSU 的情况下，例如在 VANET 部署的早期阶段，这种方法是无效的。第 6 章使用了快速对称加密技术，它允许车辆彼此合作以验证接收到的消息。它是一个基于 TESLA（定时高效流损失容错认证）的技术方案，基于 TESLA 的方案需要预先为一个给定的车辆生成多个散列链。车辆随机选择一个链，并向周围邻居广播链的 commitment。该消息由传统的基于 PKI 的数字签名技术提供保护。然后车辆使用链中的元素生成用于认证消息源的消息验证码（MAC）。它的邻居能够通过这些 MAC 验证相关联的消息。但是车辆网络拓扑结构的高动态性可能会影响该方案的有效性。

本章将介绍一种高效的合作式消息认证方案，该方案将不直接涉及一个可信机构（TA）[1]。该方案由一组相邻的车辆用户共同执行，通过必要的车辆间的协调，最大限度地减少不同车辆针对同一消息的冗余认证工作。该方案还鼓励合作，并能够防止搭便车攻击。首先，本章建议的合作认证方案并不涉及车辆间的互动，通过大量的仿真为车辆用户在不同的参数设置条件下推导出最佳策略。其次，为了抵御那些不使用假认证成果的搭便车攻击（以下简称被动搭便车攻击），本方案加入了证据令牌机制。这个机制使得 TA 能够根据车辆的合作历史灵活地控制那些具有合作能力的车辆。合作车辆需要进一步地提供认证证明，以便抵抗涉及假认证成果的搭便车攻击（以下简称为主动搭便车攻击）。因为不能自由地访问其他人的合作成果，所以可以有效地阻拦一个人的自私行为。第三，本章在仿真环境中评估了提出方案的性能。在以下的叙述中，术语“车辆”“车辆用户”“驾驶人”和“用户”是可以互换的。

本章的 7.2 节给出了问题的描述，包括网络模型和安全模型；7.3 节提出了合作认证方案的基本版本；7.4 节介绍了针对安全问题的扩展；7.5 节和 7.6 节分别提供了所提方案的安全性分析和性能评估；最后，7.7 节给出了本章的结论。

7.2 问题描述

7.2.1 网络模型

本章考虑一个由大量车辆 $V=\{v_1, v_2, \cdots, v_\mu\}$ 组成的 VANET 网络，车辆上安装的 OBU 能够与周围其通信范围 tr_v 内的邻近车辆进行通信。一个中央 TA 向车辆用户提供注册服务，在此期间车辆的假名和相应的秘密信息被更新和存储在车辆的 OBU 中。有限数量的 RSU 需要部署在 VANET 中。当车辆接近 RSU 时，TA 可以与车辆用户通过 RSU 进行无线通信会话。RSU 具有无线和有线的连接方式，RSU 能够与在通信范围 $tr_r(>tr_v)$ 内的 OBU 进行无线通信。有线连接允许 RSU 之间以安全可靠的方式进行通信。

为了达到保护位置隐私［2］的目的，本章采用了多项假名技术。具体来说，是将一组非对称密钥对分配给车辆，然后将公钥作为假名交替使用。车辆随时间经常变换用于身份验证的假名，并通过新旧假名之间的无关联性达到保护位置隐私的目的。如果车辆的假名用完了，TA 会将新的假名分配给车辆。此外，TA 可以将假名关联到一个特定的车辆，这使得 TA 能够跟踪和控制车辆的行为。

7.2.2 安全模型

本章的安全模型假设所有车辆均信任 TA，并且任何攻击者都不能对 TA 造成危害。本章不考虑车辆受损或外部敌人的攻击，而只关注合作认证中用户的自私行为。由于合作认证发生在无人值守和自主的环境中，车辆可能会自私地享受其他车辆的认证贡献，却很少做出自己的贡献。这种自私的行为被称为搭便车攻击，它对合作消息认证构成了严重威胁。一方面，合作行为可以在很大程度上降低每台车辆的认证开销；另一方面，期望的好处似乎是为了免费，并可能由此触发搭便车攻击。本章考虑以下三种类型的安全威胁：

1）链接攻击。认证链接对于 TA 识别行为不端的用户是必要的。在链接攻击中，恶意用户谎称它已经验证了多个消息签名对，而且还禁止 TA 追查其唯一的标识符，以逃避处罚。

2）无认证的搭便车攻击（或被动搭便车攻击）。这种攻击是由一个恶意用户在不花费代价的情况下享受其他用户的认证成果，例如通过被动地监听附近用户发送的信息。它减少了攻击者的认证开销并破坏了用户间的公平性。

3）假认证的搭便车攻击（或主动搭便车攻击）。这种攻击是由一个主动的恶意用户发出，它通过生成假的认证而参与到合作认证协议中。考虑到合作认证处理过程中的异步情况，攻击者检查其他用户的认证成果，并将这些认证成果伪造成其本身的工作。通过这样做，它实际上并没有验证任何原始的消息，但却提供了有效的认证成果，因为这些签名已经被其他人检查了。这种攻击比第二种攻击更加智能，附近的用户或TA几乎不可能将其检测出来。

为了抵御这些攻击，激励自主车辆之间的合作，确保合作中的公平性是非常重要的。具体而言，一辆车付出的努力越多，获得的利益也越多。换句话说，任何自私用户不可能在它本身不做任何贡献的情况下而享受其他用户的工作成果。

7.3 基本合作认证方案

考虑某小区内有 x 辆车，它们彼此之间能够直接进行通信，有 y 条消息提供给这些车辆，每条消息包含一个唯一的索引，并附加有一个签名。这 x 辆车需要通过验证附加在消息上的签名来认证这 y 条消息。C_v表示验证一个签名的成本，C_s表示产生一个签名的成本。下面将分别分析非合作式认证的情况和合作式认证的情况。

非合作情况：车辆不在消息认证上进行合作。它们各自独立地验证 y 个签名。每台车的验证成本为 $C_1^{nc} = y \times C_v$，所有 x 辆车的总验证成本为 $x \times y \times C_v$。

合作情况：x 辆车合作认证 y 个签名。车辆 v_i的合作策略可以描述如下：

1）基于（x，y），车辆 v_i随机选择签名并认证 $v_{x,y}$，其中 $0 \leqslant v_{x,y} \leqslant y$。这些签名用（$s_{i,1} \cdots$，$s_{i,v_{x,y}}$）表示，相应的消息由（$m_{i,1}$，$\cdots$，$m_{i,v_{x,y}}$）表示。

2）用户 v_i对消息 $m_{i,c} = (m_{i,1}, pid_{i,1}) \| \cdots \| (m_{i,v_{x,y}}, pid_{i,v_{x,y}})$生成一个集成签名 $s_{i,c}$，然后将（$m_{i,c}$，$s_{i,c}$）与原始消息的索引一起发送给邻近的车辆。

3）用户 v_i认证其他用户的集成签名。

4）用户 v_i认证那些没有被集成签名所覆盖的其余签名。

在步骤1）和2）中，车辆 v_i做 $v_{x,y}$认证并生成一个签名。认证开销在这两个阶段并没有减少。然而，在第3）步，对剩余的 $y - v_{x,y}$个签名，车辆 v_i并不需

要做 $y-v_{x,y}$ 个认证。相反，它验证集成签名，每个覆盖多个原始签名。这里认为所有的车辆在步骤 1 选择相同的值 $v_{x,y}$，并且每台车辆验证所有的集成签名。每台车的认证开销为 $C_1^c=(x-1+v_{x,y})\times C_v+C_s$；所有车辆的总开销为 $x\times[(x-1+v_{x,y})\times C_v+C_s]$。

图 7-1 显示了在消息验证中合作的好处，其中 $x=10$ 的用户拥有 $y=100$ 个普通消息—签名对。已经被一辆车验证的消息的数量用被车辆执行的认证数量来表述。圆和加号线表示合作/非合作认证的性能。阴影区域显示了通过合作认证可以获得的利益。例如：如果一辆车以非合作方式验证 39 个签名，则它获得了 39 条认证的消息；如果一辆车通过以上介绍的合作认证了（30+9）个签名，则它将接收 87 条验证了的消息。由此可以看出，车辆可以通过验证 9 个集成签名而获得较大的好处。就 $v_{x,y}$ 而言，方块线表示已经被集成签名覆盖的原始签名的数量。

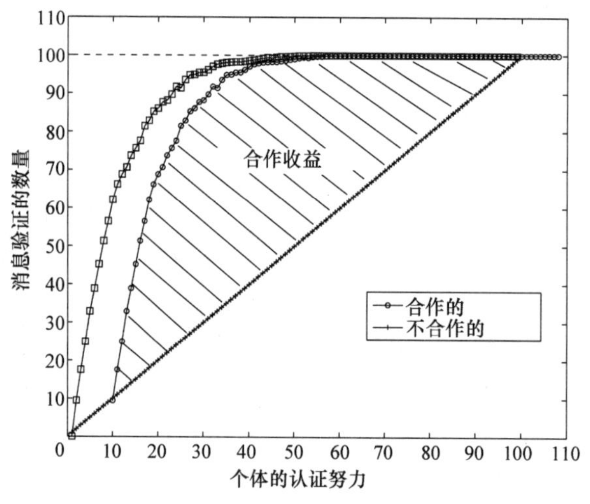

图 7-1　合作的收益

当每辆车希望验证所有 y 个消息，通过运行一个 100000 轮的仿真以获得最佳的 $\rho=v_{x,y}$，以便各车辆能维持一个最小的认证开销。本书选择 $x=2$，4，6，8，10，15，20 和 $y=100$。每辆车的开销为 $f(\rho)=(x-1+\rho+100-c_\rho)\times C_v+C_s$，其中 c_ρ 是涵盖所有集成签名的原始签名的数量。值得注意的是，$(x-1)\times C_v$ 是用于验证集成签名的开销。图 7-2 显示了仿真结果。7.6 节将采用该结果进行性能分析。

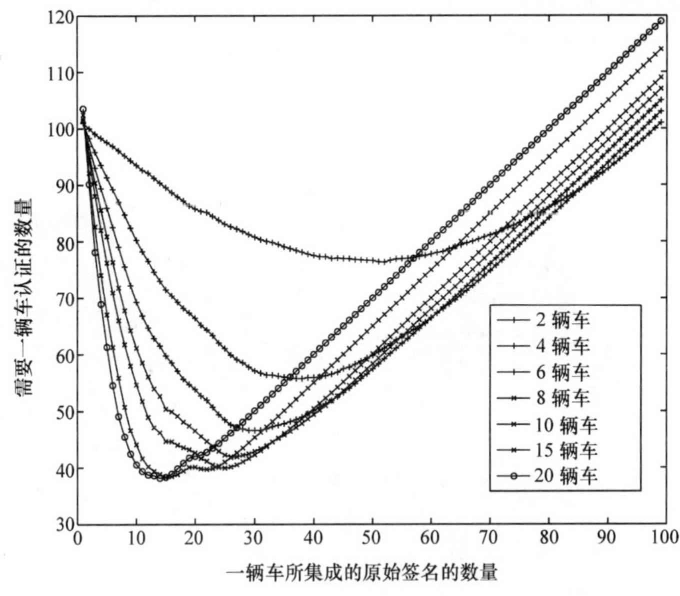

图 7-2　原始签名的优化数量

7.4　安全合作认证方案

本节对基本方案进行了改进，以应对自私行为。据观察，如果一辆车不产生集成签名，它总是能够比那些产生签名的车辆在消息验证上消耗更少。因为VANET是高度动态的环境，且需要用假名保证车辆的隐私，车辆之间的合作可以被视为非重复的游戏，这种缺陷将成为个别车辆实施其自私方案的最佳策略。为了克服这个缺陷，本节引入一个证据 - 令牌机制和基于身份的签名方案，然后提出了一个安全合作认证方案，为车辆提供一种高效安全的合作平台。最后，还要求车辆输出合作证明验证彼此认证工作的源发性。输出这种证据是为了以合理的合作成本防止伪造认证成果的搭便车攻击（或主动搭便车攻击）。

7.4.1　用于实现公平的证据和令牌

证据 - 令牌机制的基本原则是在车辆随时间推移所付出的努力与该车辆从别人那里获得的好处之间进行平衡。该机制要求对时间进行分段，TA 负责根据时间分段维持这一平衡。当车辆经过 RSU 时，TA 通过 RSU 接收来自车辆的证据，评估它在过去时间段所付出的努力，并据此将令牌发送回车辆。TA 不会重复利用这些证据来计算它们所付出的努力。TA 会产生令牌，并将其分发给车辆，以便它们能够验证其他车辆的集成签名。令牌必须是实时性的，否则车辆可能在获得足够多的令牌后与 RSU 断开连接。图 7-3 显示了证据 - 令牌机制。

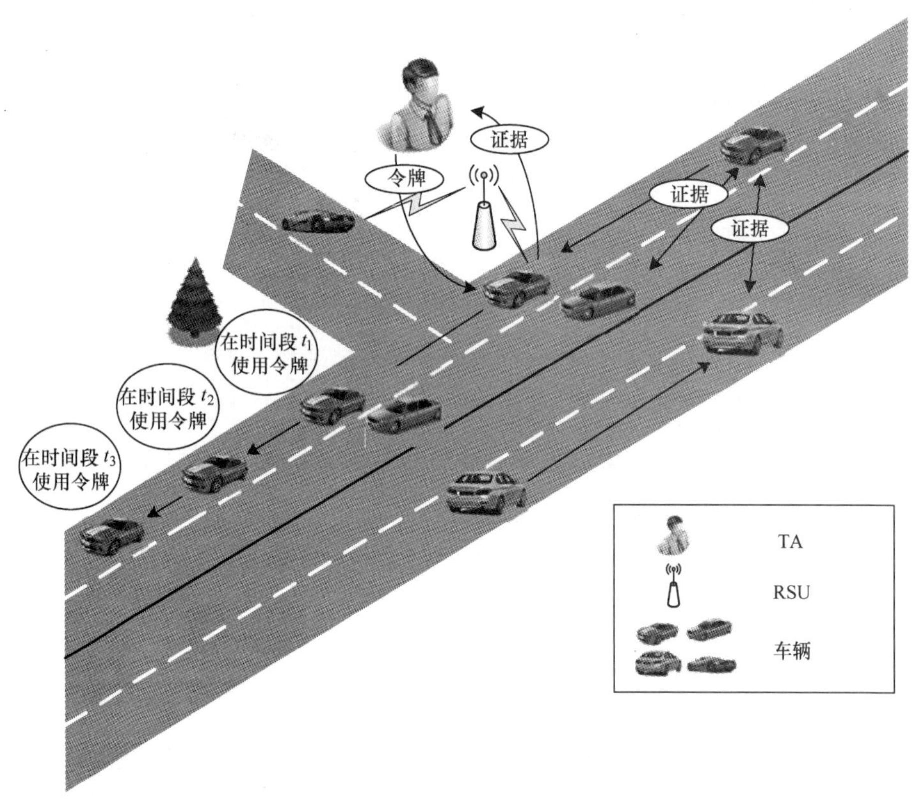

图 7-3　证据 - 令牌机制

7.4.1.1　车辆收集的证据

在基本方案的步骤 1）中，车辆认证一些接收到的原始签名，并在一个时间段内生成一个集成签名。然后它会为它的认证成果创建一个证据，其中包括该时间段、合作车辆的数目 x、原始签名的数目 y 以及包含在集成签名中的原始签名的数目 $v_{x,y}$，并将集成签名和证据发送给其他人。需要注意的是，证据是无法伪造的，并且将被其他车辆公开接收和验证。因为产生和传输证据需要消耗资源，所以每辆车生成的证据的数量是有限的。本节提出了基于地理信息的分布式方案，使车辆能够意识到在本地生成证据的责任。该方法随机和公平地分配生成证据的工作量，并尽量减少证据的数量。这也使好的车辆能够监视潜在的恶意行为。

假设车辆用户 $\{v_1, \cdots, v_x\}$ 都知道地理信息（L_1，…，L_x），其中 L_i 是一个（纬度，经度）元组，代表用户 v_i 的位置，如图 7-4 所示。用户 v_i 建立一个

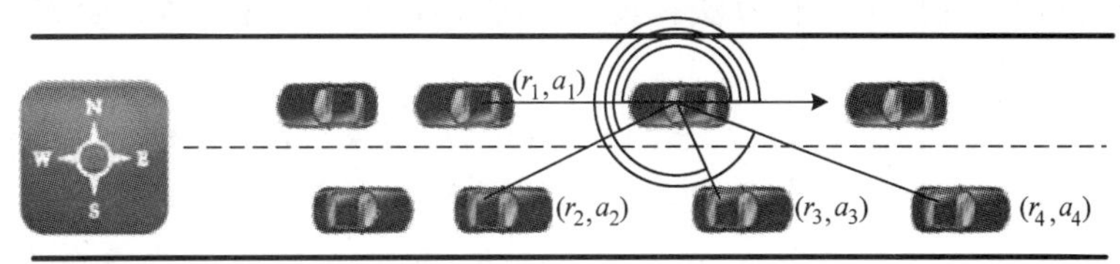

图 7-4 车辆的极坐标系

以其本身为原点、以向东的方向为极轴的极坐标系。另一个用户 v_j在这个坐标系统中有其唯一的极坐标（r_j，a_j），其中 r_j是 v_i和 v_j之间的距离，a_j是角度。所有其他车辆可以依据其极坐标以递增的顺序 $od_i = \{v_{i,1}, \cdots, v_{i,x-1}\}$ 排序。所有的用户 x 都可以获得 od_i。本方案需要为证据生成设定一个时间上限。用户 v_i生成的证据是从 $v_{i,1}$开始的。

- 如果用户 $v_{i,1}$在给定时限生成了一个证据，用户 $v_{i,2}$将会根据用户 v_i的成果检查证据的有效性。如果证据不正确，用户 $v_{i,2}$将继续等待。
- 如果用户 $v_{i,2}$在给定的时限内没有从 $v_{i,1}$收到有效的证据，用户 $v_{i,2}$将记录下用户 $v_{i,1}$这个不负责任的行为及其当前的假名。然后它将在下面的时间段内接管 v_i的证据生成责任。如果 $v_{i,2}$没能这样做，则用户 $v_{i,3}$将被调用。因为每个用户都知道自己在 od_i上的顺序，并且时间上限是固定的，所以如果 v_{j-1}输出这个证据，用户 v_j将负责检查 v_i的证据。如果检查失败，用户 v_j将生成证据。

由于车辆的地理信息完全是随机和不可预测的，车辆用户会公平地共享证据生成的工作。当证据的数目等于车辆的数目时，分配给每辆车的证据的数目为最小。如果某辆车不按要求生成证据，则其他车辆将记录其恶意行为，并报告给 TA。这种行为也将被认为是自私的。需要注意的是，有一种特殊的情况，即所有 $x-1$ 辆车都是不负责任的，但出现这种情况的概率是非常小的。

7.4.1.2 由 TA 生成的令牌

TA 能够平衡车辆的工作量和使车辆从其他车辆获得的好处。基于上述证据，TA 检查由用户 v_i在以前时间段生成的集成签名 $s_{i,c}$的数目，然后根据所提供的证据向用户 v_i分配多个令牌。每个令牌仅在特定的时间段内有效。如果用户 v_i提供了足够的证据证实其正确的行为，TA 会给用户 v_i分配大量的令牌，使 v_i可以在很长一段时间内从其他的车辆获得好处。另一方面，如果 v_i不能提供预期数量的证据，TA 会给 v_i分配较少的令牌，从而使 v_i在与下一个 RSU 联系之前没有足够的令牌。

本章在安全合作认证中采用了基于身份的签密（IBSC）技术［3，4］。IBSC 方案可以用于控制认证的能力，例如验证了一组原始签名之后，用户可以加密集成签名，使得其他用户在进行相应的解密后知道哪些签名已经被验证。具体来说，IBSC 方案包括以下 5 种算法：设置；密钥生成；令牌生成；签密；解密和验证。

- 设置：TA 选择$\mathbb{G}$和$\mathbb{G}_T$，它们是同一个大序列 q 中两个有限循环组。假设$\mathbb{G}$和$\mathbb{G}_T$配备成一个配对，即一个非退化和高效的计算双线性映射 e：$\mathbb{G}\times\mathbb{G}\rightarrow\mathbb{G}_T$，并存在$\forall g, h\in\mathbb{G}$，$\forall a, b\in\mathbb{Z}_q$，$e(g^a, h^b)=e(g, h)^{ab}$[3]。TA 选择$\mathbb{G}$组的一个生成元 g。此外，它还选择随机指数$\beta\in\mathbb{Z}_q$及两个加密散列函数 H：$\{0, 1\}*\rightarrow\mathbb{G}$ 和 $H_1:\mathbb{G}_2\rightarrow\{0, 1\}^n$。TA 设置 $g_{pub}=g^{\beta}$。该系统的公共参数是$(\mathbb{G}, \mathbb{G}_T, e, q, g, g_{pub}, H, H_1, n)$。
- 密钥生成：TA 将伪标识 pid_i及密钥 $psk_i=Q_i^{\beta}=H(pid_i)^{\beta}$分配给用户 v_i。
- 令牌生成：如果用户 v_j在过去的时间段 $t-1$ 提供了的足够的证据，则 TA 为时间段 t 向 v_j分配 $tk_t=H(t)^{\beta}$个令牌。
- 签名加密：在用户 v_i验证了一组原始签名后，它对随后的消息 m 计算签名并对其加密，m 表示组索引。用户 v_i选择一个随机数 r_s，$r_e\in\mathbb{Z}_q$，生成一个集成签名 $s_{i,c}=(s_1, s_2)=(g^{r_s}, psk_i\cdot H(m)^{r_s})$，并输出密文 $C=\{(m\parallel s_{i,C})\oplus H_1(e(g_{pub}^{r_e}, H(t))), g^{r_e}\}$。
- 解密和验证：如果用户 v_i已经获得了令牌 tk_t，它将执行解密，并通过 $m\parallel s_{i,c}=C\oplus H_1(e(g^{r_e}, tk_t))$获得集成签名 $s_{i,c}$，然后通过检查是否存在 $e(s_2, g)=e(H(pid_i), g_{\text{pub}})e(H(m), s_1)$来验证索引为 m 的组。

本章基于 IBSC 方案设计了证据—令牌机制，使得任何没有有效令牌的用户都无法获得集成签名。该 IBSC 方案可以有效地控制验证能力，但仍然无法抵御搭便车攻击。例如如果一个恶意用户直接使用他人的合作成果生成一个综合签名，即使它根本没有检查原始签名，其他用户也无法检测到这种恶意行为。下面的章节将要求每个用户额外输出认证证明，以表明由他们个人实现的认证成果。

7.4.2 认证证明

7.4.1 小节介绍了一种使离线的 TA 通过 RSU 协调用户之间合作的方法。TA 平衡个体之间的贡献和回报，尽最大可能激励用户的合作并公平对待所有用户。但是这种方法无法抵抗搭便车攻击，用户无法区分一个认证成果的真实性，因此 TA 仍会向攻击者颁发有效的令牌。本节考虑使用假认证成果的搭便车攻击（或主动搭便车攻击），攻击者利用其他用户的认证成果并拒绝在合作中做出贡献。

具体地，考虑一个自私的用户 u_i接收来自多个用户 u_{j1}，u_{j2}，…，u_{jk}发送的合作认证成果 e_{j1}，e_{j2}，…，e_{jk}，其中 e_{jx}对应于一个来自于用户 u_{jx}的成果，其组索引为 S_{jx}。利用 IBSC 方案，如果 e_{jx}包含任何不正确的信息，用户 u_{jx}就会很容易地被监测到。据此用户 u_i假定来自其他用户的合作成果是有效的，然后选择一个索引为$S_i \subseteq U_{x=1}^{k} S_{jx}$的子集组，并对索引为$S_i$的集合生成签名作为其合作认证的成果$e_i$。在$S_i$中所有签名都是正确的情况下，其他用户将不能检测到这种自私行为。因为用户u_i没有检查S_i中的任何原始签名，所以攻击成功，从而获得了最大的好处。我们将这种攻击称为使用假认证成果的搭便车攻击（或主动搭便车攻击）。

很明显，u_i这种自私行为对于其他参与合作的用户来说是不公平的。一个直接的解决方案是要求用户同时输出其合作认证成果，但是在分布式无线通信的情况下这种时间同步是极为困难的。下面提出了能够有效抵御上述自私行为的新认证方案，每个消息附着一个签名，采用的签名方案为 Schnorr 签名［5］。

设置：与 IBSC 中的设置算法类似，设 TA($\mathbb{G}$, $\mathbb{G}T$, e, q, g, g_{pub}, H)。TA 额外选择组$\mathbb{G}$的生成器h，并计算$h_{pub}=h^s$。它选择$x\in\mathbb{Z}_q$，并生成$y=g^x$.（x，y）作为用户的私有－公共密钥对。用户还会获得关于y的证书$Cert_y$。

该方案采用 Schnorr 签名［5］方案。考虑消息m_1，m_2，…，m_k附着有签名s_1，s_2，…，s_k，其中$s_i=(\sigma_i, e_i, Q_i)$，$\sigma_i=r_i-xe_i$，$R_i=g^{ri}$，$Q_i=g_{pub}^{ri}$，并且$e_i=H(m_i \parallel R_i \parallel Q_i)$。

用户合作认证这k个签名。在每个验证中，用户将①计算$R'_i=g^{\sigma i}y^{ei}$，②判断是否有$c_i \stackrel{?}{=} H(m_i \parallel R'_i \parallel Q_i)$。很明显，步骤①涉及两个指数操作，同时步骤②需要一个相等性检查。

考虑用户u_i决定对消息$m_x(x\in I)$做合作认证。u_i当前使用化名pid_i，并且它具有密钥$psk'_i=H(pid_i)^{1/s}$。为了使别人确信它确实检查了这个签名，u_i将输出一个证明$F_i=(F_{i,1}, F_{i,2})=(h^\alpha, (\prod_{x\in \mathcal{I}} R'_x)^\alpha \cdot psk'_i)$，其中$\alpha\in\mathbb{Z}_p$是随机选择的。证明将被嵌入集成签名消息中（以前仅包含签名的索引）。注意，认证证明F_i不包括签名索引，并且验证者必须使用集成签名来检查应索引的组。

对于证明F_i，其他用户均能够使用下列公式检查u_i是否已经检查了签名：

$$
\begin{aligned}
e(F_{i,2}, h_{pub}) &= e\Big(\big(\prod_{x\in\mathcal{I}} R'_x\big)^\alpha \cdot psk'_i, h_{pub}\Big) \\
&\stackrel{?}{=} e\Big(\prod_{x\in\mathcal{I}} Q_x, F_{i,1}\Big)e(H(pid_i), h)
\end{aligned}
$$

注意，F_i是利用psk'_i生成的，并且不能被其他用户重复使用。为了提供一个证明F_i，用户本身必须对每个签名执行双指数操作，然后用户v_i需要消耗单独的成果来证明它的合作成果。需要注意的是，因为F_i不透露任何索引信息，所以如果没有有效的令牌，用户就无法获得正确的索引信息。这样，验证功能能够被 TA 有效地控制，并且可以有效地抵制使用假冒认证成果的搭便车攻击（或主动搭便车攻击）。

7.4.3 方案的流程

针对地理上邻近的一些用户及一组公共消息签名对，本节讨论的安全合作认证方案如图 7-5 所示。每个用户随机选择并验证原始签名 $v_{x,y}$，并生成一个集成签名作为自己的认证成果，可以根据 7.3 节的描述计算 $v_{x,y}$ 的值。此外，用户还生成一个认证证明，以证明它确实验证了这些原始签名。之后他向外公布其认证证明。当用户能够与 RSU 进行通信时，用户就向 RSU 发送这个作为认证证明的证据。RSU 就会检查证据的有效性，并向用户提供可以在后续时间段中用来验证合作认证成果的新令牌。

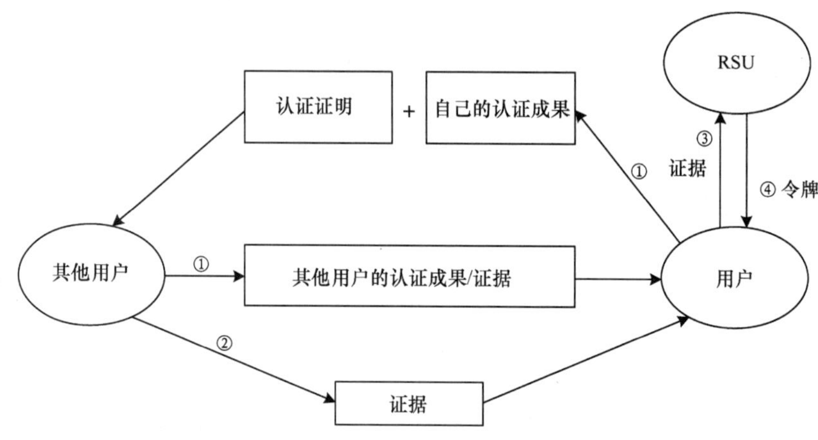

图 7-5 安全合作认证方案流程图

7.5 安全性分析

本节将分析该方案是如何有效地抵御链接性和搭便车攻击的。

7.5.1 链接性攻击

在这种攻击中，攻击者会产生集成签名。并禁止 TA 追踪其身份签名。因为产生一个集成签名要求攻击者输入一个化名密钥 psk_i，所以所生成的签名被链接到相应的假名。TA 记录着从假名到标识的映射，能够恢复攻击者的身份，因此该方案能够阻止链接性攻击。

7.5.2 没有认证成果的搭便车攻击

在这种攻击中，攻击者并没有验证任何原始签名，但获得了来自其他合作用户的认证成果。7.3 节描述的基本合作认证方案没有采用任何安全机制来抵御这种攻击。7.4.1 节设计了一个证据－令牌机制用来应对这种攻击。在与邻近的用户共享其认证成果后，用户获得了一个来自某随机邻居的不可伪造的证据。然后其利用该证据与 TA 进行交易，以获得新的令牌。只有使用新的令牌，用户才可以在随后的时间段中分享附近用户的认证成果。如果用户没有进行任何合作将不能获得令牌，从而不能从其他用户那里获得好处。因此，无认证成果的搭便车攻击（或被动搭便车攻击）被阻止了。下一节将通过仿真证明证据－令牌机制的有效性。

7.5.3　用假认证成果的搭便车攻击

在这种攻击中，攻击者通过将附近用户的认证成果变成其自己的集成签名而假装参与合作认证活动，例如两个用户分别产生对应于索引集｛1，2，3｝和｛4，5，6｝的两个集成签名，攻击者可以据此生成对应于索引集｛2，3，5｝的集成签名。7.4.2 小节介绍了一种防御机制，该机制要求用户输出认证证明。认证证明是验证原始签名的证据，原始签名由三个要素（σ_i，R_i，Q_i）构成。验证包括两个步骤：一种是计算 $R'_i = g^{\sigma^i} y^{ei}$；另一种是检查等式 $e_i \stackrel{?}{=} H(m_i \parallel R'_i \parallel Q_i)$。该验证的主要计算开销来自两个指数操作。用户 u_i 的认证证明是 $F_i = (F_{i,1},\ F_{i,2}) = (h^{\alpha}, (\prod_{x \in \mathcal{I}} R'_x)^{\alpha} \cdot psk'_i)$。如果 u_i 输出 F_i，它必须为 $(m_x,\ s_x)_{x \in \mathcal{I}}$ 执行所有的指数操作。此外，因为产生 F_i 涉及假名密钥 psk'_i，所以必须独立处理不同用户的认证证明。因此用户不能通过产生假认证成果来节省它的计算成本。至此，使用假认证成果的搭便车攻击（或主动搭便车攻击）被有效抵制。

7.6　性能评估

为了深入评价所提出的安全合作认证方案的性能，本节使用了一组定制的 Java 仿真器。下面将详细介绍仿真的设置，并给出仿真结果。

7.6.1　仿真设置

本节考虑一个相对较小和典型的 VANET，其中 μ =（20，40，…，200）的装备着 OBU 的车辆用户被均匀地部署在 10000m × 10000m 的区域中。每个 OBU 的无线传输范围为 300m。在该区域随机部署 10 个聚集点，点的索引值为 1～10，用 S_u 表示。在四个随机选择的聚集点 4、6、8、10 分别布置了一个传输半径为 1000m、具有较大存储能力的 RSU 设备，它们将辅助用户与 TA 进行通信。每个车辆用户都有一个固定的聚集点集合 $S_i \subset S_u$，其中 $6 \leqslant |S_i| \leqslant 10$。用户随机地从这个集合中选择一个聚集点，并以 10m/s 的平均速度沿最短路径到达那里。到

达聚集点后，它在该点最多停留 5min，然后转移到另一个从集合中随机选择的聚集点。

仿真持续 10000s。在每 100s 内，每个用户都需要使用非合作方案单独认证 100 条公共消息签名，或者使用本章提出的合作方案合作认证这 100 条公共消息签名。可以通过 V2V/V2I 通信或 3G/蜂窝网络来获得这些消息和相应的签名。仿真参数包括用户的数量（20，…，200），RSU 的数量（4，6，8，10），和令牌的寿命（100，300，600，1000）s。对每个情况进行 100 次仿真运行，得到了超过 10000s 的$f(\rho)$（定义在 7.3 节中）的累计努力的平均结果，并将结果绘制在图 7-6 中。

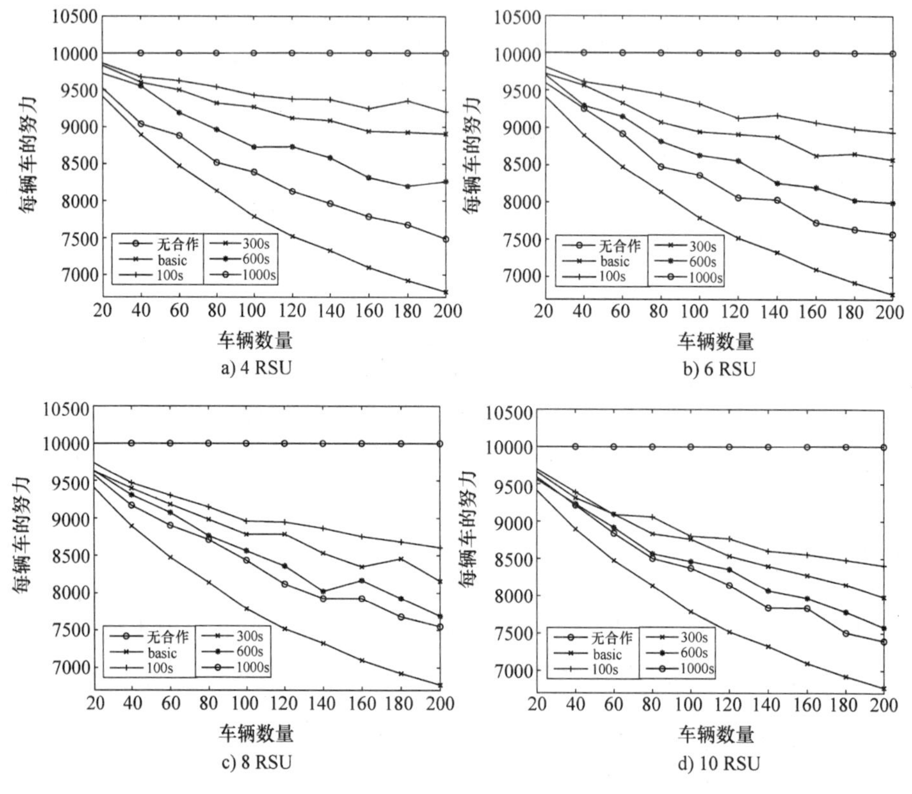

图 7-6　仿真结果

7.6.2　仿真结果

图 7-6 给出了三种设置下仿真的结果，加“◦”的横线表示非合作式认证方案的性能。从结果可以看出，用户超过 10000s 的总的平均成果是 10000。这是因为每个用户每 100s 需要认证 100 条消息，总共有 100 × (10 000/100) = 10 000 个

消息认证。加“×”的线表示无自私行为合作认证方案的性能。因为用户都按最优方式行动，所以它们可以得到最大的合作利益。随着用户数量的增加，需要单个用户执行的认证努力将显著降低。

其余的线表示考虑到自私行为的合作认证方案的性能。为了防止自私用户发动搭便车攻击，TA 采用建议的证据－令牌机制来控制用户的合作能力。可以看出，在设定为 200 用户的情况下，通过将 nt_i值减小和将合作时间从 1000s 减小至 100s，每个用户的认证成果增加了 1721，即从 7485 增至 9206。从图 7-2 可以看出在设定为 20 个用户的情况下，一个用户需要为 100 个消息－签名对执行 38 次认证。在这种情况下，一个自私用户 v_i在 1000s 的有效期间内获得的最大收益为 38×(1000/100)=380<1383。因此，TA 可以将 nt_i设定为适当的值，并将用户 v_i的令牌有效期在 1000s、600s、300s 和 100s 中进行调节。通过这样做，v_i获得的收益可降低到 0 或负值，并且它的认证尝试并不比其他合作用户少。因此，该方案可有效制止用户犯错的冲动和抵御搭便车攻击。

通过比较图 7-6 中 a～d 部分，可以看出，当 RSU 的数量小时，所需尝试的差异变小。例如，在 200 个用户和令牌寿命为 100s 的情况下，在设置 4 个 RSU 的情况下所需的认证尝试要比在设置 10 个 RSU 的情况下大得多。主要的原因是，在前者的情况下用户有较小的概率与 RSU 联系。这表明，拥有 100s 有效期令牌的用户在认证中进行合作的机会较少，因为它们不能及时更新其令牌。因此，确定令牌的有效期不但要考虑用户的自私行为，还要考虑用户和 RSU 的数量。所选择的方案必须要确保减小令牌的有效期作为惩罚，并可由此导致合作认证的收益减少。

7.7　结论

本章提出了一个应用于 VANET 的新的合作消息认证方案。通过该方案，车辆用户可以在不通过可信机构（TA）的情况下进行合作，以验证一组消息－签名对。此外可以通过证据－令牌的方法有效地阻止自私用户发起的无认证尝试的搭便车攻击（或被动搭便车攻击）。可以通过要求车辆用户输出他们的认证证据而有效地阻止使用假认证尝试的搭便车攻击（或主动搭便车攻击）。TA 基于所收集的证据策略性地调整颁发给车辆用户的令牌有效期，从而定期地控制车辆用户的合作能力。仿真结果证实，所建议方案能够显著降低车辆用户用于认证签名的计算开销，并使 TA 能够灵活地平衡车辆用户在合作认证期间从别人那里获得的利益和向其他合作伙伴提供的努力。

参 考 文 献

1. X. Lin and X. Li, "Achieving efficient cooperative message authentication in vehicular ad hoc networks," *IEEE Transactions on Vehicular Technology*, vol. 62, no. 7, pp. 3339–3348, 2013. (Available online at http://dx.doi.org/10.1109/TVT.2013.2257188.)
2. J. Freudiger, M. H. Manshaei, J.-P. Hubaux, and D. C. Parkes, "On non-cooperative location privacy: A game-theoretic analysis," *Proc. 16th ACM Conference on Computer and Communications Security*. ACM, 2009, pp. 324–337.
3. D. Boneh and M. K. Franklin, "Identity-based encryption from the weil pairing," *Proc. Advances in Cryptology—CRYPTO 2001, 21st Annual International Cryptology Conference*, Santa Barbara, CA, Aug. 19–23, 2001, ser. Lecture Notes in Computer Science, vol. 2139. Springer, 2001, pp. 213–229.
4. P. S. L. M. Barreto, B. Libert, N. McCullagh, and J.-J. Quisquater, "Efficient and provably-secure identity-based signatures and signcryption from bilinear maps," *Proc. ASIACRYPT*, 2005, pp. 515–532.
5. C. Schnorr, "Efficient identification and signatures for smart cards," *Proc. Advances in Cryptology—CRYPTO '89, 9th Annual International Cryptology Conference*, Santa Barbara, CA, Aug. 20–24, 1989, pp. 239–252. (Available online at http://dx.doi.org/10.1007/0-387-34805-0_22.)

第8章　上下文感知的合作认证

8.1　概述

在日常生活中，道路紧急情况会经常出现，造成这种情况的原因多种多样，如恶劣的路面条件、不适当的车辆设计、不正确的道路设计、糟糕的驾驶技术和不良的驾驶习惯（如无视交通标志、超速等）。同样在恶劣的天气情况下（如大风暴），由于驾驶人的能见度变得很差，通常可以看到很多交通事故和伤害，当出现多辆车的连环碰撞事故时，情况会变得很糟糕，特别是当其他正在接近的驾驶人由于无法预测发生在他们前面的危险情况而不能及时停止的时候，事故会迅速变得更加糟糕。参考文献［1］中的例子描述了当所有的错误都聚集在一起时会发生什么情况，在宾夕法尼亚州，因冬季风暴和冻雨有50辆车发生了连环相撞事故，当时因为天气的原因，道路变得越来越湿滑，能见度很差。当车辆到达事故现场时，许多驾驶人失去了对车的控制，进而发生了无可避免的碰撞。

严重的事故可以造成财产损失、身体残疾，甚至死亡，如果在驾驶人到达事故现场前能够向他发出警告，可以给驾驶人足够的时间做出适当的反应，从而减少交通事故的发生。目前有许多方法可以防止汽车事故的发生，其中车辆专用网络（VANET）技术被认为是改善道路安全的理想解决方案，该通信技术可实现车辆之间的通信，并进而使相关车辆内的各种应用协调工作和应对紧急事件。

图8-1给出了VANET技术的例子，当道路上发生了交通事故，并且堵塞了左侧车道，一个路边单元（RSU）检测这种情况，并将此信息转发给其他车辆。当驾驶人接近事故现场时，RSU将左侧车道被关闭的消息通知给他们。在可能的情况下，那些离事故现场较近一些的车辆可能被指示尽早离开公路，由于驾驶人能够在看到事故现场之前避让了，所以可以减少受阻车量在该地区的不断增长，而且紧急救援人员也可以更快地到达事故现场，防止堵塞情况的进一步恶化。

通过VANET技术能够实现车对车（V2V）和车对基础设施（V2I）的数据传输，从而提高道路的安全性。但是如果没有适当的安全保障措施，这样一个有

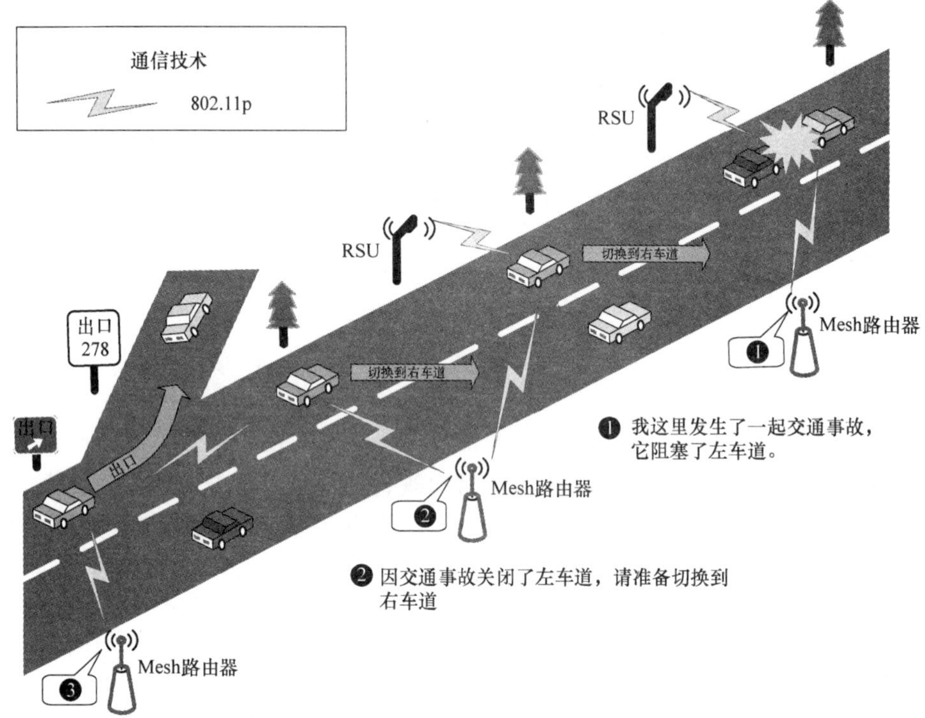

图 8-1　使用 VANET 处理道路应急响应的例子

用的系统也很容易被滥用，例如因为期望路上的车辆更少，恶意驾驶人可能恶意修改和利用紧急信息，对有恶意的驾驶人来说，报告虚假信息也很容易，诸如声称前方有实际上并不存在的交通堵塞，如图 8-2 所示。

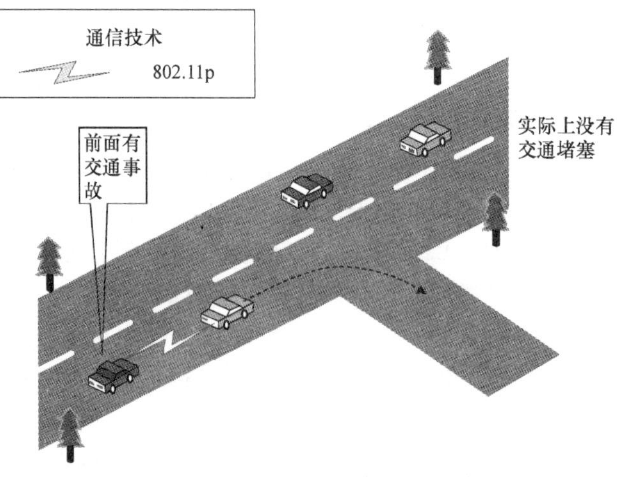

图 8-2　发送虚假交通信息的例子

这些假消息所造成的结果是驾驶人可能不太相信紧急消息，目前已经有这种类型的行为出现并造成了一定的影响，提供真正的警告对于公共安全至关重要，最近发生在纽芬兰的驼鹿与车辆碰撞事故的增加突出了可信赖紧急信息［2］的重要性。加拿大纽芬兰地区部署了驼鹿检测系统，“假驾驶人舒适性”现象也恰恰发生在那里。当驼鹿检测系统在道路上探测到驼鹿时，安装在该系统上的灯将闪烁，以通知驾驶人道路上有驼鹿在游荡。然而由于较高的误报率（FPR），该电脑检测系统并不能如实提醒驾驶人，其结果是给驾驶人造成了安全错觉，认为没有驼鹿在附近徘徊，从而高速通过该区域。自从应用了驼鹿检测系统，驼鹿与车辆的碰撞事故实际上是增加了。因此，为了使驾驶人能够正确地响应，紧急信息必须是可信和受到保护的。本章将特别聚焦于 VANET 紧急消息的可信性。

8.2 节将讨论 VANET 中消息的可信度问题；8.3 节提出了系统模型、攻击模型和设计目标；8.4 节给出了一些初步的背景；8.5 节详细介绍了 AEMAT 方案；8.6 节和 8.7 节分别给出安全分析和性能分析；最后，8.8 节给出了本章的结论。

8.2 VANET 中的可信消息

目前有许多可信安全机制和协议可以保护 VANET 中的消息和确保消息的完整性与起源性（也被称为消息认证或数据源认证）。对于消息认证，如果消息从发送方传送至接收方的过程中没有被改变，并且接收方能够确信该信息确实是从发送方发送的，则可以确定该消息是可信的。但是这种思维方式是有缺陷的，以图 8-2 中描述的使用虚假交通信息的场景为例，在这种情况下并没有办法保证个体（如发送方）所说的是实话。如果这种情况发生在 VANET 中，后果可能是非常昂贵甚至是致命的。

现有的安全机制可以很容易地过滤由外部攻击者伪造的紧急消息，但是防止来自于内部的攻击则是更大的挑战。当前可以经常看到某些人的驾驶方式非常具有侵略性，因此如果某些合法用户成为恶意用户也是毫不奇怪的，他们会为获得通行优势而广播虚假的紧急消息（例如为创造更好的驾驶条件告诉其他驾驶人避开那些并不存在的交通堵塞）。可追溯性和有条件的隐私成为重要的特性，若这些因素被放置在消息内时，当紧急消息被证明是假的时，就可以发现作假者的真实身份，这将在一定程度上遏制这种犯罪行为。但实际情况是这一问题并不会完全消失。司法机构已经通过各种活动投入了大量的精力，以制止各种野蛮驾驶行为，如“停止野蛮驾驶”，但是路上仍然有很多野蛮驾驶人。部分原因是因为对野蛮驾驶的处罚并不重（例如，500 美元的罚款对一个非常富有的野蛮驾驶人的影响并不大）。同样的事情肯定会发生在假冒紧急消息罪犯上。更重要的是这些事后的应对措施对于危害车辆安全的应用来说是不能接受的，尤其是在危及生命的紧急情况出现时。由于伤害已经造成［3］，这些惩罚对于事件来说为时已晚。另外，在这样一个高度动态和有大量潜在车辆节点的网络环境中，常规的安全机制（如公钥证书和数字签名）是不够的，对手仍然可以通过危害一个或多个节点而发动攻击，然后使用其他用户的凭证传播错误的紧急消息。由此可见，对于车辆安全应用所广播的紧急消息来说，可信是其另一个重要的特性。可信代表接收方对紧急消息的信任程度，以便接收方能够做出正确的决定，避免潜在的伤害。若没有这个属性，驾驶人将很容易成为野蛮或恶意驾驶人的受害者。

在大多数情况下，消息通过 VANET 网络多跳传输进行传播，特别是在 RSU 较少的郊区。因此将紧急消息高效地传播到目标区域内的车辆就变得非常重要，将紧急情况和当地的警告信息快速传播给正在接近的车辆可以有效地预防第二波事故的发生，之前的很多研究都集中在 VANET 数据的传播上［4，5］，然而安全问题特别是在 VANET 中如何保证紧急消息的真实性和可信性仍然是个很大的挑战。首先，由于在 VANET 中大部分性命攸关的应用都依赖多跳传输将数据传播到周围的地理区域，在传播过程中对手可能有意修改（甚至伪造）无效的紧急事件，这可能对道路交通安全构成严重威胁。其次，在 VANET 这样一个拥有潜在车辆节点的高度动态的网络环境中，现有的安全机制（如公钥证书和数字签名）并不足以保证 VANET 的安全性，对手仍然可以通过危害一个或多个节点来发动攻击，然后使用其他用户的凭证传播虚假的紧急消息。另一方面，对于任意给定的紧急事件，期望有多个检测车辆能够检测到这个公共事件。如图 8-3 所示，检测车辆不仅包括当前的证人车辆，而且还包括正在迅速接近紧急事件的潜在证人车辆。其结果是它们可以一起协同工作，以证明确实发生了紧急事件。

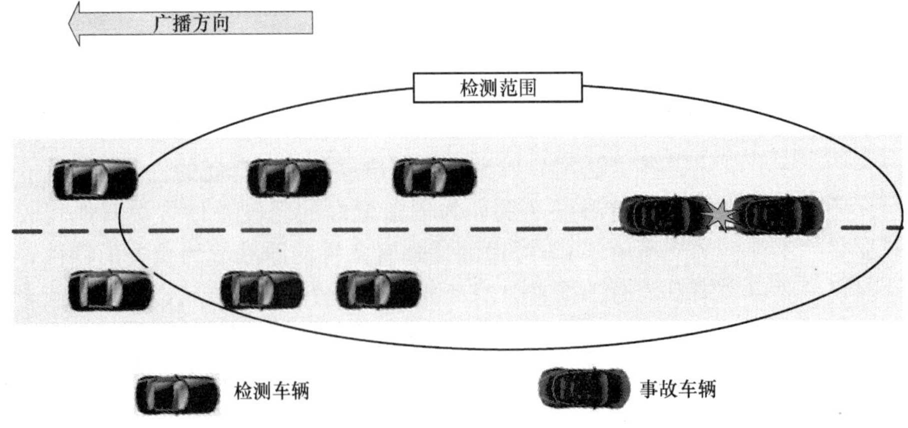

图 8-3　VANET 中紧急事件检测

值得一提的是，可以通过手动或自动来完成紧急事件的检测，现在的汽车传感器可以自动地检测到车祸，并提醒正在接近事故现场的车辆。考虑其他检测车辆的共同看法，可实现对紧急消息的交叉验证，作为提高 VANET 整体安全级别的一个方法，这种方法已经应用在其他领域，如网页可信等级的评定。这种通过收集证人反馈信息而实现紧急事件交叉检查的方法实际上是一种投票机制，该机制原本是用于检测分布式自组织网络中行为不端的节点，该机制不需要设置中心安全机构［6］。将该机制迁移到 VANET 中，可以提升紧急事件认证的整体安全性［7，8］。这种方法统称为先验对策。Raya 等［7］实现了基于位置的组表决方案，将车辆按照其位置进行分组，每个组内选举一个组长，该组长需要从多于一个阀值 k 的不同的证人收集 k 个采样，来证明紧急事件的有效性。然而基于组的投票机制面临着 VANET 高度动态的网络拓扑所带来的挑战，从而需要额外的开销来维持基于位置的组。此外，在车辆密度较低的区域，组长可能面临着不能收集到超过 k 个支持签名的情况。Ostermaier 等［8］对该投票概念进行了扩展，提出了“目的地投票”策略，证人将不断地产生紧急消息，并将它们发送到远方的车辆，这些车辆将检查大多数消息是否是一致的，并做出决定。现有投票机制依赖于一个预定的阈值，但在某些环境下它可能会面临不能收集到多于 k 个支持签名的情况，从而使其变得不可行。Daza 等［3］提出了一种灵活的阈认证协议，通过确定所接收到的消息是否已经由至少 t 台车辆核准，车辆可以验证所接收的消息的可信度，阈值 t 可根据周围的环境动态地调整（例如，当周围有 100 辆车时的阀值要高于周围有 10 辆车的情况）。

现有的投票机制公平地对待所有投票者，但是该机制并没有将突发事件证人的可信等级考虑在内，因此并不能很好地工作在 VANET 环境中。现实中，道路上车辆的类型有许多种，例如来自于救援车辆（消防车、救护车、警车）的警告要比来自于其他类型车辆的警告更可信，并且这些警告应该自动地被公众所信任。因此在系统开发时需要考虑这一因素。

此外，投票机制可以有效地提高 VANET 的安全性，作为代价其增加了计算和传输开销。参考文献［7］和［8］中提出的两种方法只考虑从特定车辆发出的特定消息，以防止攻击者发送复制的紧急消息，也就是说，如果不能证明消息是从他们声称的车辆发出的（可能是伪造的），则这些消息将被认为是不可信的。为了满足这种要求，发送方需要对每个发送的紧急消息进行数字签名，以便接收方能够验证接收到的消息。但是数字签名通常非常大，从几十（使用椭圆曲线加密算法）至数百（使用 RSA 加密算法）字节，这将导致更多的传输开销。

生成和验证数字签名及其相应的证书也将产生额外的计算开销，这样的开销将随活动车辆的增加而按比例地增加，因为每个新增加的车辆都将生成、签名和传送一个额外的紧急消息。当所有这些车辆传送大量的信息时，传送和计算开销可以很容易地使整个网络过载。为了解决这个问题，聚集相关的紧急消息并提供相应的消息认证是非常重要的，同时这些方法必须能够确保消息的可信性。

本章将研究利用上下文感知的方法来保护 VANET 中某些特定类型的消息，并且这些方法同时还考虑了 VANET 环境的独特需求。“上下文感知”的概念将考虑场景信息，如消息类型、紧急事件源的可信性、突发事件证人验证、地理位置、受影响的物理区域、道路维修历史、消息广播方向以及其他潜在的因素，这些信息将进一步用来建立消息来源的可信性。这里提到的每个上下文因素都可以作为一个可信线索，多个可信线索可以聚合成一个可信系数［9，10］。例如随着天气在冬季（季节信息）开始变暖（天气条件），并伴随着持续的降雨（天气条件），那么对于那些情况不好的道路（道路维护历史）来说非常容易出现坑洼（道路紧急情况）。了解了这些信息后在某些季节部分地区出现“前方坑洼”的警告信息将比在其他情况下更值得信赖。上下文感知的方法将可以针对不同的情况选择更为恰当的处理方式，特别地，本章将专注于一种特定的信息类型（即紧急消息），并提出一种新的能够在 VANET 中高效验证紧急消息的聚合紧急消息认证和可信（AEMAT）方案［11］，它不仅满足了紧急消息的独特需求，而且还使用了聚合和批量验证技术，从而减少了计算和通信开销。总之，在有紧急消息需要转发时，车辆可以将多条消息聚合成一个单一的数据，然后再发送出去。所建议的 AEMAT 方案充分利用了句法和加密聚合技术来降低传输开销，并采用批量验证技术来降低计算开销［12］。此外还聚合了多个可信赖的线索，并采用可靠的方法来评估接收到的消息，之后再提供给驾驶人，从而提高他们决策的质量。本书将证明所提出的方案可以显著减少紧急消息的计算和传输开销，并实现对紧急消息的高效和有效认证。

8.3 系统模型和设计目标

本节主要描述系统模型、攻击模型和设计目标。

8.3.1 网络模型

本节假设在 VANET 中没有任何用于辅助数据传播的固定基础设施（如接入点、RSU 和卫星通信）时的 IVC 的情况。在 AEMAT 中有两种类型的实体，即离线安全管理者（OSM）和车辆。在加入网络之前，每部车辆都应该注册到 OSM，并获得相应的公钥证书。本节假设采用机会数据转发机制［4，5］以实现全局路由目标。

8.3.2 攻击模型

本方案主要考虑错误数据注入攻击，这里攻击者试图使接收车辆接受虚假的紧急消息。为了最大限度地提高攻击的有效性，多个对手可能串通在一起协同地注入错误消息进行攻击，这种攻击也被称为共谋攻击，从而增加虚假消息的可信度。类似于其他分布式可信机制，系统中对手的数量在给定的时间内（如公钥吊销周期）要小于阈值 k。因此除非明确指定，当且仅当接收方从多于 k 个不同的证人收集到 k 个签名时，才可以确定一个紧急事件是真实的。为了简单起见，本方案假定每个车辆对同一紧急事件只报告一次，并对相关紧急消息产生一个签名。

8.3.3 设计目标

所建议的 AEMAT 方案在安全和效率方面应该遵循以下设计目标。

- 防止共谋：k 的子集或比 k 更少的车辆不可能伪造一个紧急事件。
- 高效认证：所提出的紧急消息认证和可信方案应以高效的方式来执行，以减少通信和传输开销。
- 可靠的可信评估：所提出的紧急消息认证和可信方案应当为驾驶人提供强健和可靠的方法来评估其收到的紧急消息的可信度，即使是在有外部和内部攻击者的情况下。
- 一般性：该方案应该适用于不同的网络密度，包括高密度和低密度网络。

8.4 预备知识

8.4.1 配对技术

本章提出的 AEMAT 方案是基于双线性配对，下面对其做简要介绍。$\mathbb{G}$ 是循环加法组，$\mathbb{G}_T$是一个相同的素数阶 q 的循环乘法组，即 $|\mathbb{G}| = |\mathbb{G}_T| = q$。令 g 是$\mathbb{G}$ 的发起者，并且 e：$\mathbb{G} \times \mathbb{G} \rightarrow \mathbb{G}_T$是一个高效的可容许的双线性映射，并具有以下属性。

- 双线性：对于 a，$b \in \mathbb{Z}_q^*$，$e(g^a, g^b) = e(g, g)^{ab}$。
- 非退化：$e(g, g) \neq 1$。

8.4.2 聚合签名和批量验证

用于认证紧急消息的主要计算开销来自于验证一组由不同的紧急事件证人发出的事件消息签名，与签名者对应的公钥证书也需要一起进行验证。所有这些都会导致显著的传输和验证开销。本方案利用聚合签名来减少签名和证书的传输成本，以及通过批量验证实现高效的签名验证。

聚合签名是一种将 n 个由不同的签名者发出的 n 个不同的签名聚合在一起，以形成一个单一的短签名的数字签名技术［13］。这种单一的签名（和 n 条原始消息）将使验证者相信这 n 个签名者确实签署了这 n 条原始消息。除了有降低传输信息大小的优点，聚合签名技术还支持批量验证，这使得接收方能够快速验证一组由不同的签名者生成的针对不同消息的数字签名。因为这些技术是结合使用的，被批量验证的签名是聚合签名，所以混合应用的好处是显著的。本方案采用了由 Camenisch 等人［12］提出的聚合签名和批量验证方法作为基本的加密聚合技术，以提高聚合性能。

8.5 AEMAT 方案

本节介绍 AEMAT 协议六个步骤的细节。

8.5.1 系统设置

OSM 生成一个元组($(q, g, \mathbb{G}, \mathbb{G}_T, e)$)作为系统参数。OSM 选择一个随机数 $sk \in \mathbb{Z}_q^*$ 作为它的私钥，并产生它的公钥 $pk = g^{sk}$，并由此形成四个散列函数：H：$\{0, 1\}^* \to \mathbb{G}$，$H_1$：$\{0, 1\}^* \to \mathbb{G}$，$H_2$：$\{0, 1\}^* \to \mathbb{G}$，$H_3$：$\{0, 1\}^* \to \mathbb{Z}_q$。组的公钥和私钥分别是（$q, g, \mathbb{G}_1, \mathbb{G}_T, e, pk, H, H_1, H_2, H_3$）和 sk。

设置过程的一个重要任务是确定紧急报告消息的格式。在本方案中，安全的紧急报告（SER）的格式定义如下。对于紧急事件 ε_i，车辆 V_j将产生 SER_j^i：

$$SER_j^i = (Type_i, Loc_i, ID^j, Time_j^i, Sig_j^i, Cert_j) \tag{8.1}$$

式中，$Type_i$是紧急事件的类型；Loc_i是紧急事件发生的地点；ID_j是消息产生车辆的标识；$Time_j^i$是车辆 j 产生的关于紧急事件 i 的消息的时间；Sig_j^i是车辆 j 产生的关于紧急事件 i 的消息的签名；$Cert_j$是车辆 j 的证书。

对于特定事件 ε_i，假设与之相关的 SER 共享相同的 $Type_i$、Loc_i是合理的。

8.5.2 注册

车辆可以通过执行以下步骤加入该网络。

1）公钥生成：车辆可以随机选择 $x_j \in \mathbb{Z}_q^*$ 作为它的密钥，并生成它的公钥 $X_j = G^{xj}$。为了保护用户的隐私，车辆也可以随机选择 V_j作为其化名。在加入 VANET 之前，V_j将联系 OSM 以便获得相应的证书。

2）公钥证书发行：在确定车辆的合法性后，OSM 将通过对（V_j，X_j）进行签名而颁发公钥证书。这里，证书生成过程遵循 Boneh - Lynn - Shacham 签名方案［13］。OSM 计算 $h_j \leftarrow H(V_j \parallel X_j)$ 和 $\sigma_j \leftarrow h_j^{xj}$. $Cert_j=(V_j, X_j, \sigma_j)$，并获得 V_j 的公钥证书。

3）证书验证：对于给定车辆的公钥证书 $Cert_j$，$h_j \leftarrow H(V_j \parallel X_j)$，当存在 $e(\sigma_j, g)=e(h_j, pk)$ 时，则证明证书是合法的。

8.5.3　SER 生成和广播

当一个紧急事件 ε_i 被一个或多个车辆检测到，被记录下的事件为（$Type_i$，Loc_i，$Time_j^i$），检测车辆 V_j，$j=1$，2，…可以独立地产生它们的 SER。

1）SER 生成：给出紧急消息的类别和检测时间 $TL_i=Type_i \parallel Time_j^i$，以及位置信息 $\ell_i=Loc_i$，证人车辆利用其公钥和私钥对（X_j，x_j）计算 $w_i \leftarrow H_3(TL_i \parallel \ell_i)$，$a \leftarrow H_1(\ell_i)$，$b \leftarrow H_2(\ell_i)$，并生成签名 $Sig_j^i=a^{x_j}=a^{x_j}b^{x_j w_i}$。因此，车辆 j 对事件 i 构建了一个 SER 声明（$Type_i$，Loc_i，v_j，$Time_j^i$，Sig_j^i，$Cert_j$）。之后，V_j 向其邻居广播 SER_j^i。

2）SER 验证：可以按如下方式对单个 SER 进行验证。对于给定的 $SER_j^i=(Type_i, Loc_i, v_j, Time_j^i, Sig_j^i, Cert_j)$，验证方将首先检查包含在 SER 中证书的有效性。之后，它通过计算 $w_i \leftarrow H_3(TL_i \parallel \ell_i)$，$a \leftarrow H_1(\ell_i)$，$b \leftarrow H_2(\ell_i)$ 来检查签名的有效性。如果存在 $Sig_j^i=a^{x_j}b^{x_j w_i}$，则证明该 SER 正确。

8.5.4　SER 机会转发

VANET 网络的拓扑结构可以是非常动态和多样化的，有时甚至是稀疏的，且经常是分隔开的，假设车辆之间的通信是以机会的方式进行的，当路径不存在时节点将保存需要传送的数据包，并在有新的接收方移动到其附近时，将数据包转发到新的接收方［4］。为支持机会数据传播，范围 r 内且彼此之间能够维持最小通信时间 t 的车辆可以构建成一个簇，关于创建和维护簇的详细描述见参考文献［4］。本方案将每个簇中的领导节点命名为 header，在典型的机会数据转发算法［4，5］中，簇的领导节点将负责将数据转发到下一个簇。需要转发的消息将在领导节点中缓存，直到它们被转发到下一个簇，这也被称为存储和转发策略。在本方案中因为如下两个原因，簇的领导节点还可以扮演紧急消息聚合者的角色：

1）如果使簇的领导作为聚合者，则可将聚合过程合并到数据转发过程中，因此没有必要再选出一个额外的簇领导来执行数据聚合操作。

2）两个簇之间的消息传播过程被称为一个追赶过程，在这里，消息将保存在其运载车辆中，直到该车辆行驶至另一个集群的无线传输范围内。很明显，消息传播的时间间隔依赖于车辆的相对速度和集群之间的距离。因此本方案可以利用这段时间聚合相关的紧急消息，并尽量减少聚合操作所带来的延迟。

在下面的章节中，簇的领导将作为聚合者执行以下 SER 聚合认证算法。

8.5.5 SER 聚合认证

对于任何特定的紧急事件 ε_i，每个聚合者维持两个本地消息列表，分别为已转发的 SER 和等待转发的 SER。用 F 表示已转发的消息列表，其中包含所有已被该车辆转发的 SER，而用 R 表示等待转发消息列表，其中存储着还没有被发送但以后可以转发的信息。SER 集 $F \cup R$ 包括所有与事件 i 相关的 SER。无论何时，当聚合者接收到一个 SER，他应该检查该 SER 是否是重复的。如果是的话，将丢弃重复的 SER，否则将其放入消息列表 R 中。聚合者在转发之前将执行如下 SER 聚合（或 *Aggregate _ SER*）操作和 SER 批量验证（*BatchVerify _ SER*）操作。

8.5.5.1 SER 聚合

Aggregate _ SER 用于将多个 SER 聚合成一个单一的 SER，它包括两个步骤：句法聚合和加密聚合。

1）句法聚合：对于紧急事件 i，有 n 个 SER，由车辆 V_j，$j=1$，…，n 产生的 SER 消息 $SER_j^i=(Type_i, Loc_i, V_j, Time_j^i, Sig_j^i, Cert_j)$，通过句法聚合可以得到 $SER_{agg}=(Type_i, Loc_i, V_1, \cdots, V_n, Time_1^i, \cdots, Time_n^i, Sig_1^i, \cdots, Sig_n^i, Cert_1, \cdots, Cert_n)$。

2）加密聚合：这是将多个签名和证书聚合成单一签名和证书的过程，它包括以下两个步骤：

① 证书聚合：$Cert_{agg} \leftarrow (V_j, X_j, \sigma_{agg})$，其中 $\sigma_{agg} \leftarrow \prod_{j=1}^{n} Cert_j$。

② 签名聚合：$Sig_{agg} \leftarrow \prod_{j=1}^{n} Sig_j^i$。

此聚合过程如图 8-4 所示。在句法聚合和加密聚合之后，就可以得到聚合的 SER：$SER_{agg}=(Type_i, Loc_i, v_1, \cdots, v_n, Time_1^i, \cdots, Time_n^i, Sig_{agg}, Cert_{agg})$。

8.5.5.2 SER 批量验证

批量 SER 验证包括批量签名验证和批量证书验证。

1）批量证书验证：对于给定的聚合证书 $Cert_{agg} \leftarrow (v_j, X_j, \sigma_{agg})$，当 $e(\prod_{j=1}^{n} \sigma_j, g) = e(\prod_{j=1}^{n} h_j, pk)$ 成立时，该证书有效。

2）批量签名验证：对于聚合签名 Sig_{agg}，消息集 $SER_i^j \mid \leqslant i \leqslant n$ 和集合 V 中所有车辆的公钥 $X_i \mid \leqslant i \leqslant n$，当 $e(Sig_{agg}, g) = e(a, \prod_{i=1}^{n} X_i) \times e(b, \prod_{i=1}^{n} X_i^{wi})$ 成立时，该聚合签名正确。

如果批量验证成立，聚合者将接受列表 R 中的 SER 为有效的 SER，然后转

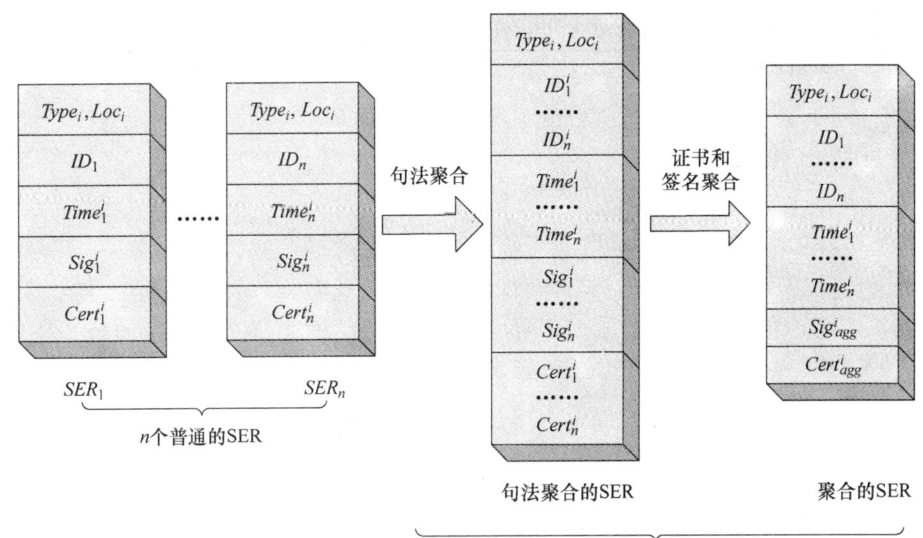

图 8-4　SER 聚合：句法聚合和加密聚合

发 R 中聚合的 SER。同时，聚合者将把 R 中所有的 SER 移至消息列表 F 中。一旦 F 中 SER 的数量超过 k，则紧急事件 ε_i 将被接受为有效的紧急事件。上述算法可总结在算法 4 中。

算法4：SER聚合认证

数据：输入 ($\mathcal{F}, \mathcal{R}, SER'$)
结果：输出　有效或无效
开始
　如果 $|\mathcal{F}|+|\mathcal{R}| < k$ 那么
　　对于任何新收到的 SER' 执行
　　　如果 $SER' \notin \mathcal{F} \cup \mathcal{R}$ 那么
　　　　加入表 $(\mathcal{R}, SER')$
　　　结束
　　　否则丢弃 SER'
　　结束
　　SER_agg← $Aggregate\_SER(\mathcal{R})$
　　如果 $BatchVerify\_SER(\mathcal{R})$ 那么
　　　向前传播 $(\mathcal{R})$
　　　加入表 $(\mathcal{F}, \mathcal{R})$
　　否则
　　　返回无效
　　结束
　结束
　否则接受紧急事件为真
　返回有效
结束

Algorithm 4: SER Aggregated Authentication

```
Data: Input (F, R, SER')
Result: Output valid or invalid
begin
    if |F|+|R| < k then
        for any newly received SER' do
            if SER' ∉ F ∪ R then
                Add_List(R, SER')
            end
            else Drop SER'
        end
        SER_agg← Aggregate_SER(R)
        if BatchVerify_SER(R) then
            ForwardPropagation(R)
            Add_List(F, R)
        else
            return invalid
        end
    end
    else Accept emergency event as True
    return valid
end
```

8.5.6 SER 聚合可信

传统的建立消息可信的方案主要依赖于紧急事件目击证人的数量，并通过社会验证（许多反映事件“正确”性的活动），或使用数字签名技术的投票机制来实现。与之相反，本书的方案考虑了许多能够确定紧急消息可信性的不同因素。这些上下文因素可以聚合成被称为聚合可信的单一系数，如图 8-5 所示，聚合可

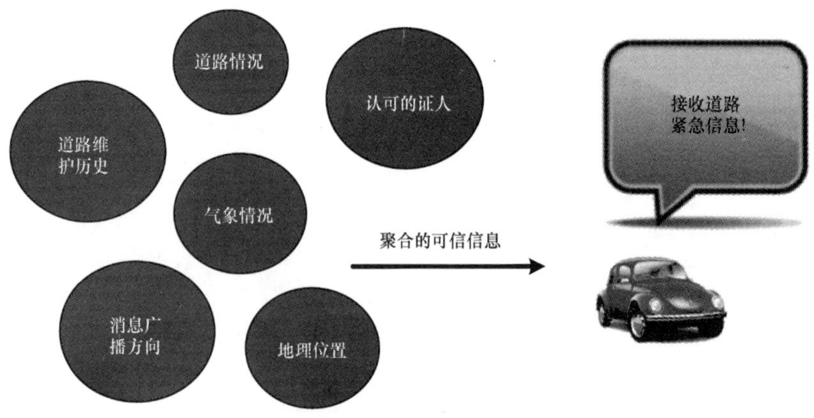

图 8-5　VANET 紧急消息的聚合可信

信可以包括，但不限于证人、权威机构和信息源可信性、消息广播方向、地理位置（包括证人车辆的位置以及发生事故的地点）、道路维修历史、气候条件和道路状况。本方案可以根据道路上紧急情况的预期类型使用合适的上下文信息来判断紧急消息是否可信。

在本章的聚合消息可信方案中，接收方将比现有方案收集更多的输入信息（聚合可信元素），因此他/她对紧急消息的判断将变得更加准确和可靠，例如情景信息中的证人是基于观察到紧急事件的证人数目，证人可以交叉验证突发事件。通常情况下某紧急事件的证人越多，相关紧急消息的可信度就越高，换言之，紧急事件的证人越多，其就越可能被接收方所信任。具体地说，达到预定阈值的紧急消息将被认为是可信的。此外环境信息（例如天气条件和道路条件）也能帮助接收方准确地确定紧急消息可信性，特别是那些与天气有关的消息。此外，那些由官方授权的已经与公众建立了信任关系的车辆可以归类为"官方和可信的信息来源"。人们更愿意相信急救车辆发出的紧急消息，这些急救车包括消防车、救护车和警车。将紧急消息与其传播路径信息相结合，就可以识别出该消息的来源，如图 8-6 所示，与那些来自于非事件发生地点的第二手信息相比，人们更倾向于相信来自于事发地点的第一手消息。

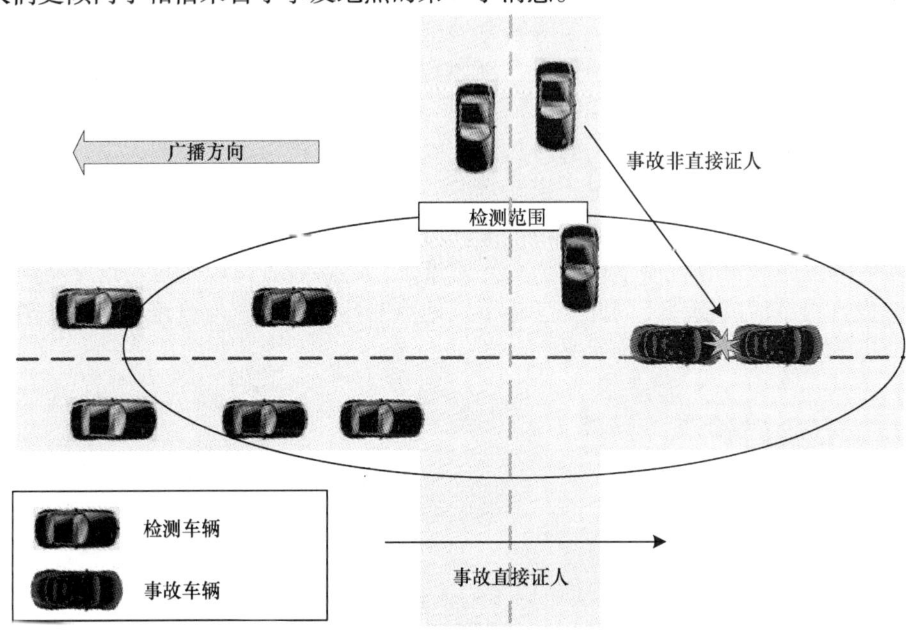

图 8-6　消息路由场景

不同的信息输入会产生许多类型的紧急消息，本节将通过讨论道路上经常发生的三种典型场景来说明本节提出的方法。在所有的情况下，进行如下的可信性评估之前，假设紧急消息已经被认证以确保消息的完整性和来源，从而防止对紧急消息的外部攻击。需要明确的是，在这些例子中已经建立了传输的真实性、保密性和完整性。以下讨论将只关注那些与建立消息内容可信相关的部分。

第一个场景是车祸（下面的过程也适用于其他预警场景，如山体滑坡、严重的坑洼、交通堵塞等）。首先接收方会检查紧急事件的证人是否为应急车辆，即接收方将检查接收到的紧急消息是否是由授权车辆签署的，若是则信任该消息。需要注意的是，授权车辆不需要考虑隐私保护，他们的身份信息是公开的。如果不是这种情况，如图 8-6 所示，接收方将依赖于证人的事故报告。事故消息通过车车通信以多跳方式从事发地（车祸现场）按传播路径传播到整个受影响区域内的车辆。这意味着证人被认为是真实的（证人是可信的），因为消息是从目睹事故发生的证人那里以一致的方式发出的。

假设消息来自于超出范围的区域，发送报告时车辆的位置将不能保证该车辆直接目睹了事故的发生。但是只要值得信赖的证人数量达到了前面提到的阈值 k，该消息仍然是可信的。不幸的是，在很多情况下可能不能获得足够的证人以便做出正确的决定。这种情况就需要考虑一些其他信息，例如恶劣的路况以及因大雪或暴雨造成的交通事故和延误。在面对变化莫测的路况、恶劣天气或见到车流量突然放缓时，驾驶人更倾向于相信与车祸有关的消息。

第二种情况是由于恶劣天气而造成的封路。驾驶人会收到许多因各种原因如恶劣的天气而造成的封路和绕道等紧急消息，接收方将通过检查相关信息与天气报告是否一致来过滤接收到的消息，例如当有降雪累积时，与雪相关的报告将更值得信赖。当天气晴朗时，相同的消息则会与良好的天气条件发生矛盾。

第三种情况则是针对严酷的冷热天气以及其他经常影响交通的因素。以道路坑洼为例，此时诸如天气状况、道路状况、道路维修历史等信息可以提供与道路坑洼可能性相关的信息。如果某地区要经历季节性的冰冻和炎热，而且众所周知该地区的道路经常有坑洞形成和需要经常维护，则接收者可以确定与道路坑洼相关的报告的可信度较高。因此在考虑事发地点的环境信息后与道路坑洼相关的警告消息的可信度将高于平均水平。

8.6 安全讨论

8.6.1 共谋攻击

AEMAT 方案使用可追溯性和分布式信任机制来防御共谋攻击。可追溯性将确保检测到某个对手发送的任何针对一个公共事件的多个声明，因此针对某个事件对手只能发送一个 SER。此外分布式信任机制将保证对手在 VANET 系统中的数量少于 k 个。因此即使所有的对手都相互串通，它们也不可能产生 k 个或更多个 SER 来使其他车辆相信存在一个不存在的紧急事件。

8.6.2　证人隐私保护

为了保护证人车辆的隐私，AEMAT 方案建议使用随机生成的假名以及相应的公钥证书。为了进一步增强 AEMAT 方案的隐私保护功能，在加入 VANET 之前，车辆可从 OSM 请求多个假名和相应的公钥。为避免 Sybil 攻击即恶意车辆冒充多重身份，应该仔细定义公钥证书的截止日期，以确保在任何时间段内只有一个假名和公钥证书是有效的。

8.7　性能评估

本节评估了所提出的 AEMAT 方案在通信和计算方面的开销，并与采用非聚合的 ECDSA 签名方案的已有的方法［7］进行比较，证明 AEMAT 的优点。

8.7.1　传输开销

AEMAT 方案的主要优点之一是传输成本低。通信开销的大小取决于聚合 SER 的大小、签名和相应公钥证书的数量。为了保证协议的安全性和实现与 ECC－160 相同的安全级别，$\mathbb{G}$ 中的元素可能高达 160bit。由于在 AEMAT 中签名和证书分别只需要 $\mathbb{G}$ 中的一个元素，整个签名加上证书占用 $\mathbb{G}$ 中三个元素，或 480bit。表 8-1 给出了 AEMAT 中一个 SER 组件的近似长度。如果考虑多个 SER 的情况，并且所收集的 SER 的总数为 n，则所述的未经聚合的 SER 的总的大小应该是 $92n$。但是 AEMAT 方案通过采取聚合签名，总的大小可以降低到 $36n+56$，见表 8-1。根据相同的参数假定，采用级联 ECDSA 签名方案总的大小是 $116n+36$［7］，这要比 AEMAT 方案长得多。

表 8-1　SER 各组成部分的大小　　单位：Byte

组成部分	T&L	ID	Time	Sig	Cert	Total
大小	16	8	8	20	20＋20	92
聚合的	T&L	nID	nTime	Sig_{agg}	$Cert_{att}$	Total
大小	16	$8n$	$8n$	20	$20n+20$	$36n+56$

8.7.2　计算开销

本节主要对耗费计算的配对（Pair）和点乘（PMUL）操作来讨论计算开销。本方案使用加密聚合技术，对 n 个不同签名和证书进行聚合验证的费用约为 5 个配对，相对于单独验证所需的 $3n$ 个配对来说，这是一个显著的改善。作为对比，ECDSA 签名需要 $2n$ 个点乘操作，通过采用文献［14］中的配对技术，对于配对和点乘操作，其大致时间开销分别为 2.82ms 和 0.78ms。从图8-7中可以看出，即使在 SER 数量增加的情况下，AEMAT 方案的计算开销是恒定的，而 ECDSA 的计算开销随 SER 的增加而增加，直到它显著超过 AEMET 的计算开销。

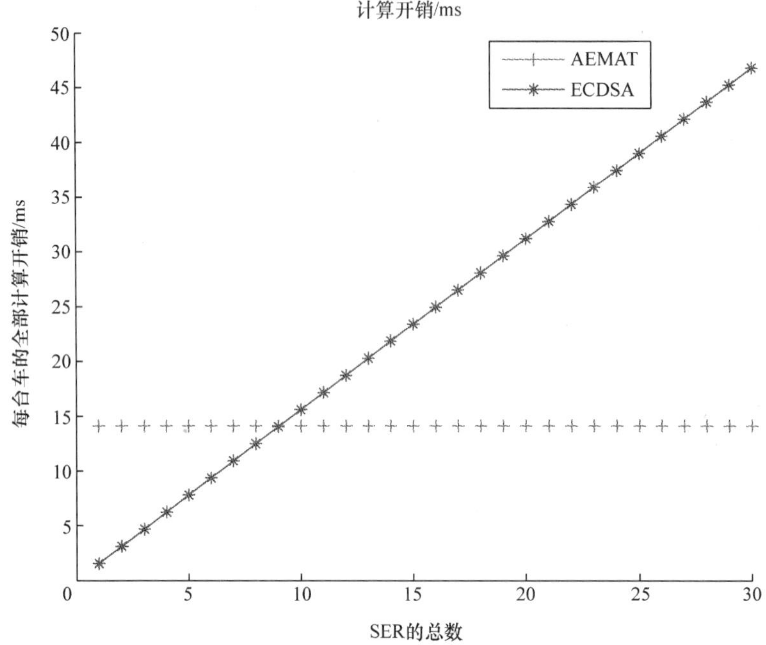

图 8-7　用不同数量的 SER 比较基于 ECDSA 和 AEMAT 的身份认证方案

8.8　结论

本章提出了一种高效的可信聚合紧急消息的认证方案，它可以有效地兼顾 VANET 中的效率和安全问题。此外，本方案可以聚合多个可信线索，并以可靠的方式提供给驾驶人，使驾驶人能够评估他们接收到的紧急消息的可信度，从而提升决策的效率和有效性。

参 考 文 献

1. "East coast braces for monday morning commute from hell: Winter storm threatens to bring freezing rain and has already caused 50 car pile-up in Pennsylvania," Jan. 18, 2014. (Available online at http://www.dailymail.co.uk/news/article-2520578/Winter-storm-threatens-bring-freezing-rain-car-pile-Pennsylvania.html.)
2. Kenyon Wallace, "Moose-vehicle collisions in Newfoundland at issue as computerized animal detection systems fail," Jan. 18, 2014. (Available online at http://www.thestar.com/news/canada/2012/04/19/moosevehicle_collisions_in_newfoundland_at_issue_as_computerized_animal_detection_systems_fail.html.)
3. V. Daza, J. Domingo-Ferrer, F. Sebé, and A. Viejo, "Trustworthy privacy-preserving car-generated announcements in vehicular ad hoc networks," *IEEE Transactions on Vehicular*

Technology, vol. 58, no. 4, pp. 1876–1886, 2009. (Available online at http://dx.doi.org/10.1109/TVT.2008.2002581.)

4. T. D. Little and A. Agarwal, "An information propagation scheme for VANETs," *Proc. IEEE Intelligent Transportation Systems, 2005*. IEEE, 2005, pp. 155–160.
5. H. Wu, R. Fujimoto, R. Guensler, and M. Hunter, "MDDV: a mobility-centric data dissemination algorithm for vehicular networks," *Proc. 1st ACM International Workshop on Vehicular ad hoc networks*. ACM, 2004, pp. 47–56.
6. X. Lin, H. Zhu, B. Lin, P.-H. Ho, and X. Shen, "Nis01-5: A novel voting mechanism for compromised node revocation in wireless ad hoc networks," *Proc. IEEE Global Telecommunications Conference, 2006 (GLOBECOM'06)*. IEEE, 2006, pp. 1–6.
7. M. Raya, A. Aziz, and J.-P. Hubaux, "Efficient secure aggregation in vanets," *Proc. 3rd International Workshop on Vehicular Ad Hoc Networks*. ACM, 2006, pp. 67–75.
8. B. Ostermaier, F. Dotzer, and M. Strassberger, "Enhancing the security of local danger-warnings in VANETs—a simulative analysis of voting schemes," *Proc. 2nd International IEEE Conference on Availability, Reliability and Security, 2007 (ARES 2007)*. IEEE, 2007, pp. 422–431.
9. E. A. Harvey, *Cues of Observation on Trusting and Trustworthy Behaviours*, master's thesis, McMaster University, Aug. 2011.
10. J. Jessen and A. H. Jrgensen, "Aggregated trustworthiness: Redefining online credibility through social validation," *First Monday*, vol. 17, no. 1, 2011.
11. H. Zhu, X. Lin, R. Lu, P. Ho, and X. Shen, "AEMA: An aggregated emergency message authentication scheme for enhancing the security of vehicular ad hoc networks," *Proc. IEEE International Conference on Communications, 2008 (ICC'08), Beijing: IEEE, May 19–23*, 2008, pp. 1436–1440. Available online at http://dx.doi.org/10.1109/ICC.2008.278.
12. J. Camenisch, S. Hohenberger, and M. Ø. Pedersen, "Batch verification of short signatures," *Proc. Advances in Cryptology—EUROCRYPT 2007*. Springer, 2007, pp. 246–263.
13. D. Boneh, B. Lynn, and H. Shacham, "Short signatures from the weil pairing," *Proc. Advances in Cryptology—ASIACRYPT 2001*. Springer, 2001, pp. 514–532.
14. P. S. Barreto, B. Libert, N. McCullagh, and J.-J. Quisquater, "Efficient and provably-secure identity-based signatures and signcryption from bilinear maps," *Proc. Advances in Cryptology—ASIACRYPT 2005*. Springer, 2005, pp. 515–532.

第9章 基于移动预测的快速认证切换

9.1 概述

在VANET中，车辆和RSU之间的通信能力使许多车辆应用成为可能，这些应用的优点之一是它们能够有效地提高交通的安全性，利用这种技术来防止日益增多的危险驾驶事故，这对大城市来说是一个有前途的解决方案。此外，随着车联网的普及，将车辆连接到因特网正在成为现实的需求。这种应用给乘客带来了便利，使互联网服务提供商（ISP）看到了广阔市场。但是这类应用可能要求用户（驾驶人或乘客）进行注册并支付服务费，因此用户在使用服务前需要进行认证。

从技术的角度看，现有的许多路由协议［1，2］可以实现车辆访问因特网，但是这些协议不管是与安全相关的应用，还是在线娱乐，都没有将安全问题考虑在内，这一缺陷可能会导致在车辆遭受恶性攻击时造成巨大的商业损失和潜在的不安全驾驶。例如：对于一个没有强大身份认证方案的不安全的车联网络，一旦对手获得了合法用户的身份和密码，他就可以任意使用用户的在线服务，甚至将用户的个人信息发送给其他人。在另一种情况下，恶意攻击者会冒充合法用户向RSU发送假消息，并使RSU向其他用户广播这个假消息。如果假消息是致命的，对整个网络造成的损失可能是毁灭性的。因此开发一个强壮的身份验证方案是必要和紧迫的。此外，为了避免网络服务连接中断并实现无缝切换，尤其是在车辆高速行驶的时候，VANET需要优先考虑快速的认证方案。预认证是实现快速认证的有效方法，它经常被用于预先认证移动用户，从而有效地减少认证延迟。

虽然移动自组织网（MANET）和VANET具有相似的特性，如节点在两种网络中都是移动的，可以考虑将现有的针对移动自组织网络（MANET）的预认证方法［3－5］移植到车联网中，但是车联网有其自身的特点，使得现有的MANET预认证方案并不适合于VANET环境，例如车联网中车辆的移动速度比移动网络中设备的移动速度高得多，而且MANET中节点的密度要比车联网中的密度低得多。此外，MANET方案没有考虑到车联网的独特特点，使得将它们应用到

VANET 中时效率不高。首先，MANET 中移动站的运动模式通常是不固定的，并且移动站在某个时间点的位置也是不可预测的，然而在车联网中由于车辆被限制在固定的道路和固定的方向上，车辆的行驶路线较稳定；第二，车辆的行驶速度要比 MANET 中移动站的速度更快，除了接近十字路口，车辆能够在其大部分的行驶时间内保持几乎恒定的速度。因此，VANET 这些独有的特性促使研究人员探索更为有效的协议，以应对 VANET 中快速切换和快速预认证的问题。本章将研究 VANET 的特点和车辆在道路上行驶的特点，并提出一种基于车辆行驶预测的快速切换认证方案。根据车辆广播的交通信息，RSU 能够获得车辆的行驶状况，诸如方向、加速度/减速度、速度和位置等；然后使用这些信息作为训练数据，设计基于多层感知器（MLP）网络的移动预测方案，使其具有预测车辆未来可能行驶方向的能力。在这个信息的帮助下，本方案可以预测车辆切换到哪个 RSU 的概率更高。作为第一个在 VANET 中通过预测车辆行驶方向而快速切换认证的尝试，本章提出的认证方案不需要向所有相邻的无线接入点（AP）广播预验证配置，因此它将显著降低互联网流量的开销，特别是当路上车辆数量非常庞大的时候。

9.2 节描述了用于预认证的车联网架构；9.3 节设计了一种基于 VANET 流动性预测的快速切换认证方案；9.4 节和 9.5 节分别分析了该方案的安全性和性能；最后，9.6 节给出了结论。

9.2　车联网架构

本节介绍基于 WiMax 和 802.11p［6］的两层网络架构，如图 9-1 所示，其中宽带无线互联网接入同时支持与车辆安全相关的应用和一般移动用户的与娱乐相关的应用。

第一层由 WiMAX 基站构成，基站之间可以通过对等网络无线通信进行互联，也可以在基站充当网关时通过有线互联网进行连接。第二层是由路边接入点（AP）、车辆和 RSU 组成。车辆之间使用 802.11p 协议进行通信。路边接入点 AP 作为一个网关，它将车辆发送的 802.11p 数据包转换成 IP 数据包，并将其转发到上层的基站。用户终端发送的 IP 包将由 AP 直接转发，其中 RSU 和 AP 可以集成到一个单一的硬件上，这也是当前技术发展的趋势。为了更好地理解本方案，本章将其分开表述，这是因为它们应用的领域不同——AP 用于互联网接入，RSU 用于交通管理。通过这个方案，车辆在经过任何路边 AP 时可以访问互联网。

因为从一个 AP 切换到另一个 AP 的过渡时间较短，所以接入点 AP 应能够使用快速认证来支持诸如电子邮件和 TCP 应用等互联网服务。车载单元（OBU）

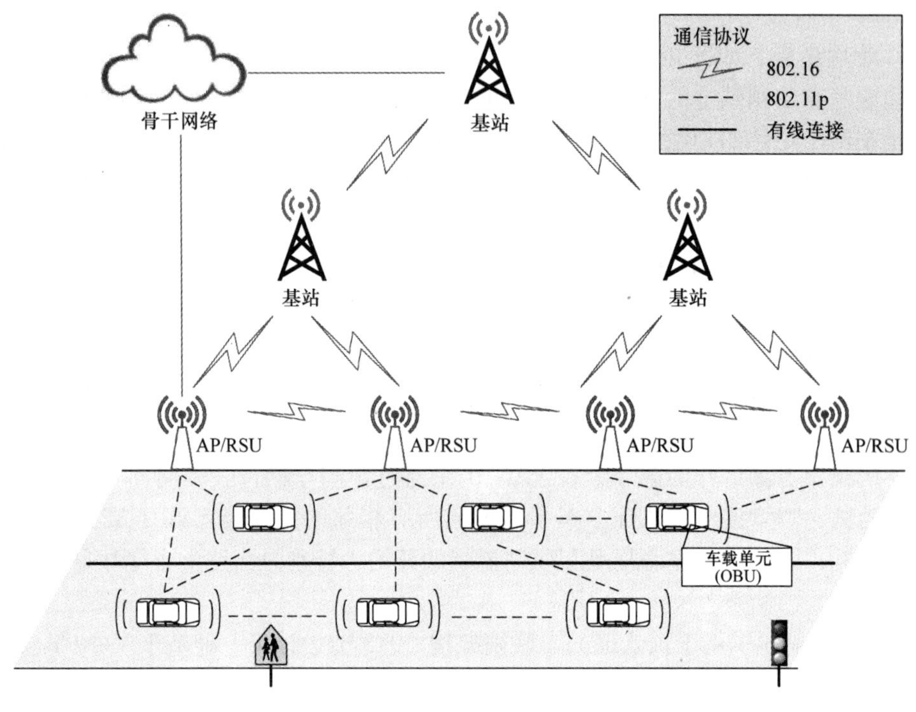

图 9-1　车联网架构

（车辆上的通信设备）经常广播与行驶相关的消息，包括车辆的位置、方向、速度、加速度/减速度、当前时间和交通事件等。通过分析 AP 收集到的数据能够获得车辆的行驶模式，因此可以使用本章提出的移动预测方案来实现快速认证。

9.3　基于移动预测的快速切换认证方案

9.3.1　多层感知分类器

作为支撑本方案的基本技术，本节将简要介绍多层感知分类器。

多层感知器（MLP）网络是一种目前流行的、基于大脑关联功能和分类模式的神经网络。每个神经元的作用很像大网络中的节点，负责处理和传输信息。神经元之间的链接被赋予一定的优先级（或权重），具体取决于它们定义的路径和与它们相邻的神经元，这意味着某些神经元被定义（基于情况，或通过训练）通过一个特定路线传送和接收信号。因此在神经网络中，神经元通过适当的互联以实现“智能”任务，如模式分类、聚类/分类、函数逼近、预测、优化、内容可寻址存储器［7］等。

顾名思义，MLP 网络由多个层构成，包括输入层、隐蔽层（一个或多个子层）和输出层，如图 9-2 所示。它通常用于模式分类，发现任意复杂的决策边界和表示布尔函数［8］。这种设计的成功之处在于其逼近任何所需功能的效率，以及在给予足够的神经元和层的情况下能够达到很高的精确性。一个输入层神经元的数目是由输入数据的空间维数决定的，而隐藏层所包含的子层数目和每个子层中神经元的数目则取决于分类的复杂性。一般说来，隐藏层拥有的子层和神经元越多，分类的结果就越准确。但是，随着神经元数量的增加，训练网络所需要的时间也随之增加。因此在大多数情况下，需要一个折中方案。出于分类的目的，输出层的神经元的数目等于需要分类的数目，并且每个神经元代表一个类。作为一个 MLP 分类器，它有两个阶段：分类阶段和训练阶段。

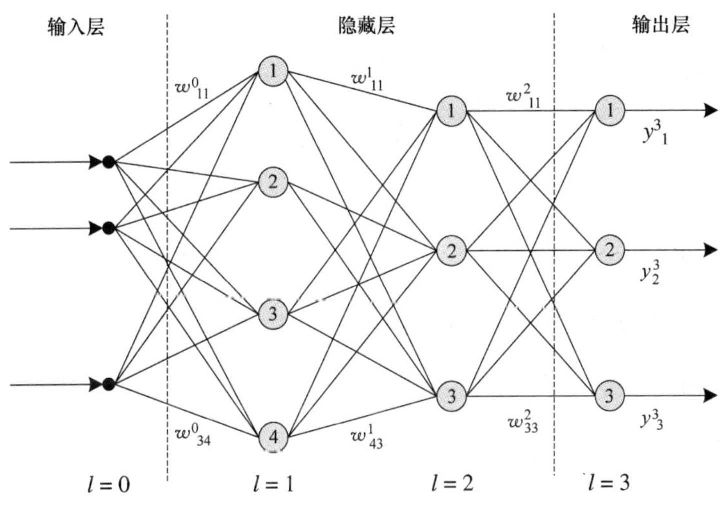

图 9-2　三层感知器网络

在分类阶段，从输入层到输出层，每个神经元汇总所有来自于前面中间邻居层神经元的数据。求和之前，每个数据集乘以一个权重，该权重是经由训练过程得到的。在输出层拥有最大求和值的神经元表明了输入数据所属的神经元（类）。

L 代表层的数量，输入层 l 等于 0（图 9-2），与输入层 l 相邻的下一层等于 1，以此类推。w_{ij}^l表示 l 层第 i 单元与 $l+1$ 层第 j 单元连接的权重。此外，y_i^l表示层 l 第 i 单元的输出；g（.）表示一个活动的功能，如 sigmoid 功能；x_i表示一个输入矢量的第 i 个元素。因此，分类算法可描述如下：

1）输入层计算 $y_i^0 = g(\sum_{i=1}^{u} x_i \times w_{ij}^l)$ 。

2）隐藏或输出层计算 $y_i^l = g(\sum_{i=1}^{u} y_i^{l-1} \times w_{ij}^l)$ ，其中 $l=1, 2, \cdots, L-1$。

3）返回 i 如 $\text{argmax}_i\{y_i^{L-1}\}$。

在训练阶段，其目标是为每个链接找到一个合适的权重，寻找过程是基于大量的训练样本和所期望的相应输出，从而使这些权重可以正确地分类结果。与分类阶段相比，训练阶段要相对复杂。典型的训练算法是反向传播算法［10］，计算网络的错误的梯度。通过学习过程，错误从输出层到输入层向后传播，并对网络权重进行修改，以便最小化下次发生错误的可能性。一般情况下，反向传播算法的步骤如下［7］：

1）初始化权重 w_{ij}^l 至小的随机值。

2）随机选择一个输入模式 X^u，并通过网络向前传播信号。

3）在输出层计算 δ_i^L：$\delta_i^L = g'(h_i^L)(d_i^u - y_i^L)$。其中，$h_i^L$ 表示提供给第 L 层第 i 单元的净输入；d_i^u 表示 X^u 期望的输出；g'（.）是函数 g（.）的派生函数。

4）通过向后传播错误为前面的层计算 δ：

$$\delta_i^l = g'(h_i^l)\sum_j w_{ij}^{l+1}\delta_j^{l+1} \text{ 其中}, l = 1,2,\cdots,L-1$$

5）使用 $\Delta w_{ij}^l = \eta\delta_i^l y_j^{l-1}$ 更新 w_{ij}^l。

6）转到第 2）步，并为下一个模式重复执行各步，直到输出层中的错误低于阈值或达到迭代的最大数目。

9.3.2 建议的认证方案

本章提出的无缝认证方案是由以下四个阶段构成的：初始车辆认证阶段、移动预测阶段、预认证阶段和切换阶段。

9.3.2.1 阶段一：初始车辆认证

在车辆（用 V 表示）可以访问互联网服务之前，它需要与认证－授权－计费（AAA）服务器进行双向认证。当前设备或应用与 AAA 服务器进行通信的协议标准是远程认证拨入用户服务（RADIUS）［10］，它也被称为 RADIUS 服务器。具体流程如图 9-3 所示。V 首先与最近的 AP 进行关联请求，然后该 AP 发送一个可扩展身份认证协议（EAP）请求询问 V 的身份。在接收到 V 的身份后，AP 向 AAA 服务器发送一个 RADIUS 接入请求，与之一同发送的还有 V 的身份。随后 AAA 服务器和 V 利用公钥基础设施进行双向认证。一旦双向认证完成，就可以建立起一个如传输层安全（TLS）之类的安全通道。需要注意的是，AP 对于 V 和 AAA 服务器来说是透明的，它只是将消息转发给双方。

为了使 V 能够接入 AP，AAA 服务器为它们生成一对主密钥（PMK）。此外 AAA 服务器创建一个种子 S，设定一个长度 N，用来产生一个单向散列链，并将它们发送给 V。长度 N 表示 V 与互联网服务断开之前最多可与 N 个 AP 连接，因此 N 应足够大，以便维持一个稳定的连接。同时 AAA 服务器还创建了 $H^N(S)$，

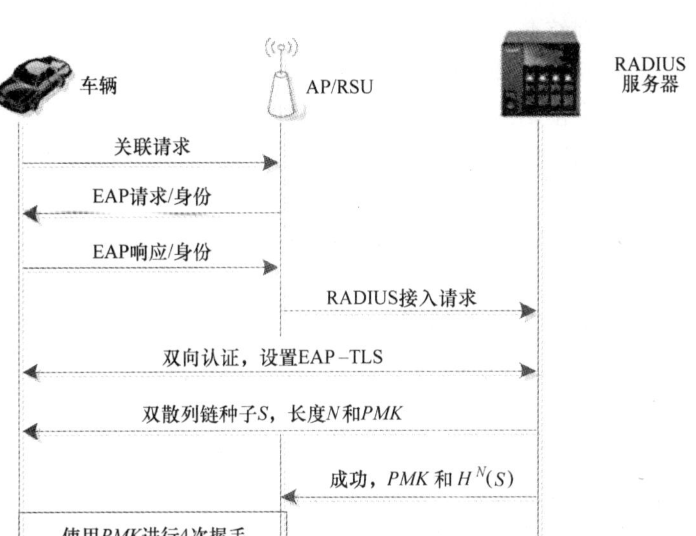

图9-3　初始的车辆认证

并将其与PMK一起发送到AP。为了提高生成 $H^N(S)$ 的速度，AAA服务器可以离线创建一个元组集 $<S,N,H^N(S)>$。最后，V 和AP（已接收到PMK）开始进行四次握手，为802.11协议协商所需的安全参数。

在 V 接入互联网后，它可以使用从AAA服务器获得的种子 S 和长度 N，产生用于将来认证的散列链。因为哈希链的生成是在初始认证之后和 V 切换到下一个AP之前进行的，所以它不会对下一个AP的认证操作造成延迟。另外值得指出的是，AP仅知道散列链中的一个元素 $H^N(S)$，并不知道散列链中的其他元素。

9.3.2.2　阶段二：运动预测

在这个阶段，当前正在与一辆车关联的AP将对该车的运动做预测，以判断车辆下一步将切换到哪个AP。这个阶段是为阶段三做准备。车辆的运动预测包含两种情况：沿道路移动和在一个交叉路口。在第一种情况中，车辆的运动只有两个方向，向前或者是向后。在这种情况下，我们定义一个 R^3 空间，空间中的样本是一个三维矢量，并表示如下：

$$\langle Direction, Speed, Acceleration \rangle \tag{9.1}$$

其中，*Direction* 表示车辆运动的方向，比如向东或向西；*Speed* 表示车辆运动的速度；*Acceleration* 表示车辆是加速还是减速，正值表示加速，负值表示减速。

R^3 中的空间矢量（X）作为车辆的特征能够以离线方式从一个RSU获取。然后这些矢量作为训练样本被输入到9.3.1小节所描述的多层感知分类器中。反向传播算法被用来训练分类的权重。在这种情况下，输出层神经元的数目等于2，因为仅存在两种可能的输出，即向前或向后。在做决定时，这两个神经元中输出值较大的被视为正确的结果，例如第一神经元表示向前，而第二神经元表示后退。如果输出层的结果是第一神经元比第二神经元大，则意味着车辆将在不久的将来向前方运动。

在图 9-4 所示的 VANET 中，在第一种场景的大多数情况下车辆是向前运动，除非是发生了交通事故。然而对于第二种场景即车辆通过交叉路口时，预测车辆的运动方向将变得更加复杂，如图 9-5 所示。一般来说，当车辆到达交叉路口时，车辆存在四种不同的方向选择：左转、右转、前进或掉头。类似于第一种情况，本节定义一个 R^5 空间，空间中的样品是一个 5 维矢量，并表示如下：

$$\langle Direction, Speed, Acceleration, Turn-Light, Traffic-Light\rangle \tag{9.2}$$

其中，前三个字段与第一个方案中的三个参数的意义相同；第四字段 *Turn-Light* 表示车辆转向灯的信号，特别是当车辆将要在交叉路口转向的时候，该字段有 5 个可能的值，即 0.2、0.4、0.6、0.8 和 1。它们分别表示左转向灯闪烁、右转向灯闪烁、制动灯闪烁、左转向灯和制动灯同时闪烁、右转向灯和制动灯同时闪烁；最后一个字段 *Traffic-Light* 表示当前交通信号灯的颜色：红色、绿色或黄色。

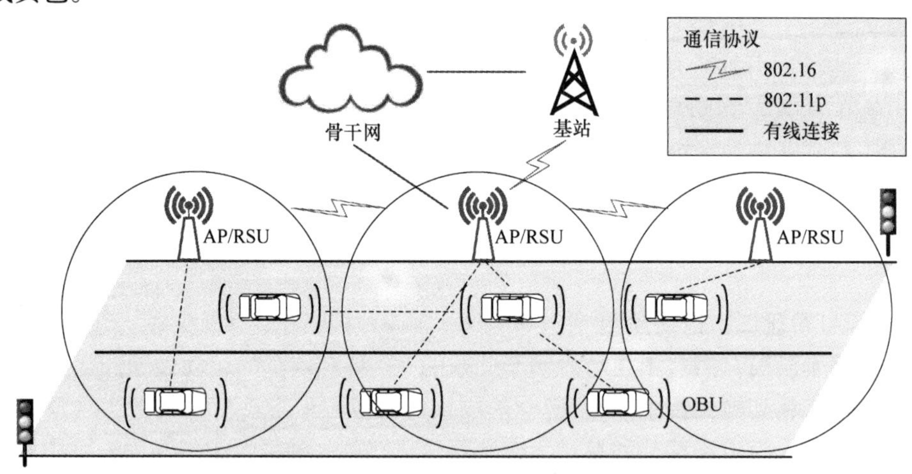

图 9-4　沿道路的移动方向预测

类似于第一种场景，在 R^5 空间矢量（X）被视为训练样本，它们也是从一个 RSU 获得的。输出层的神经元的数量取决于交叉路口有多少种可能的方向，例如图 9-5 所示的场景，该值等于 4。每个神经元代表一个车辆将要转向的方向，并且输出层中神经元的值为最大的表示预测的结果。

当前正在与车辆关联的 AP 根据其对车辆运动方向的预测，可预先将该车辆

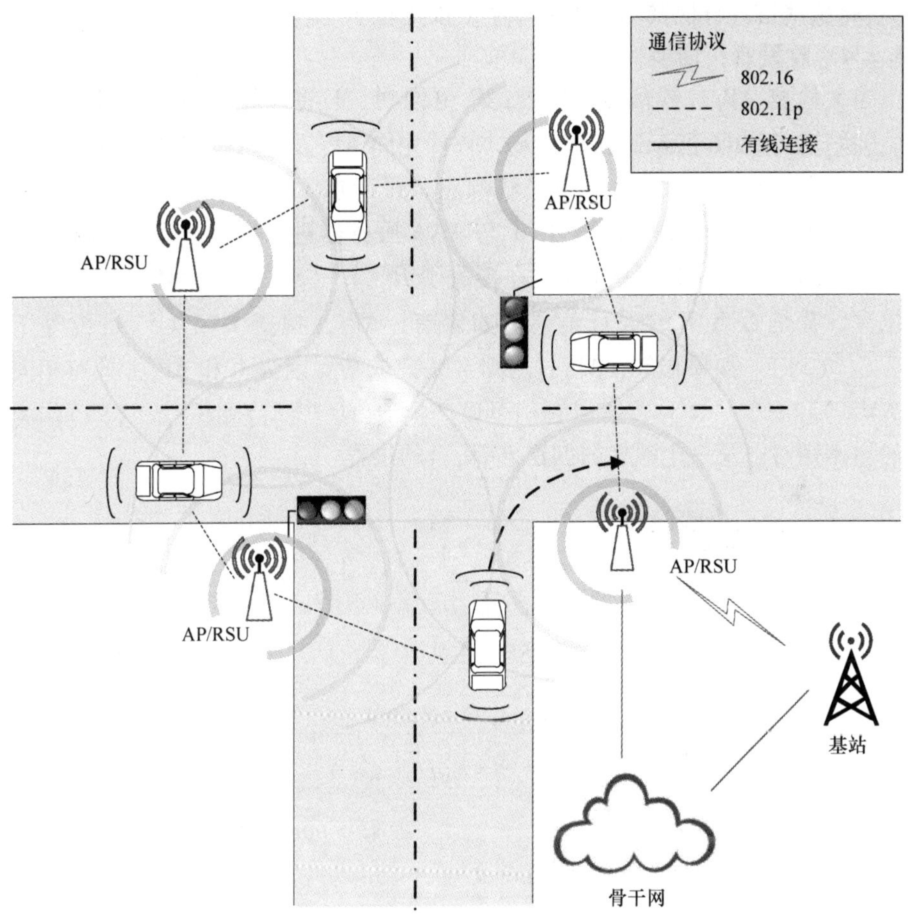

图 9-5　在交叉路口的移动方向预测

与下一个 AP 关联时需要的认证凭证准备好。

9.3.2.3　阶段三：预认证

根据第二阶段预测的结果，AP_i（AP_i代表自从车辆 V 与 AAA 服务器完成初始身份认证后与之正在关联的第 i 个 AP）可以预测哪个邻居 AP 将为 AP_{i+1}。在 V 与 AP_i断开关联并切换至 AP_{i+1}之前，AP_i负责将 V 的身份和相应认证凭证发送给 AP_{i+1}。需要注意的是，这里假设 AP_i和 AP_{i+1}之间的通信信道是安全的。在本章的方案中，AP_i向 AP_{i+1}发送 $H^{N-i}(S)$、$H(PMK_i)$和 V 的身份。$H^{N-i}(S)$是由 AP_{i-1}提供的散列链中第$(N-i)$个元素，S 是由 AAA 服务器在初始认证过程中提供给 V 的散列链的种子。AP_{i+1}将使用 $H^{N-i}(S)$认证 V。PMK_i是由 V 和 AP_i共享的主密钥对，$H(PMK_i)$是 PMK_i的散列值，$H(.)$是散列函数，如 SHA－1。AP_{i+1}利用 $H(PMK_i)$生成 PMK_{i+1}。在 AP_{i+1}接收到 V 的身份和认证凭证后，

AP_{i+1}将这些信息存储其本地数据库中，以便在下一阶段使用。

9.3.2.4 阶段四：切换

当V检测AP_{i+1}的信号强度比AP_i更强时，V将开始向AP_{i+1}切换，并与AP_{i+1}执行如图9-6所示的认证过程。V首先向AP_{i+1}发送关联请求以便开始一个认证过程。然后，AP_{i+1}返回关联响应，并请求V的认证凭证。之后，V将H^{N-i-1}（S）提供给AP_{i+1}，它是V与AAA服务器进行初始认证之后所生成的散列链的第（$N-i-1$）个元素。在接收了$H^{N-i-1}(S)$之后，AP_{i+1}检查其本地数据库，看是否有V的凭证信息。如果有，AP_{i+1}检查$H^{N-i}(S)$是否等于$H(H^{N-i-1}(S))$。如果相等，AP_{i+1}通知V认证成功。因为V和AP_{i+1}具有相同的$H(PMK_i)$和$H^{N-i-1}(S)$，所以它们可以产生$H(H(PMK_i)\parallel H^{N-i-1}(S))$作为它们的主密钥对以及一个独立的创建$PMK_{i+1}$的过程。

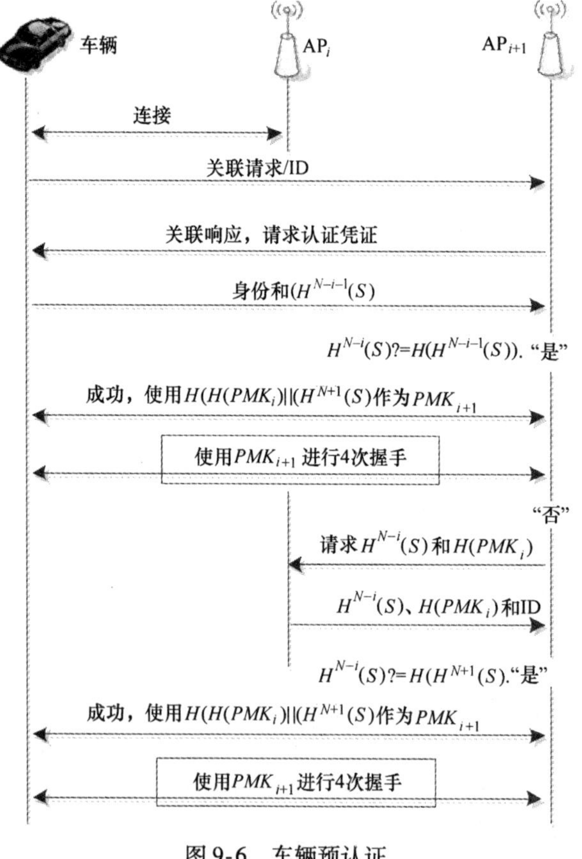

图9-6　车辆预认证

如果AP_{i+1}的本地数据库中没有V的凭证信息，这就意味着由AP_i预测的V的运动结果是错误的（9.5节的性能评估表明，预测错误的概率是非常小的）。

在这种情况下，AP_{i+1}立即向 AP_i要求与 V 身份相关联的 $H^{N-i}(S)$ 和$H(PMK_i)$。在接收到这些信息后，AP_{i+1}再次检查 $H^{N-i}(S)$是否等于 $H(H^{N-i-1}(S))$。类似于上述内容，如果两者相等，则认证 V 成功；否则，拒绝 V 的接入。该方案的最后一个步骤需要执行 4 次握手。

在 AP_{i+1}成功认证 V 后，它将从本地数据库中删除 V 的凭证信息。AP_{i+1}收集 V 的运动特性信息，以形成如第二阶段中定义的 5 维或 3 维矢量，并预测其 AP 邻居 AP_{i+2}，以便 V 在不久的将来进行切换。然后，AP_{i+1}重复第二阶段的过程。

9.4　安全性分析

本节将分析所提出方案的安全性，尤其是如何有效地抵抗重放攻击，并提供前向安全的能力。

9.4.1　重放攻击

假设对手试图发动重放攻击，并重播之前会话中使用的认证凭证，以便伪装成一个合法的车辆。这种假冒攻击不可能在本章的方案中实施，因为本章提出的方案中采用了一个单向散列链，该散列链是 V 与 AAA 服务器进行了双向认证后产生的。因为单向散列链的特性，对手虽然持有 $H^{N-i}(S)$，但不能计算 $H^{N-i}(S)$，除非他/她能获得散列链的种子 S。因为 AAA 服务器和 V 是通过 EAP-TLS 安全通道发送种子 S 的，所以对手不可能通过窃听获得种子 S。

9.4.2　前向安全

前向安全应该满足成对主密钥不能被 AP_{i+1}获得的要求，例如 AP_{i+1}不能恢复由 V 和 AP_i所共享的 PMK_i。在本方案中，AP_i仅向 AP_{i+1}提供 $H(PMK_i)$，后者用来生成成对主密钥 PMK_{i+1}，所以 AP_{i+1}持有 $H(PMK_i)$，但不能计算出 PMK_i，这是由单向散列的特性决定的。因此建议的快速切换认证方式可以提供前向安全。

9.5　性能评估

在评价所提出的预认证方案的性能时，预测车辆运动方向的准确率起着重要的作用，因此首要问题是计算车辆运动方向预测的准确率。评估需要研究两种可能的行驶场景：①车辆行驶到交叉路口；②车辆沿着道路行驶。因为场景 1 的复杂程度要远大于场景 2，在不失一般性的情况下，本章选取场景 1 作为测试环境，如图 9-7 所示［11］。本节采用加拿大安大略省滑铁卢韦斯特蒙路与哥伦比亚大街交叉路口作为测试的交叉路口，并收集了 800 个样本，每个样本是一个之前介绍的 5 维向量。在收集的数据集中，*Direction* 是向西，*Speed* 为车辆的即时速度。另外 *Addi-*

tion 字段提供交通灯的状态信息，例如红色、黄色、绿色和左箭头绿色等信息。由于该路口禁止车辆掉头，车辆运动方向的输出为左转、右转和直行。

图 9-7　收集数据的交叉路口

这里应用了三层感知器，输入层神经元的数目等于 5，其中每个神经元代表一个特征。隐藏层神经元的数目等于 10，输出层神经元的数目等于 3，其中，输出层神经元中值为最大的代表输出的决定。数据集被分成两部分：一个是训练集，其中具有 600 个样本；另一个是测试集，其中具有 200 个样本。

表 9-1 列出了预测数据的准确性，总共有 200 个测试样品。在这项研究中，在交叉路口 200 辆车中有 71 辆左转，68 个样本分类正确；200 辆车中有 65 辆右转，64 个样本分类正确，因此总的准确率是 98.0%。预测发生错误的关键原因是交通违法行为，例如一些车辆左（右）转时没有打开左（右）转指示灯，甚至是打错了转向灯。

根据预测的准确率，预期认证延时 T 可以用如下公式表示：

$$\begin{aligned} T &= T_1 \times p + (T_1 + T_2) \times q \\ &= T_1 \times p + (T_1 + T_2) \times (1 - p) \\ &= T_1 + T_2 \times q \end{aligned} \tag{9.3}$$

式中，p 表示预测正确的概率；q 表示预测错误的概率，符号 q 也等于 $1-p$；T_1 表示预测正确时的认证延迟。在这种情况下，T_1 等于如 9.3.2.4 小节所述的验证 $H^{N-i}(S)$ 是否等于 $H(H^{N-i-1}(S))$ 的时间，$T_1 + T_2$ 为预测不正确时的认证延迟。这个延迟由 T_1 和 T_2 两部分构成，T_2 等于传输两个消息的延迟。如 9.3.2.4 小节的介绍，这两个消息为由 AP_{i+1} 发送给 AP_i 的请求消息和包含有 $H^{N-i}(S)$ 与 V 身份的响应消息。式（9.3）的最终结果显示出预期的认证延迟是线性依赖于预测的准确率的，最大值等于 T_1+T_2，最小值等于 T_1。

表 9-1　移动预测的性能

	左转	右转	直行	总数
总数	71	65	64	200
准确的数量	68	64	64	196
准确率	95.7	98.4	100	98.0

从表 9-1 可以看出，本章建议的基于 MLP 分类器的运动预测方案可以达到很高的精度。因此预期的认证延迟非常接近于最小延迟 T_1。显然 T_1 是执行一个散列函数操作所花费的时间，因此这个时间是相当小的。

9.6　结论

为了解决 VANET 中快速认证的问题，本章提出了一种新颖的无缝认证方案。该方案应用了 MLP 技术和单向散列链，其中 MLP 用于实现移动预测。该方案充分利用了 VANET 的独有特性，实验和理论分析的结论是它可以实现对车辆运动预测的高准确率。通过评估可以确定在 VANET 移动预测认证的帮助下，该方案可以有效地减少认证延迟。

参考文献

1. E. H. H. Alshaer, "An optimized adaptive broadcast scheme for inter-vehicle communication," *Proc. 61th IEEE Vehicular Technology Conference*, IEEE, 2005, pp. 2840–2844.
2. Z. A. Y. Peng and J. M. Chang, "Roadside-aided routing (rar) in vehicular networks," *Proc. IEEE International Conference on Communication*, IEEE, 2006, pp. 3602–3607.
3. S. Pack and Y. Choi, "Fast handoff scheme based on mobility prediction in public wireless LAN systems," *IEE Proceedings Communications*, vol. 10, no. 5, 2004.
4. N. P. T. C. C. A. Mishra, M. Shin, and W. A. Arbauch, "Proactive key distribution using neighbor graphs," *IEEE Wireless Communication*, vol. 11, no. 1, pp. 26–36, 2004.
5. H. Z. P.-H. H. X. S. Xiaodong Lin, and Xinhua Ling, "A novel localised authentication scheme in IEEE 802.11 based wireless mesh networks," *International Journal of Security and Networks*, vol. 3, no. 2, pp. 122–132, 2008.
6. "IEEE 802.11, standard specification for wireless local area networks," http://standards.ieee.org/wireless/.
7. K. M. M. K. Jain and J. Mao, Artificial neural networks: A tutorial, *Computer*, vol. 29, no. 3, pp. 31–44, 1996.
8. M. Minsky and S. Papert, *Perceptrons: An Introduction to Computational Geometry*, MIT Press, Cambridge, MA, 1969.
9. D. E. Rumelhart and J. L. McClelland, *Parallel Distributed Processing: Exploration in the Microstructure of Cognition*, MIT Press, Cambridge, MA, 1986.
10. A. R. W. S. C. Rigney and S. Willens, *Remote Authentication Dial in User Service* (*Radius*), IETF RFC 2865, 2000.
11. "Google maps," http://maps.google.ca/.

北京市版权局著作权合同登记　图字：01－2015－8161 号。

图书在版编目(CIP)数据

车载 ad hoc 网络的安全性与隐私保护/(加) 林晓东,(新加坡) 陆荣幸著;电信科学技术研究院无线移动创新技术中心组译;徐晖,周巍译. —北京:机械工业出版社,2016.9

(汽车先进技术译丛)

书名原文:Vehicular Ad Hoc Network Security and Privacy

ISBN 978－7－111－54674－0

Ⅰ.①车…　Ⅱ.①林…②陆…③电…④徐…⑤周…　Ⅲ.①汽车－移动终端－计算机网络－网络安全　Ⅳ.①U463.67

中国版本图书馆 CIP 数据核字 (2016) 第 203024 号

机械工业出版社(北京市百万庄大街 22 号　邮政编码 100037)

策划编辑:孙　鹏　责任编辑:孙　鹏

责任校对:潘　蕊　封面设计:鞠　杨

责任印制:常天培

北京圣夫亚美印刷有限公司印刷

2016 年 10 月第 1 版第 1 次印刷

169mm×239mm · 11 印张 · 2 插页 · 211 千字

0001—3000 册

标准书号:ISBN 978－7－111－54674－0

定价:99.00 元

凡购本书,如有缺页、倒页、脱页,由本社发行部调换

电话服务	网络服务
服务咨询热线:010－88361066	机 工 官 网:www.cmpbook.com
读者购书热线:010－68326294	机 工 官 博:weibo.com/cmp1952
010－88379203	金 书 网:www.golden－book.com
封面无防伪标均为盗版	教育服务网:www.cmpedu.com